自动变速器构造与检修

李进 刘毅 / 主编
王兴国 / 主审

人 民 邮 电 出 版 社
北 京

图书在版编目（CIP）数据

自动变速器构造与检修 / 李进，刘毅主编. -- 北京：人民邮电出版社，2018.10
职业院校汽车类“十三五”微课版规划教材
ISBN 978-7-115-49249-4

Ⅰ. ①自… Ⅱ. ①李… ②刘… Ⅲ. ①汽车－自动变速装置－构造－高等职业教育－教材②汽车－自动变速装置－检修－高等职业教育－教材 Ⅳ. ①U472.41

中国版本图书馆CIP数据核字(2018)第203181号

内容提要

本书以当前市场主流的爱信 6AT、采埃孚 8AT、大众的 7 速 DSG（0AM/0BT）和 CVT 等新款自动变速器为例，全面系统地介绍了液力自动变速器（AT）、双离合变速器（DSG/DCT）和无级变速器（CVT）的结构、原理及维护等内容。

本书可作为职业院校汽车专业相关课程的教材，也可作为汽车维修行业从业人员的专业培训教材和自学用书。

◆ 主　　编　李　进　刘　毅
主　　审　王兴国
责任编辑　王丽美
责任印制　马振武
◆ 人民邮电出版社出版发行　　北京市丰台区成寿寺路 11 号
邮编　100164　　电子邮件　315@ptpress.com.cn
网址　http://www.ptpress.com.cn
北京捷迅佳彩印刷有限公司印刷
◆ 开本：787×1092　1/16
印张：11.75　　　　2018 年 10 月第 1 版
字数：295 千字　　　2018 年 10 月北京第 1 次印刷

定价：58.00 元

读者服务热线：(010)81055256　印装质量热线：(010)81055316
反盗版热线：(010)81055315
广告经营许可证：京东工商广登字 20170147 号

前　　言

近年来随着科学技术的快速发展，很多新上市的小型乘用车开始配装升级换代后的新款自动变速器。但国内职业院校使用的汽车自动变速器专业教材还普遍存在着内容陈旧、冗余严重和维修思维落后等不足，形成了汽车自动变速器专业教学与当前主流汽车自动变速器技术应用严重脱节的现状。

本书旨在缩小校、企差距，化解汽车自动变速器专业教学与市场技术应用不同步的困境。编写内容以当前主流车型配置的6AT和8AT液力自动变速器、7速（干/湿两种）双离合变速器和无级变速器为例，全面介绍了这些自动变速器的结构、原理、应用和维修发展趋势，并重点介绍了自动变速器应用电控技术或人工智能技术等特色内容，具有系统全面、新颖实用等特点。

本书以“项目－任务”的方式进行编写，方便教师组织教学活动。本书图文并茂、全彩印刷，具有较高的可读性。另外，本书提供多媒体课件、习题与答案、实训工作页和微课等教学资源，方便授课教师的备课、教学设计和实训活动的组织实施。读者可登录人邮教育社区（www.ryjiaoyu.com）免费下载教学资源。

本书建议教学时间为96学时。其中理论环节为64学时，实训环节为32学时，各模块的参考学时参见下表。

项目名称	学时分配		学时合计
	理论课	实训课	
项目一　绪论	2	2	4
项目二　液力自动变速器	18	16	34
项目三　典型液力自动变速器	8	2	10
项目四　双离合变速器	18	6	24
项目五　无级变速器	18	6	24
总学时	64	32	96

本书由大连市技师学院李进、刘毅任主编，王兴国教授任主审。其中，项目一、项目四由刘毅编写，项目二、项目三由李进编写，项目五由董超编写，本书的教学资源部分由刘毅编制。参与本书审稿工作的还有朱明（高级工程师）、王清霞、靳立明等教师。本书在编写过程中得到许多专家、同行和有关车型4S店及汽车修理厂的大力支持，在此表示衷心感谢。

由于编者水平有限，书中内容很难满足各院校的实际需求，难免存在不足之处，恳请本书的读者多提宝贵意见，以促进汽车自动变速器专业教学的进一步提高。

编　者

2018 年 6 月

目　　录

项目一 绪论

自动变速器是相对于手动变速器而出现的一种能够根据汽车车速和发动机转速来进行自动换挡操作的变速装置。自动变速器免除了手动变速器的频繁换挡和踩离合器踏板等操作，使汽车驾驶变得简单、省力、舒适，而且明显改善了汽车的动力性、经济性、舒适性和排放状态。随着社会、科技的发展和汽车工业的进步，大量的科技成果被应用到自动变速器的生产与后市场服务，自动变速器的大规模普及商用使得其生产成本不断降低。自动变速器这个曾经的高级轿车的象征，现已成为当前市场上越来越多的普通小型乘用车的标配。

一、自动变速器的界定

为满足汽车在各种工况下对牵引力和行驶速度的要求，自动变速器能够根据汽车车速和发动机转速来进行自动换挡操作。自动变速器性能的优劣已是衡量汽车动力性、经济性及驾驶性的关键。

根据自动变速器工作原理的不同，目前汽车中常见的自动变速器有 4 种类型，分别是液力自动变速器（Automatic Transmission，AT）、无级变速器（Continuously Variable Transmission，CVT）、双离合变速器（Dual-Clutch Transmission，DCT；Direct Shift Gearbox，DSG）和半自动机械变速器（Automated Manual Transmission，AMT）。

二、各种自动变速器的特点

1. 液力自动变速器

液力自动变速器（AT）通过液力传动和行星齿轮组合的方式来实现自动变速，其结构如图 1-1 所示。

液力自动变速器采用液力传动，挡位少、变化大，连接平稳，因此操作容易，既给开车人带来方便，也给坐车人带来舒适。但其结构复杂、技术含量高导致制造成本较高。

2. 无级变速器

无级变速器（CVT）的特点是其变速比不是间断的值，而是一系列连续的值，从而能更好地协调汽车外界行驶条件与发动机负载之间的关系，可充分发挥发动机潜力，提高整车燃料经济性。它使汽车具有优异的牵引性能，从而显著地提高整车性能。目前无级变速器多采用钢带或链条传动方式进行动力传递，其典型结构如图 1-2 所示。

3. 双离合变速器

双离合变速器（DCT/DSG）采用两套离合器，通过两套离合器的交替工作，来达到动力传递不中断、无间隙换挡的效果。双离合变速器综合了 AT 和 AMT 的优点，传动效率高，结构简单，生产成本较低，不仅保证了汽车的动力性和经济性，而且极大地改善了汽车的乘坐舒适性。

其典型结构如图 1-3 所示。

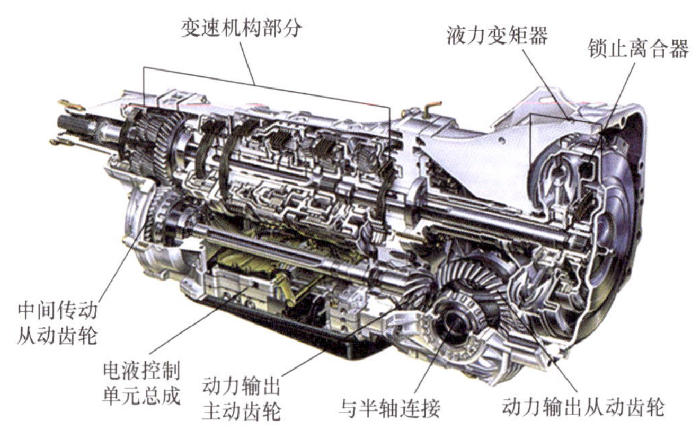

图 1-1 液力自动变速器结构图

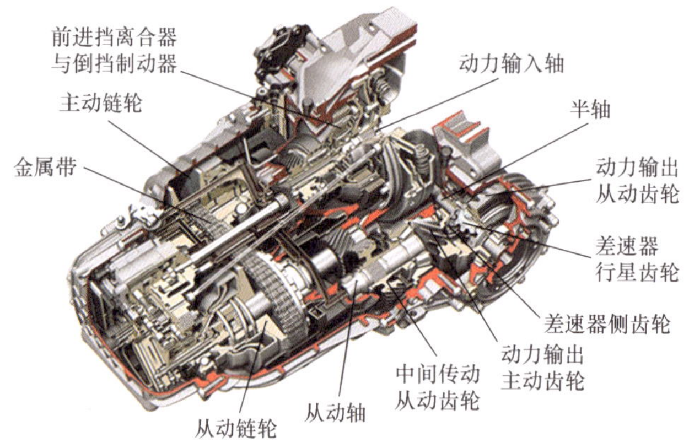

图 1-2 奥迪 01J 型无级变速器结构图

4. 半自动机械变速器

半自动机械变速器（AMT）是在手动机械变速器（Manual Transmission，MT）总体传动结构不变的情况下，通过加装电子控制单元（ECU）控制的自动操纵系统来实现自动化换挡的。因此，AMT 实际上是由自动换挡系统来完成操作离合器和选挡、换挡等工作过程的变速器，AMT 的核心技术是 ECU 控制，电子技术及质量将直接决定 AMT 的性能与运行质量。其典型结构如图 1-4 所示。

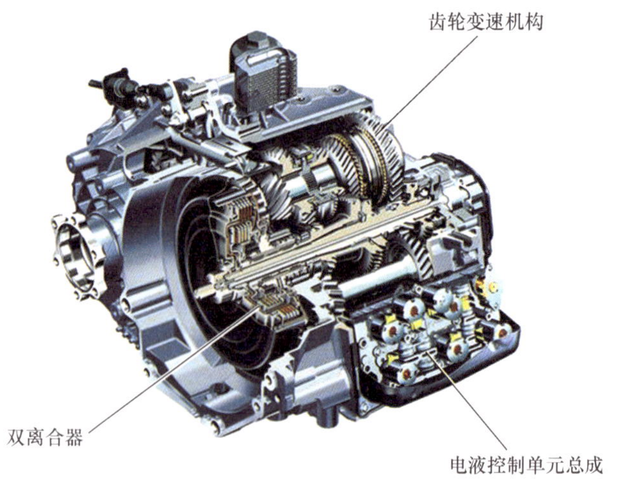

图 1-3 DCT/DSG 双离合变速器的结构图

AMT是综合AT和MT两者优点的机电液一体化自动变速器，它既具有AT自动变速的优点，又保留了MT齿轮传动的效率高、成本低、结构简单、易制造的长处。由于AMT能在正在生产的MT基础上进行改造，生产继承性好，投入的费用也较低，因此容易被生产厂接受。

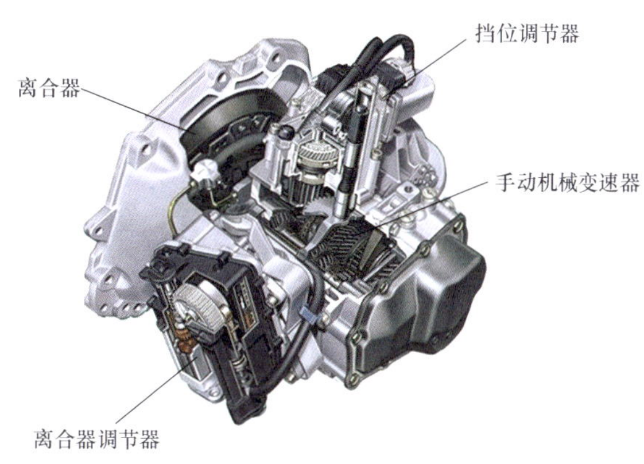

图1-4　半自动机械变速器的结构图

三、自动变速器维修的发展趋势

自动变速器近年来发展很快，是汽车中技术含量最高的总成之一。自动变速器的升级换代，使得其修理和维护也发生了改变，有别于传统汽车在修理厂大拆大卸的旧修理模式。熟悉自动变速器的这种变化，对学习新款自动变速器的维修具有积极的指导意义。

1. 可靠性的提升

汽车可靠性是指汽车在正常的驾驶和道路条件下，在一定时间或行驶里程内能够保证正常行驶的程度。也就是说，汽车质量的核心就是可靠性。汽车可靠性的提高与汽车技术发展同步，近年来在汽车设计与使用新思维的指导下，大量的新技术、新材料和新工艺被应用到汽车制造以及后市场服务，使汽车的可靠性有了一个质的飞跃。特别是电子计算机技术在汽车上的广泛应用，推动汽车由传统的机电产品进化为IT产品，并向着AI（人工智能）产品快速转化。而且，这种变化在汽车自动变速器上表现得尤为突出，变速器的机械零部件在经济寿命期内磨损很小，故障原因多在电子部件和汽车的生产缺陷上。

在排除制造缺陷的情况下，如今的汽车自动变速器的无故障期已远远超过汽车的经济寿命期。以国内私家车为例，按年均15000km行驶里程计算，15年的累计总行驶里程为225000km，现在几乎所有汽车厂家的产品（整车或大总成部件）的使用寿命都能轻易超过这个目标，况且如今私家车的更新速度越来越快，超过10年使用期的越来越少。因此，自动变速器质量的变化，使人们摒弃了传统的维修方式。受维修条件和成本的约束，如今的自动变速器的维修工作仅有定期维护、定期检测和变速器总成或变速器局部总成部件更换等内容。这种维修方式的转变，反过来又可促进汽车自动变速器专业教学的与时俱进，消除职业教育校企间的差距以及专业教学与应用的差距。

2. 修理向维护的转变

全球化汽车产业开放的格局，导致国内汽车后市场服务迅速与国际接轨。在促进汽车业快速发展的同时，汽车生产厂家追逐经济利益的倾向也越来越强烈。如今，已很难买到按照传统修理方式维修自动变速器所需的修理包或大修包。取而代之的是利润空间更大的再制造自动变速器总成或新变速器总成，大部分维修利润被汽车厂家和渠道商拿走。在这种无配件供应和缺少技术支持的情况下，传统中、小规模的自动变速器专修企业几乎消失殆尽。

在自动变速器可靠性大幅提升和维修配件市场缺货、无货的情况下，自动变速器的维修工作逐渐以检测为主，对损坏的部件只能更换外围件或更换变速器总成。例如，自动变速器普遍采用电液控制单元总成，其中包括电子控制单元（ECU）、传感器、电磁阀和液压控制元件等，只要其中一个功能部件损坏就必须更换电液控制单元总成。因此，主流自动变速器的维修作业内容，仅有 ECU 检测、总成部件拆装和定期维护等。维修人员的上岗能力（核心能力）需求则简化为自动变速器的结构原理、自动变速器的定期维护技能、变速器的检测技术和总成件的更换技能。

3. 变速器总成再制造的影响

再制造（Remanufacture）是国家积极推动的经济循环试点项目，国内很多试点已具备汽车发动机、变速器、转向机、发电机等多个总成的再制造能力。自动变速器再制造是一种对废旧自动变速器实施高技术修复和改造的产业，它针对的是损坏或将报废的零部件，在性能失效分析、寿命评估等工作的基础上，采用一系列相关的先进制造技术，进行再制造工程设计，使再制造的自动变速器质量达到或超过新品。

如今新款的自动变速器技术含量越来越高，结构也越来越复杂，自动变速器的再制造收益甚至高于新变速器的制造收益。因此，很多跨国汽车生产商都在开展此项业务。随着再制造业务的普及和发展，自动变速器的维修会逐渐转为再制造方式。这种发展趋势，也将对汽车维修业务和自动变速器相关专业教学培训带来深远的影响。

4. 新维修间隔的调整

随着汽车可靠性的提升和汽车易损件品质的提高，汽车维护的间隔也在不断拉长，作业项目也在减少。在 4S 店中可以发现，汽车维护项目多为发动机类，自动变速器几乎没有维护内容，除个别自动变速器规定自动变速器油（Automatic Transmission Fluid，ATF）需要定期更换外，在自动变速器不发生故障的情况下，通常可视为免维护总成。这种设定表明自动变速器已经非常完善成熟，可以放心使用，切勿人为增加维护项目和拆检，那样只能造成自动变速器的早期损坏。

综上所述，如今的自动变速器的维修条件要求非常苛刻，4S 店和普通维修厂已不能对其进行深度维修。当其出现不能维修的故障时，只能返厂维修或进行再制造处理。正是由于这种维修趋势的变化，本书在对自动变速器的讲解中，只侧重其结构原理和维护内容，而不介绍其分解与装配。

项目二
液力自动变速器

培养目标

关键能力——掌握液力自动变速器的结构、原理与发展趋势。

核心内容——熟练掌握液力自动变速器应知应会的知识和技能。

职业行为习惯的养成——在学习液力自动变速器结构理论、检修工艺、维修技能和作业方式的过程中，养成符合企业规范的行为习惯。

项目描述

液力自动变速器是一种由液力变矩器和齿轮变速机构等组合而成的自动变速器，是目前使用较多的自动变速器。采用该类型的自动变速器，免除了手动变速器繁杂的操作，使车辆驾驶变得省力、省心。同时，液力自动变速器的电子控制也使挡位自动切换过程柔和、平顺，因此，使汽车具有良好的乘坐舒适性和安全性、动力性和操纵性。但这种变速器结构复杂，效率相对较低，成本也比较高。

项目导航

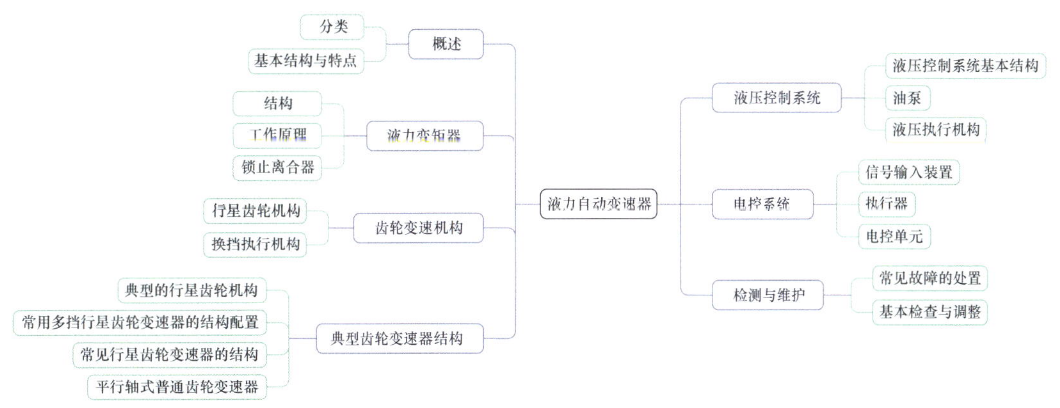

任务一 液力自动变速器概述

一、液力自动变速器的分类

液力自动变速器是采用液力实现动力传递和变速控制的自动变速器。虽然该类变速器种类和款式较多，但其基本上都是由液力变矩器、齿轮变速机构和电液控制系统组合而成的。液力自动变速器按照控制方式、变速机构的类型及汽车驱动方式分为不同的种类，导致其在结构上也有所不同。

1. 按自动变速器内部的控制方式分类

根据内部控制方式，液力自动变速器可分为液压控制式和电子液压控制式两种类型。液压控制式液力自动变速器因其液压控制方式落后现已被淘汰；电子液压控制式液力自动变速器简称电控液力自动变速器，它使用多个传感器，将驾驶员操纵意图、节气门位置和车速等多种运行参数转变为电信号，并将其送给变速器电控单元，变速器电控单元根据这些信号，按照设定的程序向执行器发出指令，通过电磁阀来控制其液压系统驱动变速器的工作，从而实现升挡和降挡。

2. 按前进挡的数量分类

自动变速器按前进挡的数量可分为 4、5、6 ～ 10 个前进挡等类型（为与市场流行称呼统一，以下简称“4AT、5AT、6AT、7AT、8AT”等）。近年生产的小型乘用车装用的主流液力自动变速器大多由 4AT 升级为 6AT、7AT、8AT、9AT 及 10AT 等，因为这些变速器采用了新式行星齿轮机构组合及换挡控制技术，并简化了结构，所以大幅改善了汽车的燃油经济性、加速性及乘坐舒适性。

3. 按汽车驱动方式分类

按汽车驱动方式的不同，液力自动变速器可分为后驱动型和前驱动型两种。其中，后驱动型液力自动变速器的输入轴和输出轴在同一轴线上，因此轴向尺寸较大；前驱动型液力自动变速器除了具有与后驱动型液力自动变速器相同的组成部分外，在其壳体内还装有主减速器和差速器，也被称为自动变速驱动桥。前驱动型液力自动变速器按发动机布置方式，分为纵置型和横置型两种。纵置发动机前驱动型液力自动变速器的动力输入方向与输出方向垂直，变速器的布置与后驱车相似。横置发动机前驱动型液力自动变速器的动力输入方向与输出方向平行，由于汽车横向尺寸的限制，通常被设计成两轴式。

4. 按变速机构的类型分类

按变速机构类型的不同，液力自动变速器可分为行星齿轮式和平行轴普通齿轮式（简称平行轴式）两种类型。其中，行星齿轮式液力自动变速器结构紧凑，齿轮总是处于常啮合状态，因此这种结构使换挡迅速、平稳、准确，而不会产生普通齿轮那种齿轮碰撞和不完全啮合的现象，从而得到广泛应用；平行轴式液力自动变速器是在普通机械变速器的各挡上加装液控离合器和制动器而成的，其控制系统原理与行星齿轮式液力自动变速器相似。这种平行轴式液力自动变速器比较小众，市场上仅应用于日本本田车系和美国福特车系等部分品牌。

二、液力自动变速器的基本结构与特点

1. 液力自动变速器的基本结构

典型的液力自动变速器主要由液力变矩器、齿轮变速机构、液压控制系统、电控系统、

自动变速器油与辅助装置等组成。液力自动变速器内部结构如图 2-1 所示。

（1）液力变矩器

液力变矩器是液力自动变速器的重要组成部分。它与发动机的曲轴相连，将发动机的动力传给行星齿轮机构。液力变矩器以液体作为传动介质，实现了发动机与传动系统间的“软”连接，使传动系统的扭转振动得到进一步衰减，延长了发动机和传动系统零件的使用寿命。同时，液力变矩器的传动比可以连续变化，这也是液力自动变速器具有无级变速功能的根本原因。

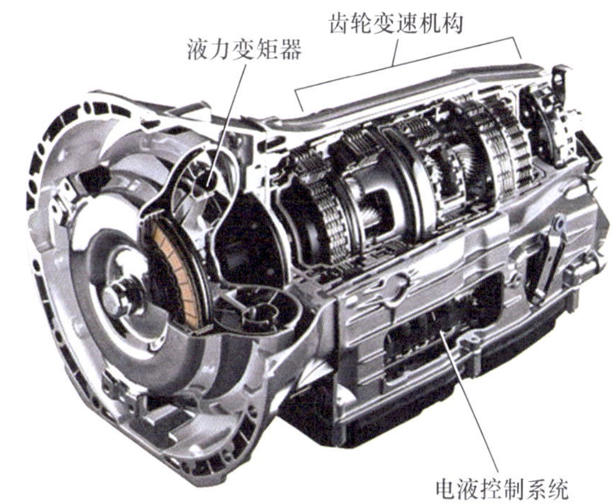

图 2-1　液力自动变速器内部结构

（2）齿轮变速机构

液力自动变速器的变速传动机构多采用行星齿轮机构，该机构由若干个行星排构成，液力自动变速器通过执行机构控制行星齿轮机构的工作，使其以不同路线传递动力，为前进挡提供不同的传动比，并提供倒挡和空挡。

（3）液压控制系统

液压控制系统由油泵、执行机构及液压控制阀等组成。液压控制系统可以根据油压、车速及节气门信号，通过执行机构控制行星齿轮系统的传动，从而达到自动换挡的目的。

（4）电控系统

电控系统由 ECU、信号输入装置（传感器与开关）和执行器（电磁阀）等组成，如图 2-2 所示。电控系统根据对换挡等有关车辆行驶状态的各种信号的检测，通过 ECU 综合控制发动机扭矩和液力自动变速器系统的油压，从而使汽车实现极其平稳的变速。

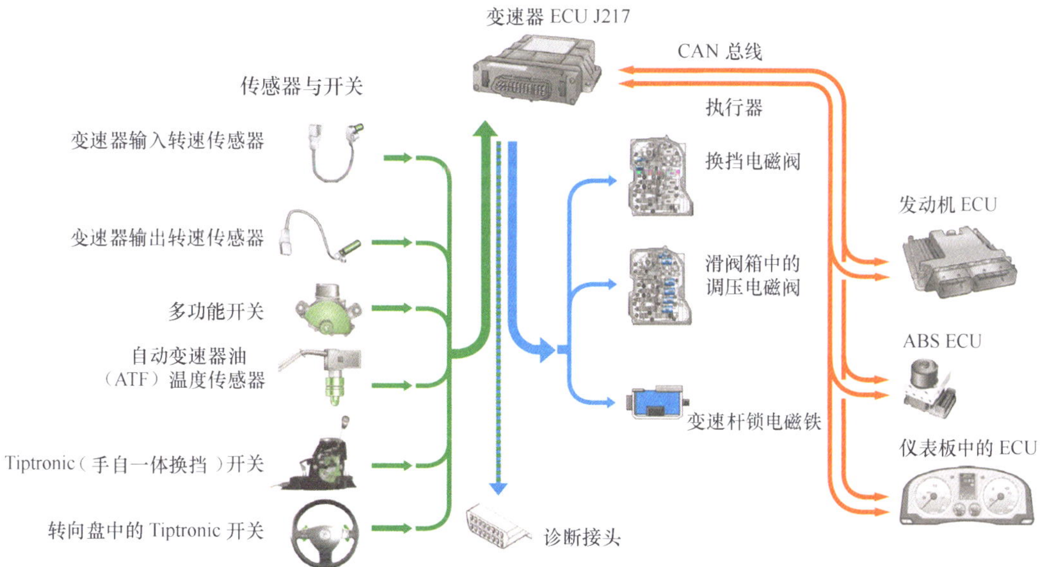

图 2-2　液力自动变速器电控系统

（5）自动变速器油与辅助装置

自动变速器油是液力变矩器的传动介质和液压系统的工作液，同时还是行星齿轮机构的润滑油。辅助装置的功能为控制自动变速器油的工作温度和过滤清洁自动变速器油等。

2. 液力自动变速器的特点

液力自动变速器可按发动机不同的运转情况、行车速度及负荷情况，及时地自动调整行车挡位，使发动机与传动系统能够更好地协调配合，实现令人满意的行驶性能。液力自动变速器具有以下特点：

① 明显减少了换挡操作，使驾驶操作简化，提高了行车安全性；

② 起步更加平稳，能吸收振动和冲击，提高了发动机、传动系统的寿命，并改善了驾乘舒适性；

③ 能以相对较低的车速稳定行驶，提高了汽车的动力性和通过性能；

④ 电控技术的应用，将行车状态控制到最佳，减少了排放污染，降低了燃油消耗；

⑤ 液力自动变速器的结构复杂，生产成本高，故障不易诊断，对维修水平要求高。

3. 挡位含义与工作过程

（1）自动变速器的挡位名称及含义

当前主流液力自动变速器变速杆的操作位置通常有 6 ～ 7 个，分别为停车挡 P、倒挡 R、空挡 N、前进挡 D（手动 D+、手动 D−）、运动挡 S 等，如图 2-3 所示。

（a）阶梯式换挡轨道

（b）直通式换挡轨道

（c）旋钮式换挡开关

图 2-3　自动变速器变速杆

① P，停车挡（驻车挡）。当变速杆置于该位置时，自动变速器的驻车锁止机构将变速器输出轴锁止。

② R，倒挡。变速杆置于该位置时，变速器进入倒挡状态，实现倒车行驶。

③ N，空挡。变速杆置于该位置时，变速器处于动力被切断状态，所有齿轮机构空转，不能输出动力。

④ D，前进挡。该挡位在良好路面行驶时使用。当变速杆置于该位置时，变速器根据行车状态自动变换传动比，实现自动变速功能。

⑤ D+、D−，手动挡位。该挡位适用条件同 D 挡，当变速杆置于该位置时，变速器可在变速器电控程序的允许阈值范围内，实现驾驶员手动换挡变速行驶。

⑥ S（S 是“Sport”的缩写），运动挡。在 S 挡运动模式下，变速器可以自由换挡，但换挡时机会延迟（除了换挡延迟，与 D 挡的换挡范围相同），使发动机在高转速上保持较长时间，使汽车在较长时间内保持低挡位高转速行进，进而获得较大的扭力输出和加速度。汽车在行进过程中，

驾驶员直接将变速杆推入 S 挡位即可进入运动模式，该模式通常应用于爬坡和快速超车等情况。

（2）变速器控制开关

① 超速挡开关（O/D），如图 2-4 所示。部分车型的液力自动变速器设有该开关，在汽车行驶中，只有将自动变速器的变速杆置于 D 挡且 O/D 开关接通时，汽车才能升入超速挡。

② 模式开关。在早期生产的有模式开关的电控液力自动变速器上，驾驶员可以通过该开关改变自动变速器的控制模式，可选择经济模式、动力模式和普通模式。在不同的模式下，自动变速器的换挡规律有所不同，从而满足不同的行驶要求。

目前，新款液力自动变速器因电控系统具有强大的运算和智能控制功能，已取消了模式选择开关，由变速器电控系统 ECU 进行自动模式选择控制。ECU 通过各个传感器采集的信号获得汽车的行驶状况和驾驶员的操作方式，经过运算分析，自动选择采用经济模式、动力模式或普通模式来进行换挡控制，以满足不同的行驶要求。如图 2-5 所示，车速越低、节气门开度越大时，变速器控制模式越趋向于动力模式；车速越高、节气门开度越小，变速器控制模式越趋向于经济模式；介于二者之间的控制状态则为普通模式。

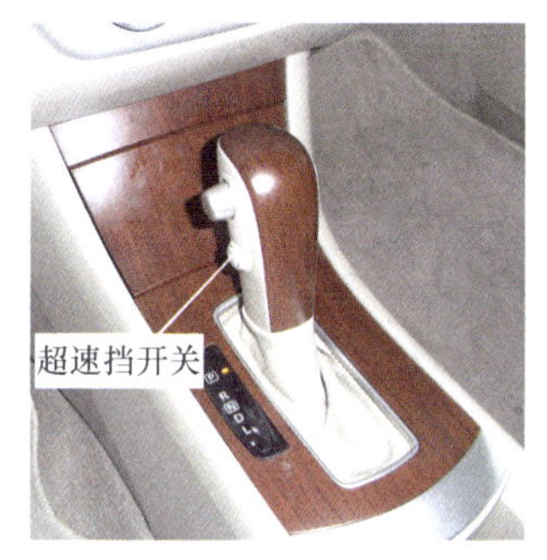

图 2-4　超速挡开关（O/D）

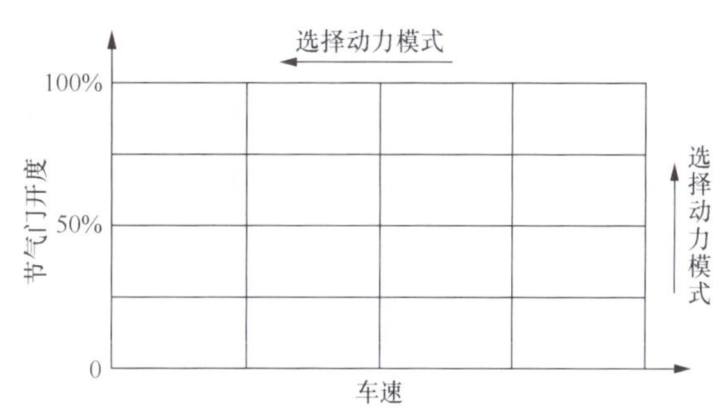

图 2-5　自动模式选择控制特性

（3）液力自动变速器的工作过程

如图 2-6 所示，电控液力自动变速器通过各种传感器，将发动机的转速、节气门开度、车速、发动机冷却液温度、自动变速器油温度和各种开关信号等参数输入 ECU，ECU 根据这些信号，调用其数据库中预设的换挡程序，向换挡电磁阀、油压电磁阀等执行元件发出控制信号，这些执行元件再将 ECU 的动作控制信号转变为液压控制信号，液压控制阀板中的各控制阀根

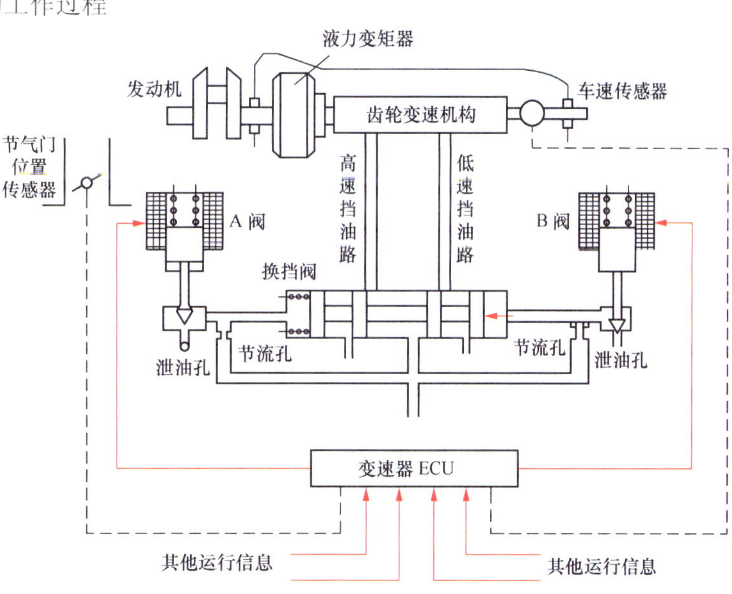

图 2-6　液力自动变速器的工作过程

据这些液压控制信号动作，控制换挡执行元件实现自动换挡。

任务二 液力变矩器的结构和原理

液力变矩器位于发动机和齿轮变速机构之间，以 ATF 为工作介质，起到传递扭矩、变速和离合的作用。

一、液力变矩器的结构

典型液力变矩器由泵轮、涡轮、导轮、壳体、单向离合器（图中未画出）和锁止离合器等组成，如图 2-7 所示。它们是由铝合金精密铸造或用钢板冲压而成的。3 个工作轮之间没有机械连接。为了保证变矩器的性能和 ATF 的良好循环，泵轮、涡轮、导轮的叶片都弯曲成一定的弧度并径向倾斜排列，这些叶片对 ATF 的流动有很大影响，其中泵轮和涡轮是旋转元件。

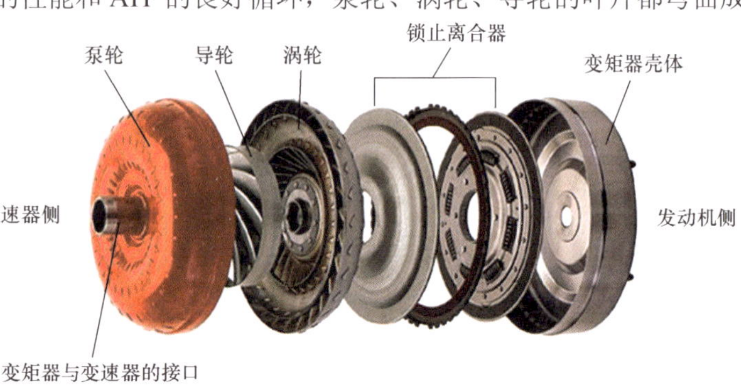

图 2-7 典型液力变矩器的结构

泵轮是液力变矩器的输入元件，它位于液力变矩器后端，与变矩器壳体刚性连接。变矩器壳体总成用螺栓固定于发动机曲轴后端，随发动机曲轴一起旋转。涡轮是液力变矩器的输出元件，它通过花键孔与行星齿轮系统的输入轴相连。涡轮位于泵轮前方，其叶片面向泵轮叶片。导轮位于泵轮和涡轮之间，是液力变矩器的反应元件。导轮通过单向离合器单方向固定在导轮轴或导轮固定套管上。通过这种方式安装的导轮在工作过程中固定不动。将这些元件装配好之后，会形成断面为循环圆的环状体，它的环形内腔充满液力机械变速器油。

单向离合器分为滚柱式单向离合器和楔块式单向离合器两种。单向离合器与其他离合器的区别：单向离合器无需控制机构，它是依靠单向锁止原理来固定或连接的，扭矩的传递是单方向的。当与之相连元件的受力方向和锁止方向相同时，该元件即被固定或连接；当受力方向与锁止方向相反时，该元件即被释放或脱离连接，如图 2-8

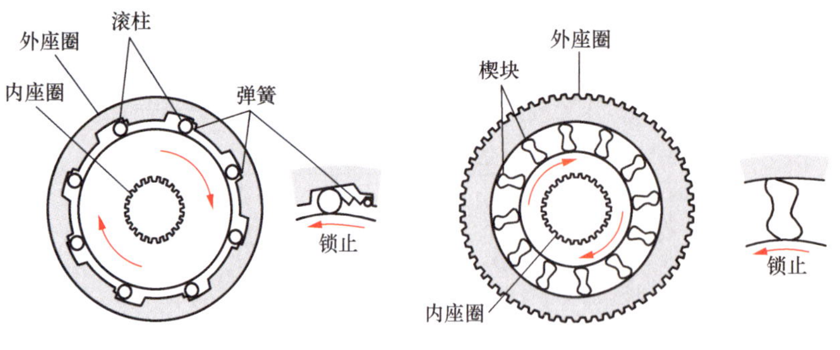

（a）滚柱式单向离合器结构　（b）楔块式单向离合器结构

图 2-8 单向离合器的工作原理

微课

单向离合器

所示。单向离合器不仅应用在变矩器中，在行星齿轮机构中也普遍采用。

二、液力变矩器的工作原理

液力变矩器源自液力耦合器，其工作原理就像两台电风扇对置时，一台电风扇不接电源，另一台电风扇接通电源转动（见图 2-9（a））。在后者转动时，产生的气流可以吹动前者的扇叶使其转动。当通电电风扇转动挡位一定时，对面未通电电风扇的转速不会发生改变。如果在两台电风扇的背面加装通气导管（见图 2-9（b）），导管将吹到未通电电风扇的气流引到通电电风扇的背面，气流产生叠加效应，从而加大通电电风扇的转速，增加空气的流量，使未通电电风扇的转速加快，此时导管起到了增大扭矩的作用。

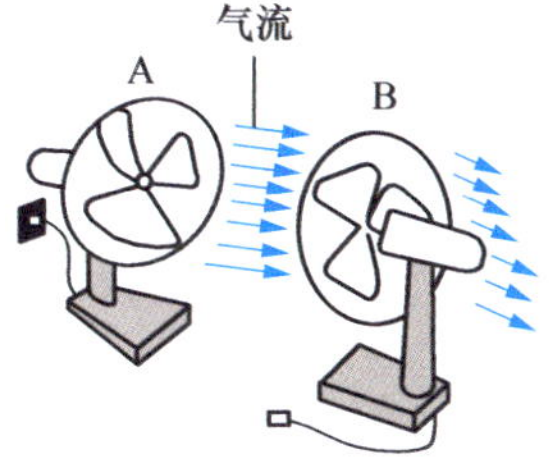

（a）通电的电风扇 A 吹动对面未通电的电风扇 B 转动

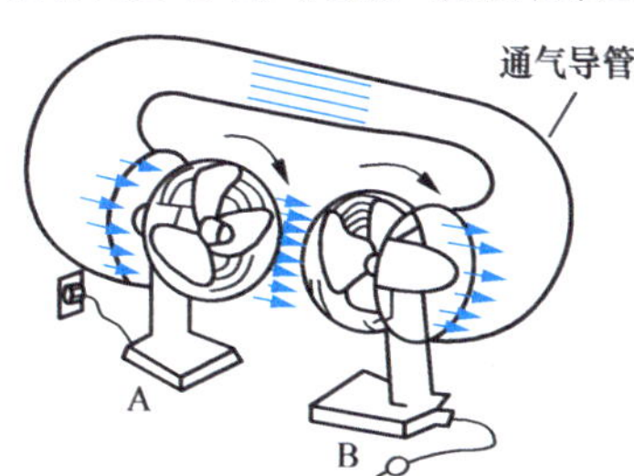

（b）两个电风扇后面加装通气导管后，产生气流叠加效应

图 2-9　电风扇工作示意图

液力变矩器的泵轮相当于接通电源的电风扇，变矩器的涡轮相当于未接通电源的电风扇，变矩器内的 ATF 相当于空气。

1. 液力变矩器的工作循环

与上例电风扇转动现象同理，液力变矩器内泵轮与涡轮之间是通过油液的流动来传递动力的。发动机运转时，带动液力变矩器壳体和泵轮一起转动，由于泵轮叶片的作用，变矩器内部的油液随壳体一起绕轴线旋转，该油液的流动方式称为“环流”。同时，在变矩器旋转离心力的作用下，离开泵轮后的油液在压力差的作用下冲到涡轮叶片的外缘，给涡轮叶片施加作用力的同时，沿着叶片向内缘流入，再经过导轮流回泵轮，该油液的流动方式称为“涡流”。这样，油液不仅随泵轮绕曲轴和变矩器输出轴的轴线做圆周运动，而且在上述压力差的作用下，沿循环圆依箭头（见图 2-10）所示方向做循环流动，形成一个首尾相连的环形螺旋线。做环形流动的油液靠泵轮内产生的离心力而冲向涡轮，并在泵轮与涡轮之间做循环流动，于是就将泵轮内获得的能量不断地传递给涡轮，驱动涡轮旋转而将动力输出，如图 2-10 所示。变矩器油液流动路线：泵轮→涡轮→导轮→泵轮。

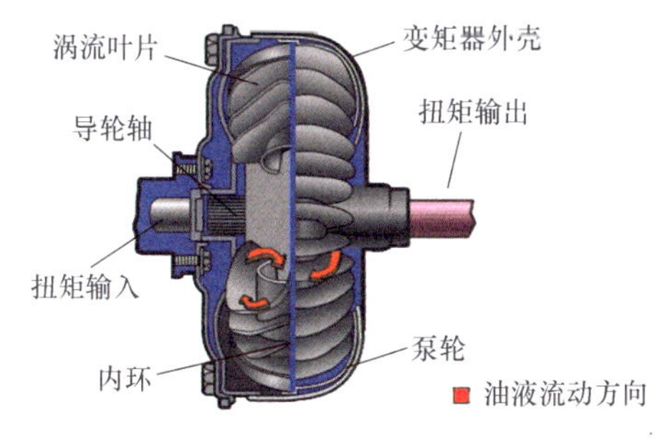

（a）变矩器中油液流动路线

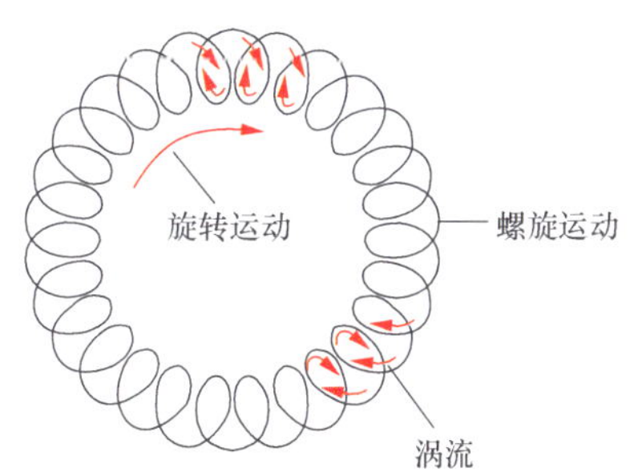

（b）变矩器中油液的流动形式

图 2-10　变矩器油液流动路线和油液流动形式示意图

微课

液力变矩器工作原理

需要说明的是，油液流速的快慢取决于泵轮与涡轮之间的转速差的大小，转速差越大，涡流流速越快，反之则越慢。从而导致在不同工况下，变矩器内油液的流动方向即螺旋流的形式有所不同，起到的作用也有所不同。

由于单向离合器的作用，导轮固定在导轮轴上而不转动，扭矩随之增大（约 2.2 倍）。当涡轮转速逐渐加快至与泵轮转速接近时，从泵轮叶片背面流过的液流变成从叶片面流过，流动方向改变了。由于单向离合器的作用，导轮在导轮轴上空转，导轮空转开始点称为“耦合点”。开始空转后，变矩器丧失了变矩的功能，而只有液力耦合器离合动力的功能。耦合点实际上是改变变矩器功能的转折点，所以将导轮空转的范围称为“耦合范围”，导轮不空转的范围称为“变矩范围”。

2. 液力变矩器的工作特性

（1）扭矩放大特性

在油液循环流动过程中，固定不动的导轮给涡轮一反作用力矩，使涡轮输出的扭矩不同于泵轮输出的扭矩。当液流离开涡轮叶片冲击到导轮叶片时，液流通过导轮曲线叶片的导引改变方向，反方向地流出。按牛顿反作用力定律，一方面，液流冲击导轮的作用力必然产生对涡轮的反作用力，增强了驱动涡轮转动的扭矩。另一方面，液流离开导轮叶片并冲击到泵轮叶片时，因已改变了方向，起到推动泵轮转动的作用。这种双重作用将增大涡轮输出的扭矩，这时的液力变矩器处于增加扭矩状态。

① 泵轮与涡轮的转速差较大时，涡轮甩出的油液液流冲击导轮叶片的正面，在单向离合器的作用下，导轮固定不动，如图 2-11 所示。同时，导轮叶片使液流的流动方向发生变化，将液流的动能传递至泵轮叶片的背面，加大泵轮的转速，最终使液流对涡轮的冲击力矩大于泵轮的输出力矩，从而增大了涡轮的输出扭矩。液力变矩器的扭矩放大倍数一般为 2.2。在传递扭矩的同时，液流受到导轮叶片较大的作用力，会造成能量损失，使传递效率下降。

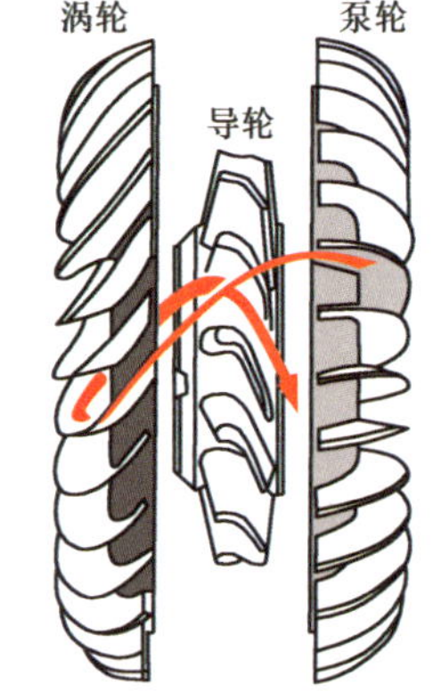

图 2-11　油液液流冲击导轮叶片的正面，单向离合器处于锁止状态

② 液力变矩器的变矩特性只有在泵轮与涡轮转速差较大的情况下才成立。随着涡轮转速不断提高，从涡轮回流的油液会按顺时针方向冲击导轮。若导轮仍然固定不动，油液将会产生涡流，阻碍其自身的运动。因此，变矩器的导轮装有单向离合器，在液力变矩器中起单向导通的作用。当涡轮与泵轮转速差较大时，单向离合器处于锁止状态，导轮不能转动。当涡轮转速升高到一定程度后，单向离合器导通，允许导轮按涡轮的旋转方向转动，避免了涡流的产生，使油液顺利回流至泵轮。

（2）耦合工作特性

液力变矩器泵轮与涡轮的转速差较小时（涡轮转速达到泵轮转速的 85% ～ 90% 时），液流冲击导轮叶片的背面，单向离合器不再起作用，导轮自由转动，液流直接穿过导轮叶片流入泵轮，如图 2-12 所示。此时，液力变矩器进入耦合工作区，只传递扭矩而不改变扭矩的大小，只有液力耦合器离合动力的功能。流动的油液受到的作用力较小，因而可提高传动效率。

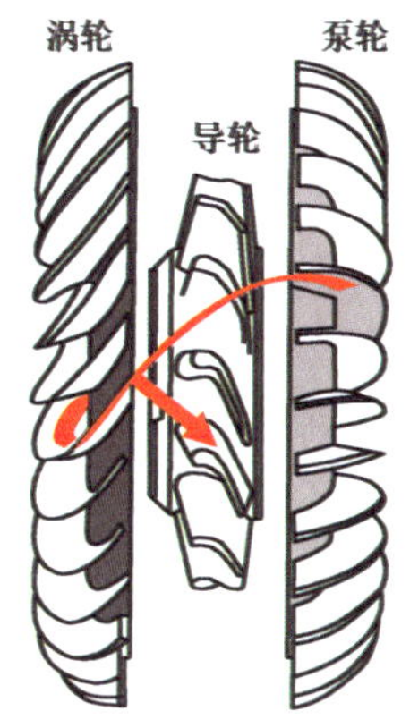

图 2-12 油液冲击导轮叶片的背面，单向离合器处于自由状态

液力变矩器进入耦合区的转速受发动机节气门开度和车速的影响而有所不同。液力变矩器在低速时按变矩器特性工作；高速时按耦合器特性工作，高效区域工作的范围有所扩大。

（3）失速特性

液力变矩器失速是指涡轮因负荷过大而停止转动，但泵轮仍保持旋转的现象。此时液力变矩器只有动力输入而没有动力输出，全部输入能量都转化为热能，因此变矩器中的油液温度急剧上升，会对变矩器造成严重危害。失速点转速是指涡轮停止转动时液力变矩器的输入转速，该转速取决于发动机扭矩、变矩器的尺寸和导轮、涡轮的叶片角度。

通过分析上述情况可知，液力变矩器的传动效率随涡轮转速的变化而变化，在增矩过程中，由于油液受到的冲击力较大，因此使传动效率下降；而在耦合过程中可以提高传动效率。液力变矩器可以适时地改变输出扭矩以适应汽车行驶需要，但由于动力是通过油液传递的，油液内部的摩擦会造成一定的能量损失，因此传动效率较低，油耗增大。

三、锁止离合器

变矩器液力传动时，由于泵轮与涡轮之间有转速差（4% ～ 5%），加上变矩器液力传动的能量损失，其传动效率不如机械变速器高。为了提高汽车的传动效率，减少燃油消耗，市场主流车型的液力自动变速器均采用带锁止离合器的变矩器。通过锁止离合器的工作，可使变矩器的输入轴与输出轴刚性相连，变液力传动为机械传动，提高传动效率。

1. 锁止离合器的构造

带锁止离合器的液力变矩器的结构如图 2-13 所示。锁止离合器的从动盘安装在涡轮轮毂花键上，主动部分压盘（包括传力盘和活塞）与泵轮固定连接。如果 ATF 经油道进入活塞左腔室，则推动压盘右移压紧从动盘，使离合器接合，泵轮与涡轮形成固定连接体，于是变矩器的输入轴与输出轴刚性连接。当活塞左腔室油压被泄压后，离合器的主、从动部分分离，锁止离合器解除锁止状态，变矩器恢复正常液力传动。

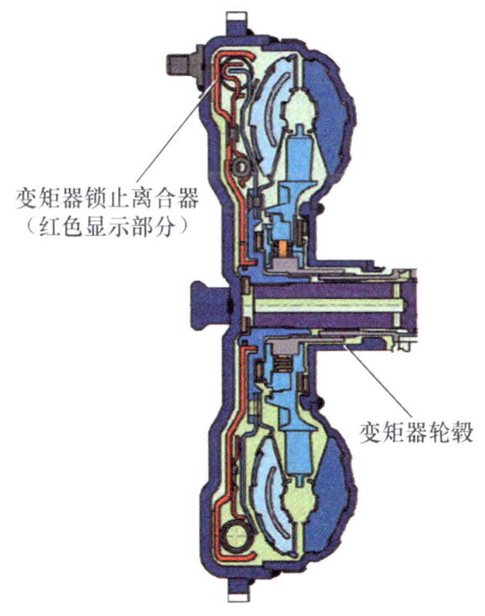

图 2-13 带锁止离合器的液力变矩器

常见的变矩器锁止离合器多为单片式结构，但部分厂家的变矩器锁止离合器采用的是多片式结构。采用多片式锁止离合器取代单片式锁止离合器的优势在于，由于摩擦片增多，摩擦面积增大，使得动力传输更为平顺和直接。

2. 锁止离合器的工作原理

锁止离合器在涡轮的背面加装一个液压控制的摩擦式离合器，采用升压或降压的控制方法使其接合。当汽车在良好的路面上恒速行驶时，锁止离合器接合。锁止时动力传递路线：变矩器壳（泵轮）→摩擦传动→锁止离合器→花键→涡轮，实现了机械传动过程。

当汽车起步或在较差的路面上行驶时，锁止离合器将分离，变矩器恢复自动变矩的作用。锁止离合器的控制机构多为发动机转速传感器和车速传感器共控一个电磁阀，电磁阀再控制一个驱动油道而产生升压或降压动作，使其分离或接合。其工作原理如图 2-14 所示。

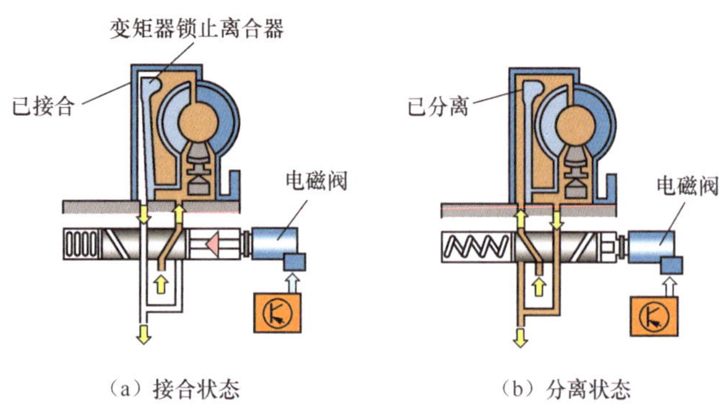

图 2-14　锁止离合器工作原理

锁止离合器在接合时，变矩器中的油液因液体摩擦减小，因此温度可以降低，此时不再让油液进入冷却器，以减少动力消耗。为了减轻锁止离合器在接合瞬间产生的冲击，在锁止离合器的传力盘上还装有减振弹簧。

任务三　齿轮变速机构的基本结构和原理

由于受到自动变矩与传动效率之间的矛盾和变矩器尺寸的限制，液力变矩器的变矩比不能太大，只能在 2 ～ 4 之间，该值远不能满足汽车行驶工况的需求。因此，液力变矩器后都需要加装串联的齿轮变速机构，将变矩器输出的扭矩再增大 2~4 倍，同时实现倒挡、空挡和超速挡。液力自动变速器中采用的齿轮变速机构有平行轴式和行星齿轮式两种，目前绝大多数的液力自动变速器均采用行星齿轮机构。

一、行星齿轮机构

常用的行星齿轮机构有单排单级行星齿轮机构和单排双级行星齿轮机构两种类型。

1. 单排单级行星齿轮机构的基本结构与工作原理

简单行星齿轮机构由太阳轮、齿圈和装有行星齿轮的行星架 3 个基本元件组成，其结构关系如图 2-15 所示。齿圈制有内齿（因此称为内齿圈），其余齿轮均为外齿轮。行星齿轮通过行星齿轮轴支撑在行星架上。整个行星齿轮机构装配好后，太阳轮位于中心，所有行星齿轮在与太阳轮外啮合的同时还与齿圈内齿啮合。这种行星齿轮机构也称单排单级行星齿轮机构。

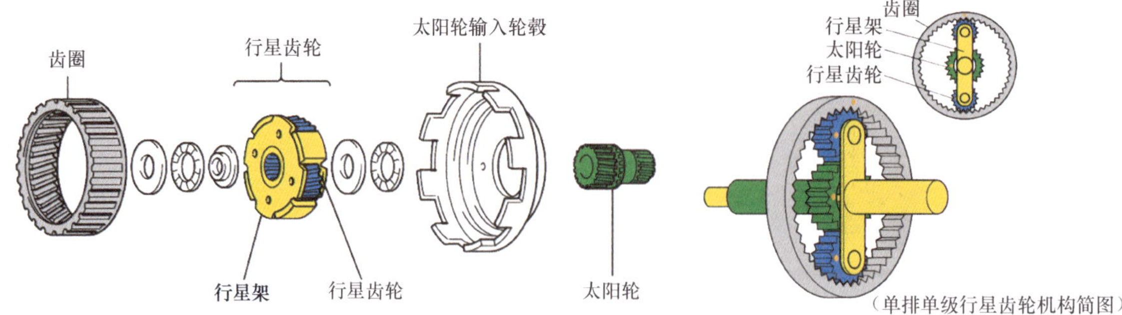

图 2-15　单排单级行星齿轮机构

当行星齿轮机构工作时，行星齿轮始终作为中间齿轮，因此它的齿数与行星齿轮机构的传动比无关。行星齿轮机构的传动比主要取决于行星架、太阳轮和内齿圈的齿数，由于行星架并无齿轮，因此在计算传动比时，需要给行星架指定一个想象的齿数，即设为太阳轮与内齿圈的齿数之和。通过上面的叙述可以得出：3 个基本元件中，太阳轮齿数最少，因此其转速最快；行星架齿数最多，其转速最慢。

由机械原理可知，通过作用在单排单级行星齿轮机构各元件上的力矩和结构参数，根据能量守恒定律，可导出单排单级行星齿轮机构一般运动规律的特性方程式：

$$n_1 + \alpha n_2 -(1+\alpha)n_3 = 0$$

式中：n_1为太阳轮转速；n_2为内齿圈转速；n_3为行星架转速；α为内齿圈齿数与太阳轮齿数之比。

当单排单级行星齿轮机构工作时，将太阳轮、内齿圈和行星架这三者中的任一元件作为主动件，它与输入轴连接；将另一元件作为被动件，与输出轴相连；再将第三个元件加以约束制动，使它强制固定，转速为零，这样整个行星齿轮机构即以一定的传动比传递动力，如图 2-16 所示。

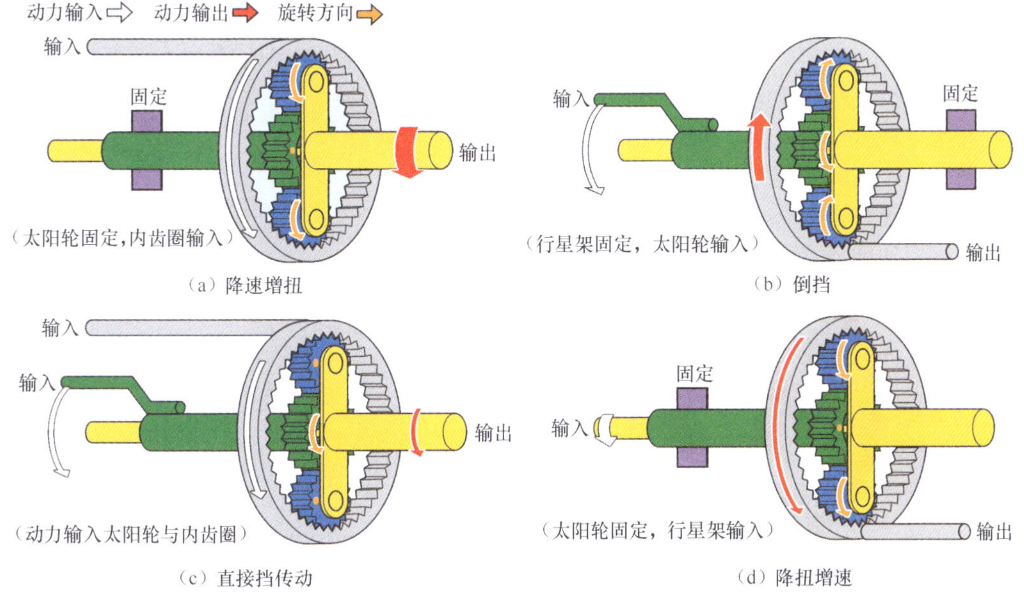

图 2-16 单排单级行星齿轮机构的动力传递方式

在单排单级行星齿轮机构中，太阳轮、内齿圈和行星架有不同的连接和固定方案，因此，可以得到不同的传动比，3 个基本元件可以有 6 种不同的组合方案，加上直接挡和空挡，共有 8 种组合的传动方案，见表 2-1。

表 2-1 单排单级行星齿轮机构的传动方案

传动方案	固定件	主动件	从动件	传动效果	旋转方向
1	太阳轮	内齿圈	行星架	减速	同向
2		行星架	内齿圈	增速	
3	内齿圈	太阳轮	行星架	减速	同向
4		行星架	太阳轮	增速	

续表

传动方案	固定件	主动件	从动件	传动效果	旋转方向
5	行星架	太阳轮	内齿圈	减速	反向
6		内齿圈	太阳轮	增速	
7	任意两个元件连成一体（直接挡）			同速	同向
8	既无任一元件固定，又无任意两个元件连成一体			空挡（不传递动力）	

单排单级行星齿轮机构具有的 3 个彼此可以相对旋转的运动件：太阳轮、行星架和内齿圈，可以实现 5 种不同组合的挡位。

微课

单排行星齿轮机构工作原理

① 低挡：太阳轮主动，行星架被动，内齿圈不动。

② 中挡：太阳轮不动，行星架被动，内齿圈主动。

③ 高挡（超速挡）：太阳轮不动，行星架主动，内齿圈被动。

④ 倒挡：太阳轮主动，行星架不动，内齿圈被动。

⑤ 所有运动件都不受约束时，变速器处于空挡。

当太阳轮固定时，行星齿轮与行星架的旋转方向相同；当内齿圈固定时，行星齿轮与行星架的旋转方向相反。行星齿轮变速器通常由 2 ～ 3 组行星齿轮机构组成，并用多片离合器控制上述运动件的组合，实现不同的挡位。

2. 单排双级行星齿轮机构的运动规律

单排双级行星齿轮机构如图 2-17 所示。3 个基本元件分别为太阳轮、内齿圈和行星架。

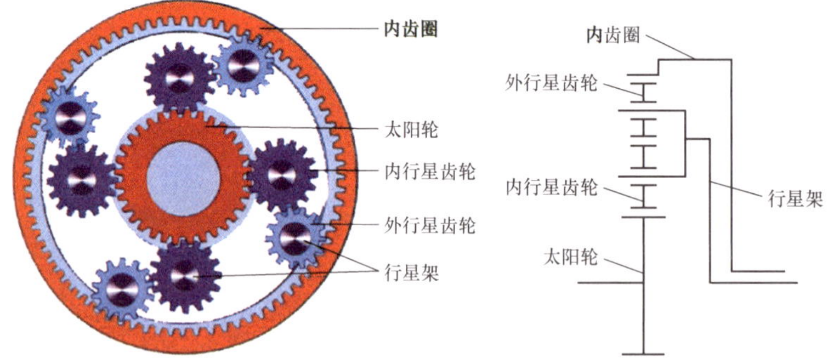

图 2-17　单排双级行星齿轮机构

3 个基本元件间齿数关系为 $Z_3=Z_2-Z_1$。其中，Z_1 为太阳轮齿数，Z_2 为内齿圈齿数，Z_3 为行星架虚拟齿数。规定 $Z_2/Z_1=\alpha$，明显 $\alpha>1$。

3 个基本元件间的运动方程为 $n_1-\alpha n_2-(1-\alpha)n_3=0$。其中，$n_1$ 为太阳轮转速，n_2 为内齿圈转速，n_3 为行星架转速。

单排双级行星齿轮机构的传动方案见表 2-2。

表 2-2　单排双级行星齿轮机构的传动方案

传动方案	固定件	主动件	从动件	传动效果	旋转方向
1	太阳轮	行星架	内齿圈	减速	同向
2		内齿圈	行星架	增速	
3	内齿圈	行星架	太阳轮	不确定	反向
4		太阳轮	行星架	不确定	

续表

传动方案	固定件	主动件	从动件	传动效果	旋转方向
5	行星架	内齿圈	太阳轮	增速	同向
6		太阳轮	内齿圈	减速	

以上单排双级行星齿轮机构的运动规律可归纳如下。

① 只要内齿圈输出，无论哪个元件制动，均为同向减速传动。

② 只要内齿圈输入，无论哪个元件制动，均为同向增速传动。

③ 只要内齿圈制动，无论哪个元件输入，均为反向传动。

④ 任意两元件相连，另一元件则自动连接，单排双级行星齿轮机构变为一个刚体，可实现同向等速传动，传动比为 1。

⑤ 制动元件，有输入无输出，传动比为 0。

二、换挡执行机构

行星齿轮机构中的所有齿轮都处于常啮合状态，挡位变换必须通过不同方式对行星齿轮机构的基本元件进行约束（即固定或连接某些基本元件）来实现。能对这些基本元件实施约束的机构，就是行星齿轮机构的换挡执行机构。

换挡执行机构主要由离合器、制动器和单向离合器 3 种执行元件组成，离合器和制动器以液压方式控制行星齿轮机构元件的旋转，而单向离合器则以机械方式对行星齿轮机构的元件进行锁止。

1. 离合器

（1）湿式多片离合器

离合器的作用是连接行星齿轮机构中任意两个元件，使这两个元件成为一个整体来传递动力。由于它位于行星齿轮机构的内部，且传递扭矩大，而径向尺寸又受到限制，故多采用多片式结构，多片离合器主要由主动片、从动片、环形活塞、复位弹簧及密封件等组成。如图 2-18 所示，离合器毂是一个液压缸，毂内有内花键齿圈，内圆轴颈上有进油孔与控制油路相连。离合器的活塞为环状，内、外圆上有密封圈，安装在离合器毂内。其主动片和从动片均为钢质圆盘，主、从动片交错排列装配。主动片以内花键齿与花键毂的外花键槽配合。在主动片表面烧结有铜基粉末冶金的摩擦材料或纸质浸树脂的摩擦材料，和从动片组成钢片与粉末冶金材料的摩擦副。从动片带有外花键齿，与离合器毂的内花键齿圈连接，主、从动片均可轴向移动。为了保证其柔和接合和散热，离合器的摩擦片都浸在油液中工作，因此也被称为湿式离合器。

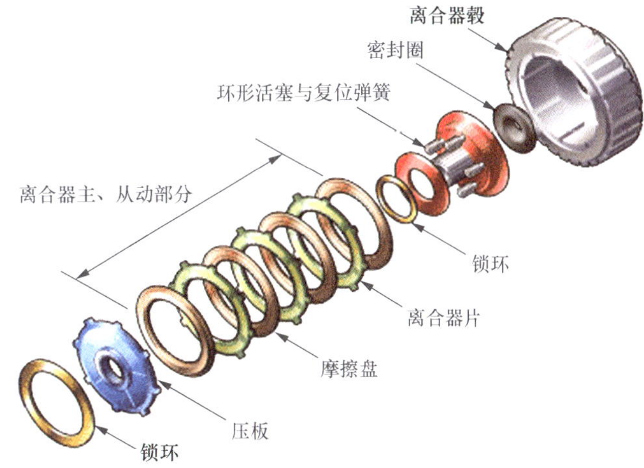

图 2-18　湿式多片离合器结构

离合器的主动片以内花键与行星齿轮机构的某一基本元件相连，并可轴向移动。从动片外缘的键齿与行星齿轮机构的另外某一基本单元相连，可做轴向移动。当控制压力油液经油道进入活塞左面时，液压的作用力便克服弹簧弹力使活塞右移，将所有主动片和从动片压紧，即离合器接合，如图 2-19（a）所示。此时行星齿轮机构中的两个基本单元为刚性连接而同步转动。当油液控制压力撤除后，离合器活塞在弹簧的作用下回复原位，主、从动片彼此分开，即离合器分离，如图 2-19（b）所示，于是两元件脱离传动关系。

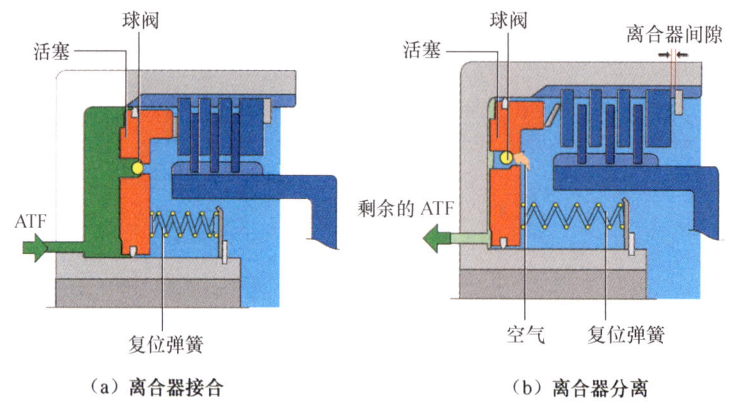

图 2-19　湿式多片离合器的工作原理

（2）离心平衡式离合器

大众 09E 变速器离心平衡式离合器的工作状态如图 2-20 所示。它消除了离心作用产生的油液压力，增强了离合器的控制能力。

离心平衡式离合器在普通离合器油缸的对面设有离心平衡室，其内一直充有涡轮轴的润滑油管送来的 ATF 油液。离合器旋转时，残留在离合器油缸内的油液在离心力的作用下推压活塞，但离心力也作用于离心平衡室内的自动变速器油液上，两个作用力方向相反，互相抵消，活塞不动作，离合器也不会接合。

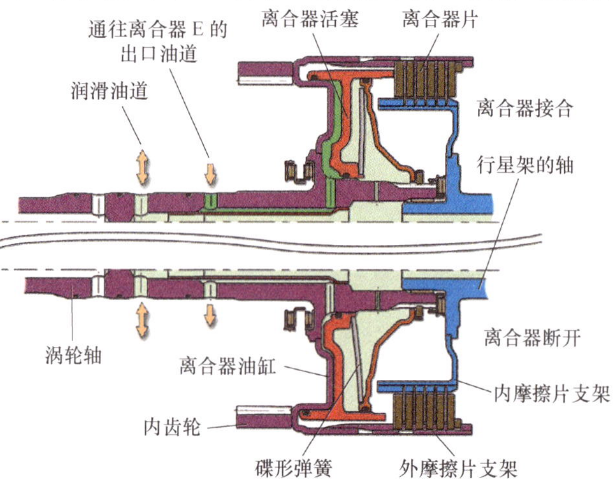

图 2-20　大众 09E 变速器离心平衡式离合器工作状态

当离合器接合时，活塞油缸内的离合器压力大大超过平衡室内的润滑油压力和弹簧压力，液压力推动活塞，离合器接合。离合器接合油液和平衡油液产生的离心力互相抵消，这使活塞在整个转动过程中能得到稳定的推力，减小换挡振动。当离合器分离时，残留在离合器油缸内的油液离心力和平衡室内的液压离心力相互抵消，活塞在复位弹簧的作用下复位，取消了普通离合器的单向球阀，使离合器能迅速彻底分离。

2. **制动器**

制动器是将行星齿轮机构中的太阳轮、内齿圈或行星架三者之一加以制动，以便在有动力输入的情况下，改变行星齿轮传动的组合，实现换挡。制动器的类型主要有两种，即湿式多片制动器和带式制动器。

（1）湿式多片制动器

湿式多片制动器的结构和湿式多片离合器的结构基本相同（见图2-21），但它与湿式多片离合器的不同之处有两点：一是制动毂是变速器的壳体，因此，它不是把两个基本元件连接起来使两元件一起旋转的，而是把某一元件固定在变速器的壳体上；二是制动器的活塞不运动。

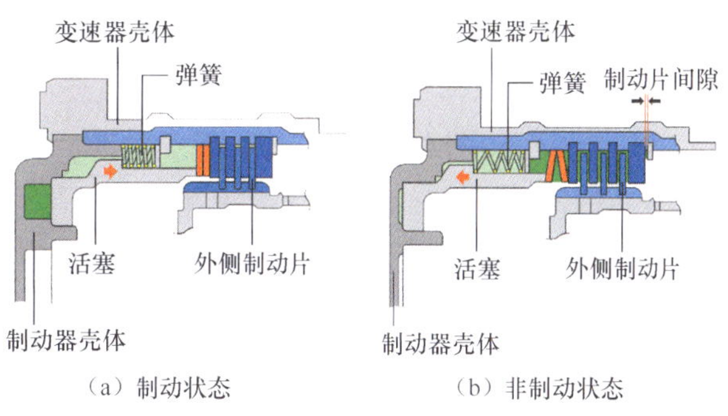

图 2-21　湿式多片制动器结构和工作状态

（2）带式制动器

带式制动器由制动带、制动毂、控制油缸、活塞和调整螺钉等组成，如图2-22所示。制动毂与行星齿轮机构的某一基本元件相连并随之一起转动，制动带的一端支撑在变速器壳体的支架上，另一端与液压缸活塞的推杆相连。制动带的工作受活塞上油液压力的控制。不工作时，工作腔无控制油压，制动带与制动毂之间有一定的间隙，制动毂随与之连接的元件一起转动；当工作腔有控制油压作用在活塞上时，活塞克服复位弹簧弹力而前移，推杆外伸将制动带压紧在制动毂上，使制动毂连同相连的元件一起被固定。当释放腔有压力油液作用时，活塞在两侧压力差及复位弹簧的共同作用下后移，推杆回缩，制动带放松，制动解除。

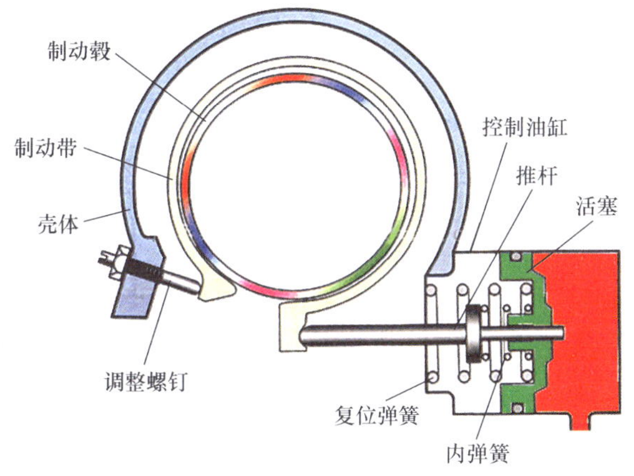

图 2-22　带式制动器结构（非制动状态）

3. 单向离合器

单向离合器的作用与离合器、制动器一样，用来连接或制动行星齿轮机构中的某一个元件，以完成不同的传动控制。与离合器、制动器不同的是，它以自身的单向锁止功能来实现控制元件的连接和制动，即由与之相连接元件的受力方向决定该元件是连接、制动或是自由转动。另外，使用单向离合器的挡位没有发动机制动效果。行星齿轮机构中的单向离合器的结构、原理与变矩器中的单向离合器相同，请参阅相关内容，这里不再赘述。

通过以上分析，我们看到了换挡时执行机构的复杂性。实际上，有些执行元件的设立并非是换挡功能的要求，而是换挡质量的要求。

任务四　典型齿轮变速器结构

主流液力自动变速器通常具有4～10个前进挡和1～2个倒挡，单排行星齿轮机构能提供的实际适用的传动比数目很有限，不能满足汽车行驶中变速变矩的需要。为了获得汽车行驶需要的多级传动比，通常采用多排行星齿轮机构组合来实现。

一、典型的行星齿轮机构

尽管目前的液力自动变速器的品种和规格有很多，其齿轮机构也各有特点，但在常见的变速器中多排的行星齿轮机构基本上都采用一些典型化的结构，例如4AT采用的辛普森式（Simpson）和拉维娜式（Ravigneaux）行星齿轮机构，奔驰5AT采用的威尔逊式行星齿轮机构，6AT和8AT采用的莱派特（Lepelletier）式行星齿轮机构等。因此，了解各种不同类型的行星齿轮机构所组成的自动变速器的结构和工作原理，是掌握各种不同车型自动变速器的结构和工作原理的基础。

1. 辛普森式行星齿轮机构

基本的辛普森式行星齿轮机构是由共用1个太阳轮的2组行星齿轮、2个齿圈和2个行星架组成的4挡位（3个前进挡和1个倒挡）变速机构。它是应用比较广泛的一种复合式行星齿轮机构，如图2-23所示。

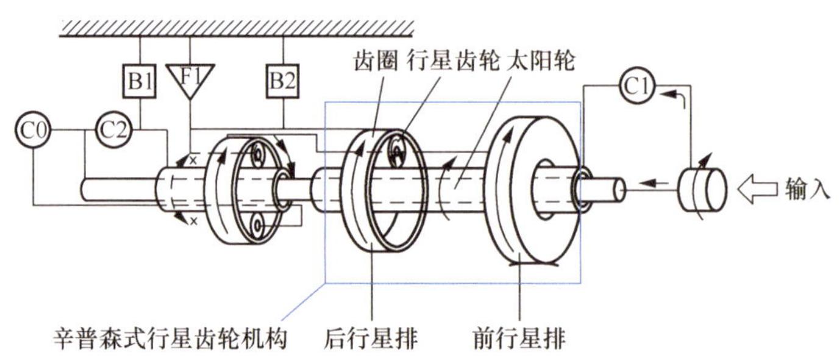

图2-23　辛普森式行星齿轮机构

（1）基本结构

典型的4挡辛普森式行星齿轮变速器由3前进挡辛普森式行星齿轮机构和换挡执行元件两部分组成，如图2-24所示。其行星齿轮机构包括前、后两个行星排，它的执行机构由前进挡离合器（C1）、直接挡离合器（C2）、单向离合器（F）、2挡制动器（B1）和低挡/倒挡制动器（B2）组成。各执行元件工作状态见表2-3。

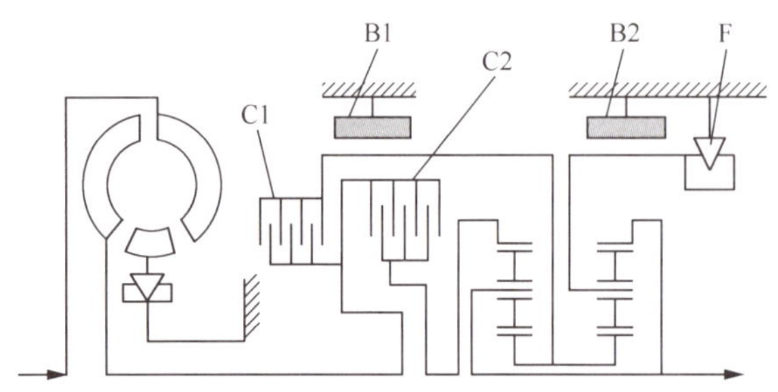

图2-24　典型辛普森式行星齿轮变速器

（2）动力传递线路

变速器工作时，输入轴通过直接挡离合器和前进挡离合器分别与太阳轮和前齿圈相连，2挡制动器可用来固定太阳轮，低挡/倒挡制动器可使后行星架成为固定元件，单向离合器保证后行星架只能沿顺时针方向转动，前行星架和后齿圈与输出轴相连而成为输出元件。改进型辛普森式行星齿轮机构动力传递线路如图2-25所示。

表 2-3　　辛普森式行星齿轮机构各挡执行元件工作状态

挡位		C1	C2	B1	B2	F
D	1	√				√
	2	√		√		
	3	√	√			
R			√		√	

D 位 1 挡。前进挡离合器接合，前齿圈成为输入元件，单向离合器使后行星架无法逆时针旋转。动力传递路线：输入轴→前齿圈→太阳轮→后齿圈→输出轴。

微课

辛普森式行星齿轮机构

D 位 2 挡。前进挡离合器接合，使前齿圈成为输入元件，2 挡制动器将太阳轮固定。动力传递路线：输入轴→前齿圈→前行星架→输出轴。

D 位 3 挡。前进挡离合器和直接挡离合器均接合，此时，前太阳轮和齿圈均与输入轴相连，因此，行星架也与它们同速转动，形成直接挡，将输入轴动力直接传给输出轴。

R 位倒挡。直接挡离合器接合，前太阳轮成为输入元件，低挡 / 倒挡制动器固定后行星架。动力传递线路：输入轴→太阳轮→后行星齿轮和后齿圈→输出轴。由于行星架是固定元件，因此使输出轴的旋转方向与输入轴相反，变速器实现倒挡动力输出。

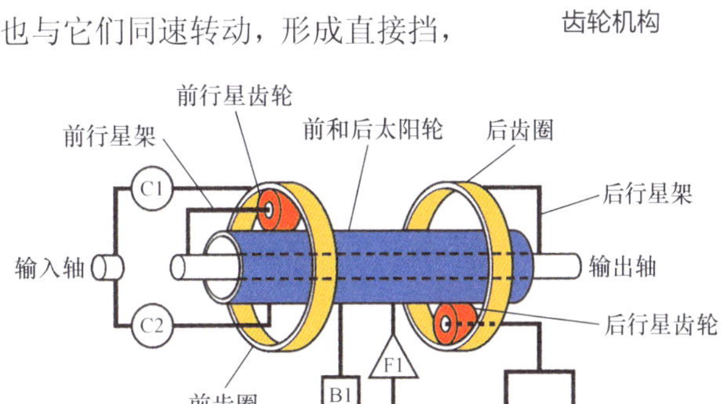

图 2-25　改进型辛普森式行星齿轮机构动力传递线路

2. **拉维娜式行星齿轮机构**

德国的绝大部分汽车自动变速器采用的均为拉维娜式行星齿轮机构，如奥迪 01V、09E，奔驰 722.9 等自动变速器均采用拉维娜式行星齿轮机构。该结构形式与辛普森式、改进型辛普森式行星齿轮机构相比较，具有结构简单、布置紧凑、体积小和重量轻等优点。拉维娜式行星齿轮机构的特点是在一个行星轮系里面有两组行星齿轮，行星齿轮机构的大、小太阳轮都可以作为动力输入元件。

（1）基本结构

拉维娜式行星齿轮机构采用双行星排组合，其特点：两行星排共用行星架和齿圈，小太阳轮、短行星齿轮、长行星齿轮、行星架及齿圈组成一个双行星轮式行星排，大太阳轮、长行星齿轮、行星架及齿圈组成一个单行星齿轮式行星排（见图 2-26）。该机构具有小太阳轮、大太阳轮、行星架和齿圈 4 个独立元件。行星架上的两套行星齿轮相互啮合，其中短行星齿轮与小太阳轮啮合，长行星齿轮与大太阳轮啮合的同时与齿圈啮合。

拉维娜式行星齿轮机构的换挡执行元件有前离合器 K1、后离合器 K2、前制动器 B1、后（低挡 / 倒挡）制动器 B2、单向离合器 F。换挡执行元件的状态和挡位间的关系见表 2-4。

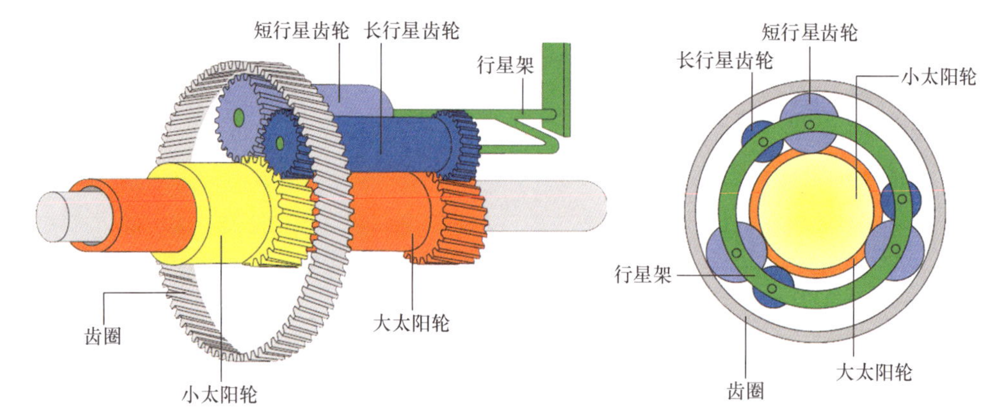

图 2-26　拉维娜式行星齿轮机构

表 2-4　拉维娜式行星齿轮机构换挡执行元件工作状态

挡位＼执行元件		K1	K2	B1	B2	F
R			√		√	
D	1	√				√
	2	√		√		
	3	√	√			

典型的 4 前进挡拉维娜式行星齿轮机构如图 2-27 所示，前进挡离合器 K2 用于连接输入轴和小太阳轮，倒挡 / 直接挡离合器 K1 用于连接输入轴和大太阳轮，制动器 B2 用于固定小太阳轮，倒挡 / 低挡制动器 B1 起固定行星架的作用，单向离合器 F 对行星架逆时针方向旋转有锁止作用。

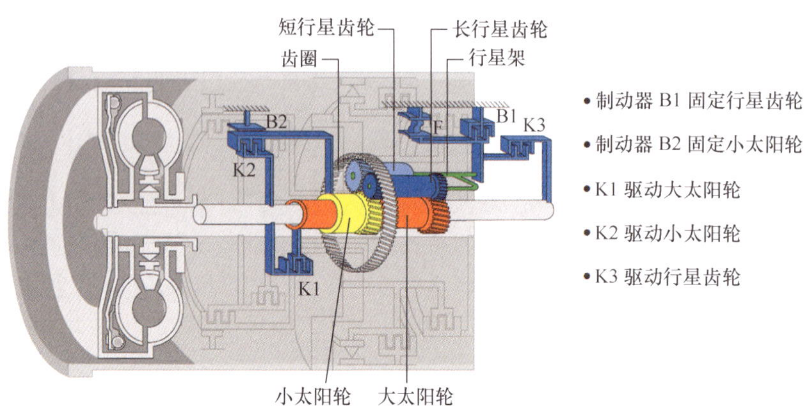

图 2-27　典型的 4 前进挡拉维娜式行星齿轮机构

（2）各挡动力传递路线

D 位 1 挡。如图 2-28（a）所示，离合器 K1 接合后驱动大太阳轮，单向离合器 F 锁止行星架。动力传递路线：变矩器→离合器 K1 →大太阳轮→长行星齿轮→短行星齿轮→齿圈输出。

D 位 2 挡。如图 2-28（b）所示，离合器 K1 接合后驱动大太阳轮，制动器 B2 锁止小太阳轮。动力传递路线：变矩器→离合器 K1 →大太阳轮→长行星齿轮→短行星齿轮→齿圈输出。

D 位 3 挡。如图 2-28（c）所示，离合器 K1 接合后驱动大太阳轮，离合器 K3 接合后驱动行星架。由于前离合器 K1 和后离合器 K3 同时接合，因此小、大太阳轮被锁成一体，长、短行星齿轮同方向转动。由于这两套行星齿轮处于常啮合状态而无法转动，于是整个行星齿轮机构被锁成一体，以直接挡传递动力。

拉维娜式行星齿轮机构

D 位 4 挡。如图 2-28（d）所示，制动器 B2 锁止小太阳轮，离合器 K3 接合后驱动行星架。动力传递线路：变矩器→离合器 K3 →行星架→短行星齿轮→齿圈输出。如图 2-28（e）所示，该变速器已全部锁止成为一个刚性整体转动，与发动机曲轴同转速，变速器 4 挡为直接挡传动状态。

R 位倒挡。如图 2-28（f）所示，离合器 K2 接合后驱动小太阳轮，制动器 B1 锁止行星架。动力传递线路：变矩器→离合器 K2 →前太阳轮→短行星齿轮→齿圈输出。

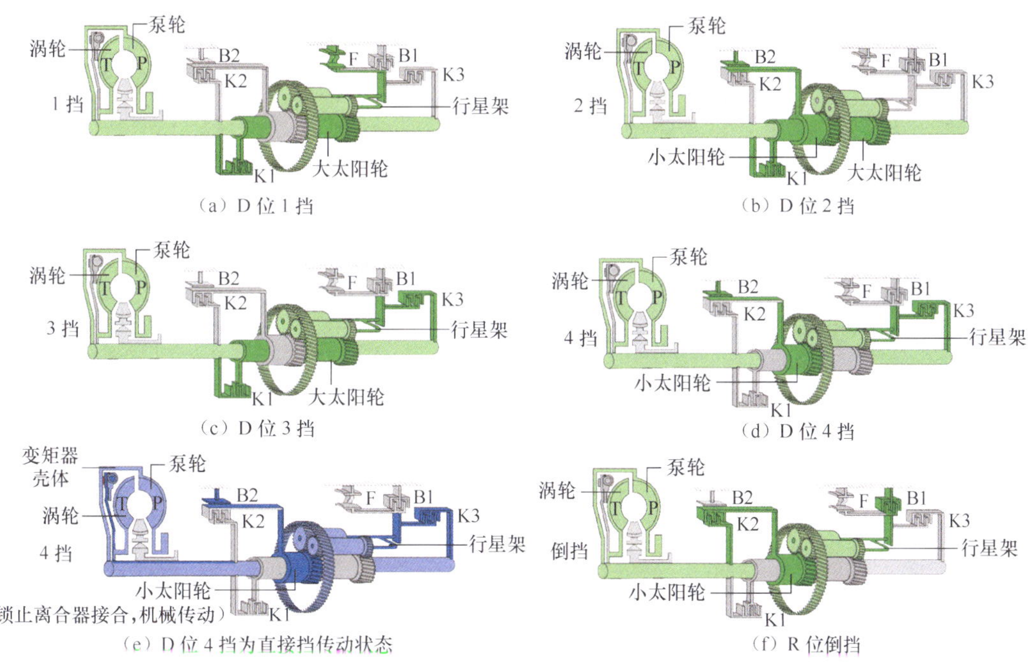

图 2-28 拉维娜式行星齿轮机构动力传递线路

辛普森式和拉维娜式行星齿轮机构除上述传动挡位以外，还有 N 位空挡和 P 位停车挡 2 个辅助工作挡位。空挡时，离合器、制动器都不工作，液力变矩器的动力不能传至行星齿轮变速器，变速器为空挡。当变速杆置于 P 位时，行星齿轮机构内部各执行元件都不工作，变速器相当于空挡。但变速器操纵手柄的连杆机构推动停车锁，输出轴被固定而不能转动，使变速器闭锁。

3. 莱派特式行星齿轮机构

（1）基本结构

如图 2-29 所示，莱派特式行星齿轮机构是在拉维娜式行星齿轮组的前面装有一个单排单级行星齿轮组构成的。单排单级行星齿轮组能以两种不同的转速来驱动拉维娜式行星齿轮组。莱派特式行星齿轮机构总是通过拉维娜式行星齿轮组的内齿圈来输出扭矩。该齿轮机构用 5 个换挡元件（3 个离合器和 2 个制动器）就可以实现 6 个前进挡和 1 个倒挡，其制动器和离合器被循环使用。

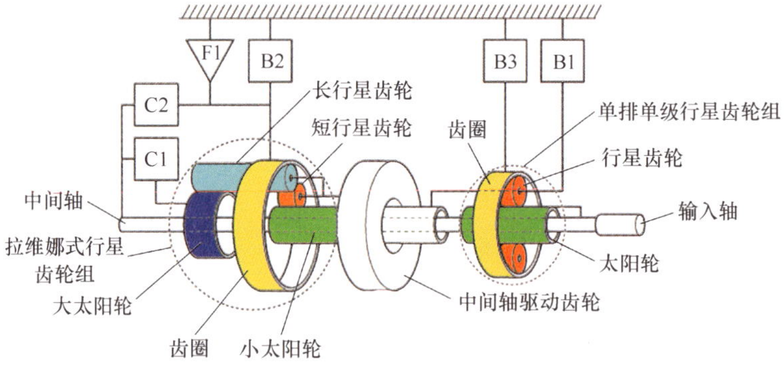

图 2-29　莱派特式行星齿轮机构

（2）工作原理

变速器工作时，发动机扭矩首先进入前单排行星齿轮组。然后从前单排行星齿轮组转接到后拉维娜式行星齿轮组。离合器 K1 和 K3 以及制动器 B1 装在单排行星齿轮组上，离合器 K2 和制动器 B2 以及单向离合器（自由轮）F 装在拉维娜式行星齿轮组上（见图 2-30）。单向离合器 F 与制动器 B2 并行排列。这些离合器具有动态压力平衡功能，因此可实现与转速无关的调节特性。离合器 K1、K2 和 K3 把发动机扭矩导入行星齿轮机构，制动器 B1 和 B2 或单向离合器 F 支撑变速器壳体上的发动机扭矩。

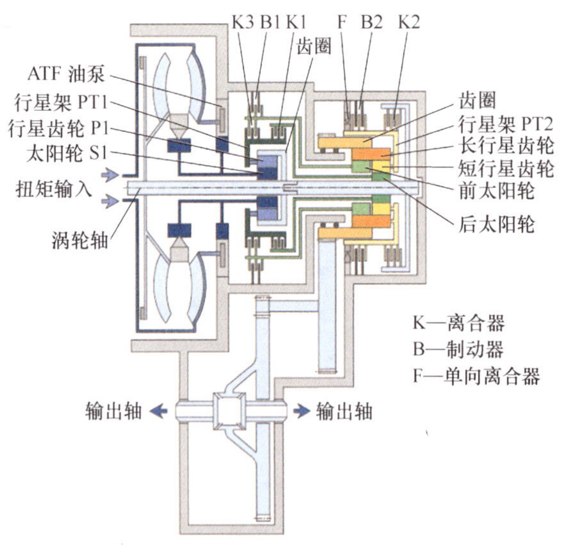

图 2-30　大众 09G 6AT 莱派特式行星齿轮机构

莱派特式行星齿轮机构具有结构紧凑、制造成本低的优点。尽管采用该机构的 6AT 和 8AT 的变速扩展范围增大、挡位增多、传递的扭矩增大，但变速器总长度变小，变速器的部件数量也明显减少。这不但大大减轻了变速器的重量，同时还降低了制造成本。

二、常用多挡行星齿轮变速器的结构配置

当前国内市场主流车型配置的液力自动变速器，其挡位多在 4 ～ 9 挡之间，其行星齿轮机构配置情况详见表 2-5。

表 2-5　主流车型液力自动变速器行星齿轮机构配置

品牌名称（类型）	挡位数量	行星齿轮机构（按前后顺序排列）	执行元件			
			数量	离合器	制动器	单向离合器
丰田A341E 辛普森式4AT	4前，1倒	单行星排（超速行星排）+辛普森行星排	10	3	4	3
马自达FN4A-EL 改进型辛普森式4AT	4前，1倒	单行星排+单行星排	6	3	2	1

续表

品牌名称（类型）	挡位数量	行星齿轮机构（按前后顺序排列）	执行元件			
			数量	离合器	制动器	单向离合器
凯越4HP-16 改进型辛普森式4AT	4前，1倒	单行星排+单行星排	5	2	3	
奥迪01V拉维娜式5AT	5前，1倒	拉维娜行星排+单行星排	7	4	2	1
奔驰722.6 威尔逊式5AT	5前，2倒	单行星排+单行星排+单行星排	8	3	3	2
大众09G莱派特式6AT	6前，1倒	单行星排+拉维娜行星排	5	3	2	
奔驰722.9/W7A700 拉维娜式7AT	7前，2倒	拉维娜行星排+单行星排+单行星排	7	3	4	
爱信莱派特式8AT	8前，1倒	单行星排+拉维娜行星排	7	4	2	1
采埃孚ZF8AT	8前，1倒	4单行星排	5	3	2	
采埃孚ZF9AT	9前，1倒	4单行星排	6	4	2	

三、常见行星齿轮变速器的结构

1. 辛普森式4AT行星齿轮变速器

（1）丰田A341E辛普森式4AT行星齿轮变速器

丰田汽车公司的A341E电控辛普森式4AT行星齿轮变速器应用于丰田LS400轿车，该变速器采用3行星排结构（单行星排+辛普森行星排），共有10个换挡执行元件，其中有3个离合器、4个制动器和3个单向离合器，具有4个前进挡和1个倒挡的变速功能，其结构如图2-31所示。

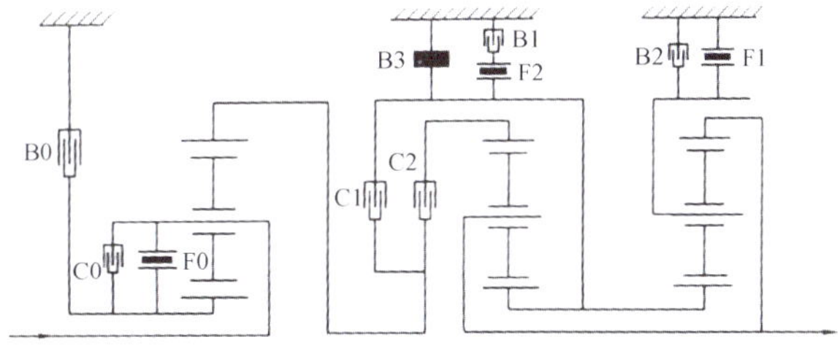

图2-31 丰田A341E变速器结构简图

（2）改进型辛普森式4AT行星齿轮变速器

改进型辛普森式行星齿轮机构是在原有辛普森式行星齿轮机构的基础上进行改进而得到的。通常的做法是将原有辛普森行星齿轮机构的太阳轮拆开，两个行星排中的太阳轮各自独立，前架后圈或前圈后架连接在一起作为整个机构的输出部分，通过两个单排单级行星齿轮机构，以及相应的换挡执行元件，最多可以实现4个前进挡和1个倒挡。目前，日本的马自达、日产，美国的通用、福特汽车公司采用的变速器多为改进型辛普森式行星齿轮机构。

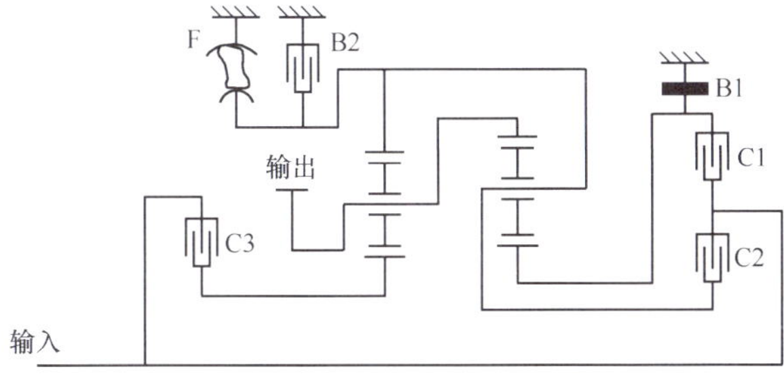

图2-32 马自达4AT改进型辛普森式行星齿轮机构简图

例如，马自达FN4A-EL 4AT采用改进型辛普森式行星齿轮机构（见图2-32）。该变速器的齿轮变速机构主要由2个行星排和6个换挡执行元件组成，其中离合器3个、制动器2个（1个片式制动器和1个带式制动器）、单向离合器 1 个。该变速器的齿轮变速机构采用改进型辛普森式行星齿轮机构，即前后行星排的太阳轮各自独立运动，前排行星架和后排内齿圈为一个整体，是动力的输出端。前排太阳轮、后排太阳轮、后排行星架和前排内齿圈均可通过离合器接合作为整个自动变速器的输入端。

2. 拉维娜式 5AT 行星齿轮变速器

拉维娜式 5AT 行星齿轮变速器由 2 个单排行星齿轮机构组成，即由 1 个单排单级行星齿轮机构和 1 个单排双级行星齿轮机构组合而成。其中，前大太阳轮、长行星齿轮、共用内齿圈及共用行星架共同组成一个单排单级行星齿轮机构；后小太阳轮、短行星齿轮、长行星齿轮、共用内齿圈及行星架共同组成一个单排双级行星齿轮机构。

例如，奥迪 01V 拉维娜式 5AT 行星齿轮变速器由前拉维娜行星排和后单行星排组合而成。该变速器有 7 个换挡执行元件，即 4 个离合器、2 个制动器和 1 个单向离合器，如图 2-33 所示。

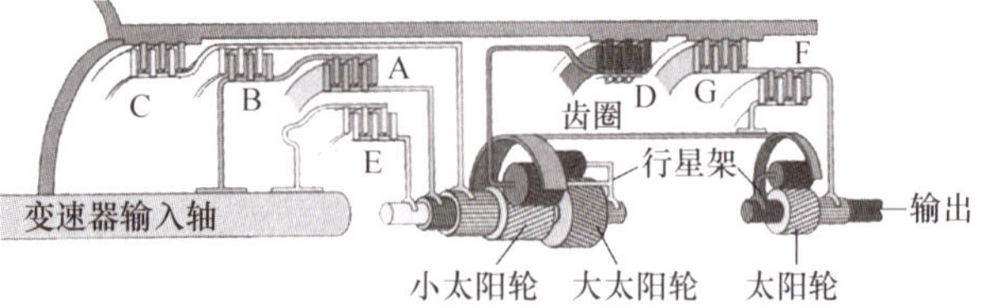

图 2-33　奥迪 01V 型拉维娜式 5AT 行星齿轮变速器结构简图

A、B、E、F—离合器；C、G—制动器；D—单向离合器

3. 莱派特式 6AT 行星齿轮变速器

大众 09E 和丰田 U660E 液力自动变速器的齿轮变速机构中有 2 个行星齿轮组，前行星排是太阳轮常固定的单排单级行星齿轮组；后行星排是拉维娜行星齿轮组。该变速器有 5 个换挡执行元件，即 3 个离合器、2 个制动器。齿轮机构和各换挡执行元件的布置如图 2-34 所示。

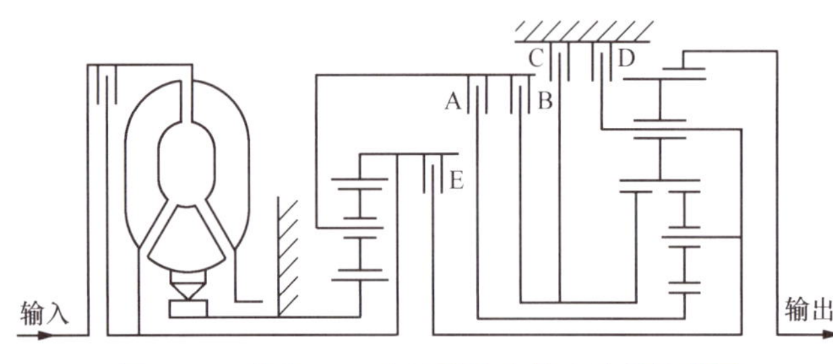

图 2-34　大众 09E 变速器的齿轮变速机构简图

4. 拉维娜式 7AT 行星齿轮变速器

奔驰 722.9/W7A700 7AT 液力自动变速器可提供两种驾驶模式：“S”（Sport，运动型）和“C”（Comfort，舒适型），驾驶员可以在“S”和“C”模式之间选择。该变速器具有 7 个前进挡和 2 个倒挡，其锁止离合器在所有前进挡中均参与工作。虽然该变速器有 2 个倒挡，但在倒车时并不能变换传动比。例如，在“S”模式行驶时，该变速器以 2 挡起步，其倒挡传动比为 2.231；在“C”模式行驶时，该变速器以 1 挡起步，其倒挡的传动比为 3.416。

如图 2-35 所示，奔驰 722.9/W7A700 7AT 液力自动变速器行星齿轮机构由 3 个行星排组成，分别为前列的拉维娜行星排、中间的单行星排和后列的单行星排。该变速器采用 7 个换挡执行元件，即 3 个离合器、4 个制动器。

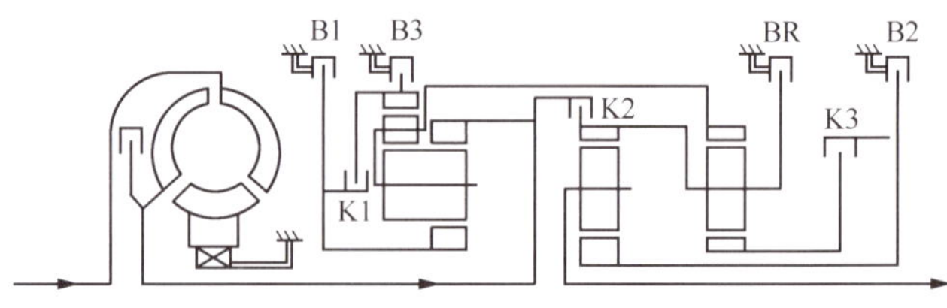

图 2-35　奔驰 722.9/W7A700 7AT 变速器的行星齿轮机构简图

5. 8AT 行星齿轮变速器

相比于目前广泛采用的 5AT 或 6AT，8AT 在动力、操作及节油方面均有上佳的表现。从变速器工作原理来说，变速器的挡位越多越好，挡位越多，挡与

挡之间的齿比（两个齿轮齿数比）可以调节得更小，这样可以在换挡过程中减少冲击，并提高加速性能，也更省油。8AT 行星齿轮变速器动力传输更精细，乘坐的舒适性也有大幅提高，4AT 上常见的换挡顿挫感几乎消失。当然，随着挡位的增加，变速器尺寸也随之增加，而且内部结构也更复杂，受体积和成本的限制，8AT 行星齿轮变速器很难在普通轿车上采用。

（1）爱信 8AT 行星齿轮变速器

爱信公司的 8AT 行星齿轮变速器是在其 6AT 基础上研发而成的，该变速器依旧采用莱派特式行星齿轮机构（单行星排 + 拉维娜 行星排）。为了能够在 8 个前进挡和 1 个倒车挡之间切换，该变速器使用了 4 个多片式离合器、2 个盘式制动器和 1 个自由轮。爱信 8AT 行星齿轮变速器结构如图 2-36 所示。

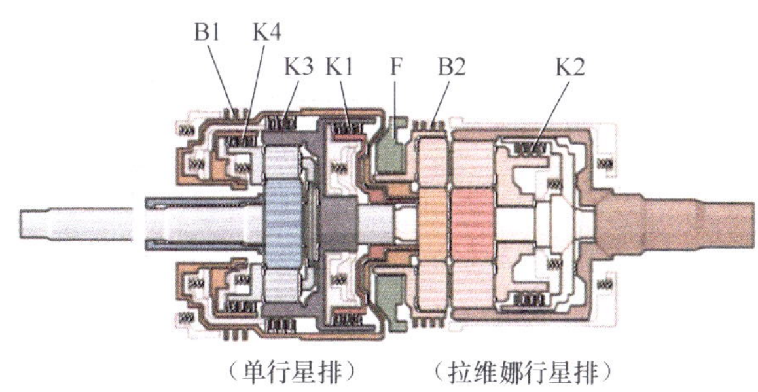

图 2-36　日本爱信公司 8AT 行星齿轮变速器

（2）采埃孚 ZF8HP 行星齿轮变速器

德国采埃孚 ZF8HP 通过由 4 个行星齿轮组和 5 个换挡执行元件组成的行星齿轮组方案实现 8 个前进挡和 1 个倒挡。其中 5 个换挡执行元件分别为 2 个膜片式制动器（A、B）和 3 个膜片式离合器（C、D、E），如图 2-37 所示。

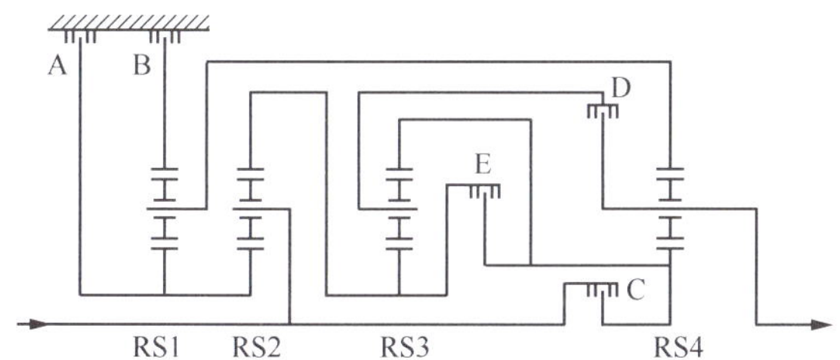

图 2-37　采埃孚 ZF8HP 变速器的行星齿轮机构简图

采埃孚生产的 8AT 性能先进，一经面世便被很多大品牌高端车型所采用，成为 8AT 的领跑者。众所周知，变速器的换挡都是顺序式的，即无论升挡还是降挡都要按照 2 挡、3 挡、4 挡、5 挡或 5 挡、4 挡、3 挡、2 挡这样的挡位顺序变化，这种情况如果挡位过多就会减慢换挡速度，尤其是在急加速或需要快速降挡的时候尤为明显。ZF8HP 相比爱信 8AT 可以实现跳挡操作，即不需要顺序式升降挡，变速器控制系统可以根据驾驶员的意愿直接跳到合适的挡位。比如正在用 7 挡驾驶，需要加速超车，驾驶员深踩加速踏板，变速器就会迅速由 7 挡跳到 4 挡，而无须经过 6 挡和 5 挡。甚至极端情况下，可以从 8 挡直接跳到 2 挡。这台变速器的换挡时间仅需 200ms，可以媲美 DSG 变速器和序列式变速器的换挡时间。

6. 9AT 行星齿轮变速器

采埃孚公司的 9AT 与传统的 6AT 在尺寸和质量上相当，在经济性、平顺性和响应速度等方面均更有优势。该变速器面世时间较短，尚处于质量完善的成长期。ZF9AT 的行星齿轮变速器由 4 个单行星排和 6 个换挡执行元件（4 个离合器、2 个制动器）组成，如图 2-38 所示。

四、平行轴式普通齿轮变速器

本田和部分福特车型采用平行轴式普通齿轮变速器，这种自动变速器的每个挡位上都有一组离合器加以控制。离合器接合前，常啮合齿轮空转，离合器接合后动力才输出。

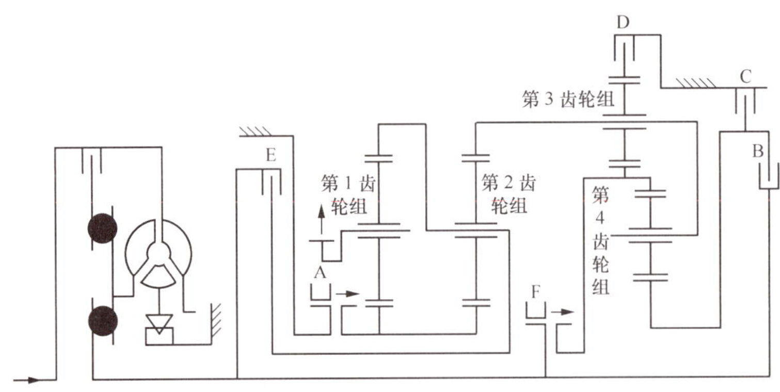

图 2-38　ZF9AT 变速器的行星齿轮机构简图

B—3挡、5挡、9挡和倒挡离合器；E—4挡、5挡、6挡、8挡、9挡离合器；A—1挡、2挡、3挡、4挡、5挡、6挡、7挡爪形离合器；F—1挡、2挡、3挡、4挡和倒挡爪形离合器；C—2挡、6挡、8挡制动器；D—1挡、7挡、8挡、9挡和倒挡制动器

本田 BCLA 5 速液力自动变速器采用平行轴式普通齿轮变速机构。通过其内部的齿轮变速机构与 5 个换挡执行元件的有机组合，该变速器可以实现 5 个前进挡和 1 个倒挡，其动力传递路线如图 2-39 所示。

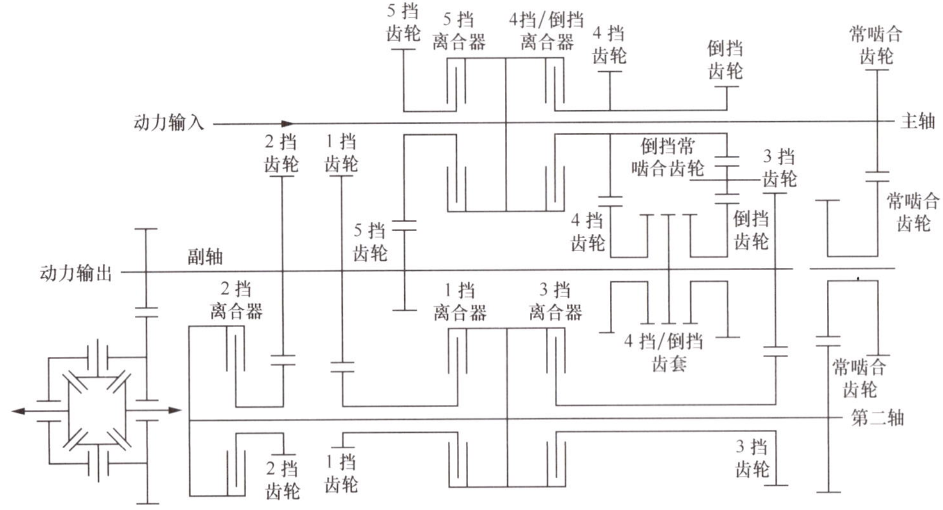

图 2-39　本田雅阁平行轴式 5 速液力自动变速器动力传递路线

1. 变速器基本结构

主轴由液力变矩器驱动，在主轴上装有 4 挡 / 倒挡、5 挡离合器以及 4 挡、5 挡和倒挡齿轮（倒挡齿轮与 4 挡齿轮制为一体）和主轴常啮合齿轮。副轴上装有主减速器主动齿轮及 1 挡、2 挡、3 挡、4 挡、5 挡、倒挡和停车挡齿轮。第二轴上装有 1 挡、2 挡、3 挡离合器和 1 挡、2 挡、3 挡齿轮及第二轴常啮合齿轮。另外，还有一个位于主轴和第二轴之间的常啮合齿轮，主轴动力通过该常啮合齿轮传递给第二轴。副轴 4 挡齿轮及倒挡齿轮可以锁止在副轴中部，工作时是锁止 4 挡齿轮还是倒挡齿轮取决于齿套的移动方向。主轴和第二轴上的齿轮与副轴上的齿轮保持常啮合状态，当通过控制系统使变速器中某一组齿轮实现啮合时，动力将从主轴和第二轴传递到副轴，并由副轴输出。

2. **齿轮的连接及工作情况**

（1）主轴上的齿轮

① 主轴常啮合齿轮通过花键与主轴连接并随主轴旋转。

② 4 挡齿轮通过 4 挡 / 倒挡离合器与主轴实现连接或分离。

③ 5 挡齿轮通过 5 挡离合器与主轴实现连接或分离。

④ 倒挡齿轮通过 4 挡 / 倒挡离合器与主轴实现连接或分离。

（2）副轴上的齿轮

① 主减速器主动齿轮与副轴是制成一体的，因而随副轴旋转而旋转。

② 1 挡、2 挡、3 挡、5 挡齿轮和停车挡齿轮通过花键与副轴相连接，并随副轴旋转。

③ 4 挡齿轮和倒挡齿轮在副轴上自由旋转。4 挡 / 倒挡接合齿套通过花键与副轴相连接，以便通过接合齿套使 4 挡齿轮或倒挡齿轮与副轴啮合。

（3）第二轴上的齿轮

① 常啮合齿轮与第二轴通过花键相连接，并随第二轴旋转而旋转。

② 1 挡齿轮通过 1 挡离合器与第二轴实现连接或分离。

③ 2 挡齿轮通过 2 挡离合器与第二轴实现连接或分离。

④ 3 挡齿轮通过 3 挡离合器与第二轴实现连接或分离。

（4）中间轴及常啮合齿轮

中间轴上的常啮合齿轮在主轴和第二轴之间传递动力。

（5）倒挡常啮合齿轮

倒挡常啮合齿轮将动力从主轴倒挡齿轮传递到副轴倒挡齿轮，并使副轴反向旋转。

3. **动力传递路线**

平行轴式液力自动变速器的轴系结构与手动机械变速器相类似，唯一的区别在于挡位啮合由接合齿套或齿轮的移动改为离合器的接合与分离。因此，各挡的动力传递路线与手动机械变速器相同，这里就不再复述。

任务五　液压控制系统

电控液力自动变速器的液压控制系统主要由动力源、执行机构两部分组成。动力源为油泵，它除了给液力变矩器提供冷却补偿油液，向行星齿轮机构供应润滑油外，还向液压控制系统、执行机构提供压力油以实现换挡控制。执行机构主要包括主油路系统、换挡控制系统、缓冲安全系统、液力变矩器控制油路和各控制电磁阀。

一、液压控制系统基本结构

液压控制系统的基本结构如图 2-40 所示。其中液压控制机构的主油路调压阀、手动阀、换挡阀和锁止离合器控制阀等，集中安装在自动变速器的阀体板上。

二、油泵

油泵是液压控制系统的动力源，油泵位于变矩器和行星齿轮机构之间，由变矩器壳后端的轴套驱动。油泵有齿轮泵、转子泵和叶片泵 3 种类型，其中内啮合齿轮泵应用最为广泛。

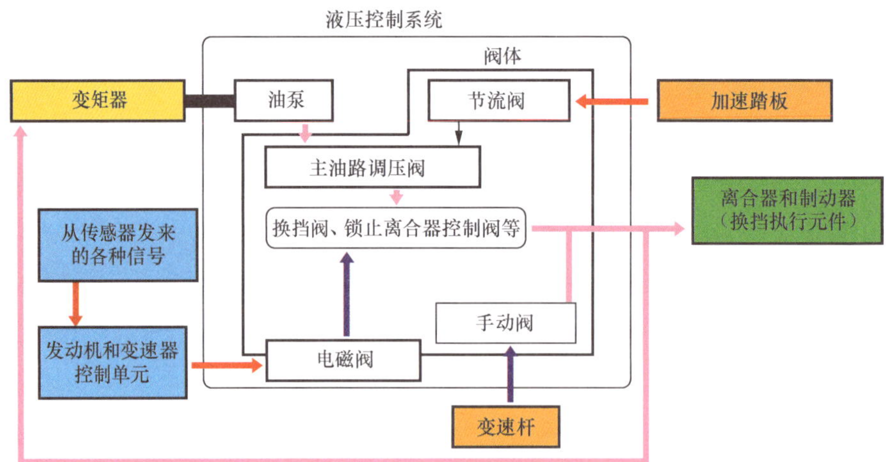

图 2-40　液压控制系统的基本结构

内啮合齿轮泵在液力自动变速器中应用得最为普遍，它具有尺寸小、重量轻、流量脉动小和噪声低等特点。内啮合齿轮泵主要由起主动作用的小齿轮、从动的内齿轮、月牙隔板、泵体和泵盖等组成，如图 2-41 所示。

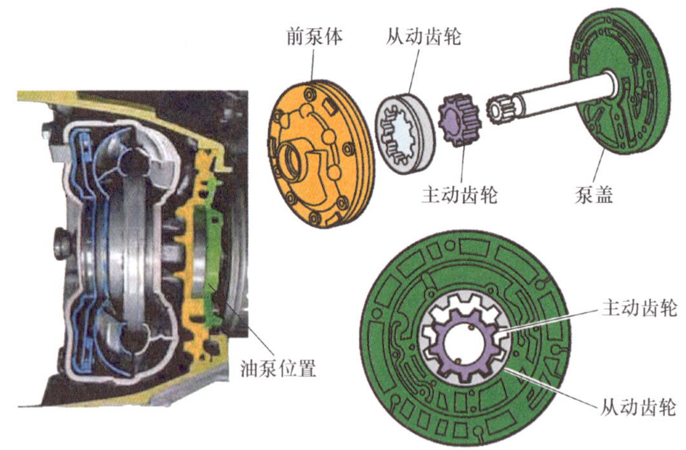

图 2-41　内啮合齿轮泵

当小齿轮被变矩器驱动旋转时，与其啮合的内齿轮也一起转动，月牙隔板将工作腔分开成吸油腔和出油腔。在下端的吸油腔，随着齿轮退出啮合，容积增大，形成局部真空，将油液带到上端的出油腔。出油腔则由于齿轮进入啮合，工作容积减少，压力增加，而将油液排出。

配置液力自动变速器的车辆在发动机不工作时，油泵不泵油，变速器内无控制油压。推车起动时，即使在 D 位或 R 位，输出轴实际上也是空转，发动机无法起动。该类型车辆被牵引时，发动机不工作，油泵也不转动，无压力油输出。长距离牵引时，齿轮系统无润滑油循环润滑，磨损加剧。因此，牵引距离不应超过 50km，牵引速度应在 30 ～ 50km/h 之间。当自动变速器有故障或严重漏油时，FR（后轮驱动）车型被牵引时应将传动轴脱开，对于 FF（前轮驱动）车型，应将前轮悬空牵引。

三、液压执行机构

液压执行机构一般由滑阀、电磁阀（电磁阀包括主油路调压阀、手动阀、换挡阀、锁止离合器控制阀）和阀板等组成。滑阀是采用机械结构来控制油液的流动方向和压力的。

1. 滑阀

滑阀安装在阀板的阀体孔中，滑阀可根据工作需要沿阀体孔移动，滑阀的基本结构如图 2-42 所示。

（1）滑阀各部分的功能

①台肩。滑阀移动时，台肩用来打开或关闭阀体上的油道孔，台肩的数量按需设定。

②储油腔。台肩之间的区域空间，油液在此空间流动。

③液压工作面。油液会在此处产生液压力。

④复位弹簧。在阀体的另一端对阀体产生作用力，当液压工作面没有压力时使阀体复位。

（2）滑阀的种类

常用的滑阀有平衡阀、切换阀和止回阀 3 种类型。

① 平衡阀。平衡阀结构如图 2-43 所示。平衡阀由弹簧力、油液压力控制其移动，从而控制油液的流向。一般用作调压阀、节气门阀、正时阀和主控阀等。

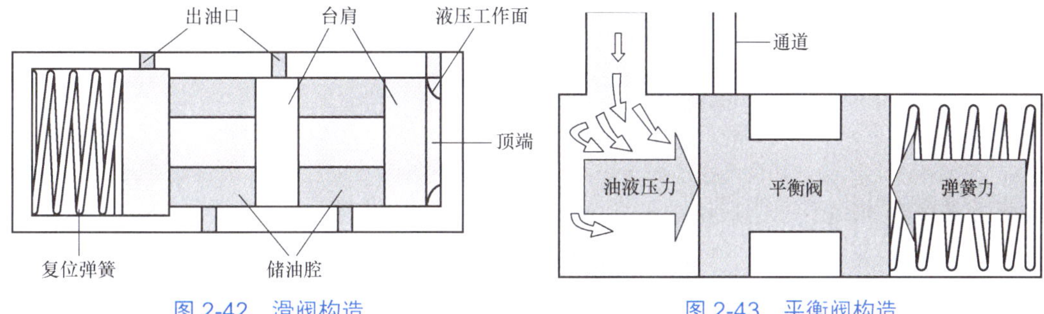

图 2-42　滑阀构造　　图 2-43　平衡阀构造

② 切换阀。切换阀是通过阀体的位置来控制油液的流向的，一般用作换挡阀、手控阀、制动阀和中继阀等。例如换挡阀，如图 2-44 所示。阀体的一端是调速阀提供的压力（压力随车速的增加而增大），阀体的另一端是节气门阀提供的压力（压力随节气门开度的增加而增大）和弹簧力。该阀体设有多个台肩，调速阀压力增加足够时，推动阀体移动进入升挡位置，使压力油液进入相应的升挡通道，控制相应的换挡离合器和制动器工作，从而实现升挡。

③ 止回阀。止回阀结构如图 2-45 所示。工作时，阀中钢球（启闭件）靠油液流动的力量自行开启或关闭，以防止油液倒流。止回阀属自动阀类，主要用在油液单向流动的管道上，只允许油液向一个方向流动。

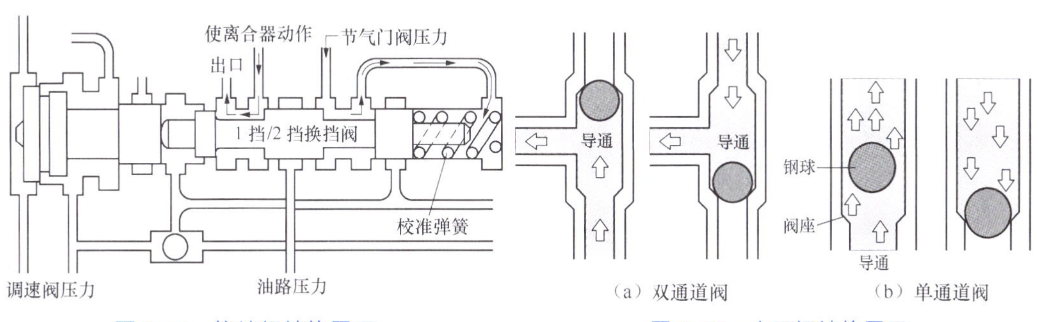

图 2-44　换挡阀结构原理　　图 2-45　止回阀结构原理

2. 阀板

液力自动变速器的各种液控阀和电磁阀多安装在阀板内，阀板由铝合金精密铸造加工而成，阀体与阀孔精密配对装置。阀板总成由上、下阀体组成。阀板上有许多复杂的液流油道，用于变速器的挡位控制。阀板总成结构如图 2-46 所示。

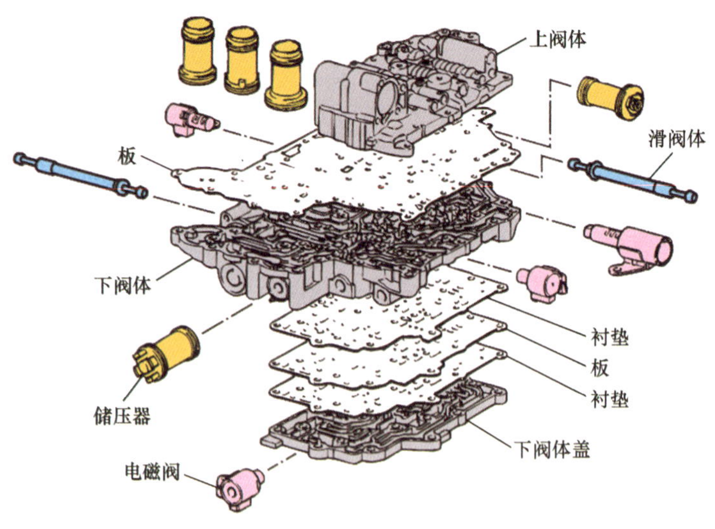

图 2-46　液力自动变速器电液控制阀板总成

3. 主油路调压阀

（1）结构与功能

主油路调压阀的作用是，将油泵输出的油液压力精确调节到所需值后再输入主油路，以满足主油路系统在不同工况、不同挡位时对油压的需求。主油路调压阀由上部的阀芯、调压弹簧、柱塞和下部的柱塞套筒等组成，如图 2-47 所示。在阀门的上部 A 口，受到来自油泵的油液压力作用；柱塞下部 C 口则受到来自调压阀所控制的节气门压力作用，以及调压弹簧的作用力。3 种作用力共同作用的平衡位置，决定了阀体所处的位置。

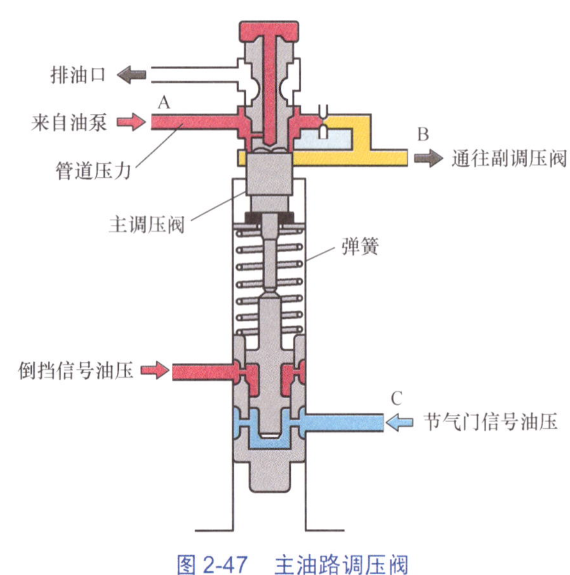

图 2-47　主油路调压阀

油泵泵出的油液首先进入主油路系统的调压阀进行油压调整，油泵输出油液流量和压力受驱动油泵的发动机运转工况影响，变化幅度较大。当主油路油压过高时，会引起换挡冲击和增加功率消耗；而主油路压力过低时，又会使离合器、制动器等执行元件打滑，因此，主油路系统中的油压必须进行精确调整。

（2）工作原理

油泵不工作时，油液没有压力，在弹簧弹力的作用下，主调压阀中的上部阀芯上移到顶端，下部柱塞套筒下移到底部。

油泵工作时，泵出的油液经 A 口进入主调压阀的顶部，克服弹簧弹力将上部阀芯压下，当作用在阀芯顶端的油液压力与弹簧弹力相等时，柱塞便停在相应的位置。B 口保持一定的开度，油液经 B 口进入，一路经出油口流入副调压阀，并给变矩器和润滑油路供油；另一路经 C 口泄回油底壳。此时，主油路保持一定油压。

① 泵油量变化时。发动机转速发生变化时，油泵的泵油量也随之变化。当发动机转速上升时，油泵泵油量增大，作用在主调压阀阀芯上端的油压瞬时上升，阀芯下行，C 口增大，

泄油量增加，使油压迅速下降，从而阀芯又上升，C 口开度减小。在不断地自动调节的过程中，主控油压保持稳定。当发动机转速下降时，阀芯的工作情况与此类似。即使油泵转速在很大范围内变化，经主调压阀调节后，主油路油压也能保持稳定。

② 节气门开度变化时。发动机负荷不同时，自动变速器所传递的扭矩不同，对主油路的油压需求也不同。当节气门开度增大时，发动机的负荷和自动变速器所传递的扭矩也随之增大，为保证离合器、制动器等换挡执行元件不打滑，主油路油压也应随之升高；而当节气门开度减小时，主油路油压应随之降低。为此，在主调压阀底部还作用有节气门信号油压。

当节气门开度增大时，发动机转速增加，油泵产生的油液压力也随之增大。此时，主调压阀中的阀芯受到的向下的油液压力增大，但此时主调压阀下端来自节气门开度的信号油压也增大，使得阀芯受到的向上的作用力也随之增大，使 C 口开度减小，泄油量减少，主油路油压升高。同理，当节气门开度减小时，主油路油压随之下降。

③ 倒挡行驶时。主调压阀引入倒挡信号油压（由手动阀控制），油液压力作用在柱塞套筒上，向上的作用力增大，使 C 口开度减小，泄油量减少，而主油路压力较前进挡有所增大，防止倒挡执行元件在接合时出现打滑现象。

④ 电控液力自动变速器中主油路油压调节。在电控液力自动变速器中，主油路油压由调节阀和电磁阀共同调节，调节阀与液压控制系统中的主调压阀相似，只是将来自节气门阀的信号油压改为油压调节电磁阀控制的油压，如图 2-48 所示。

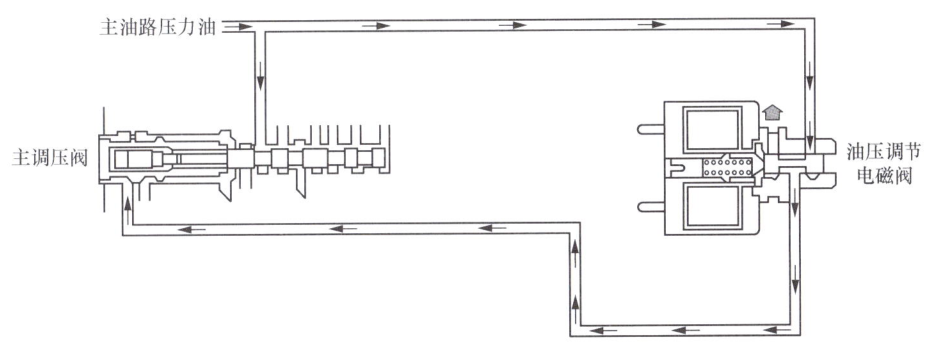

图 2-48　电控液力自动变速器主调压阀工作原理

主油路油压调节电磁阀的控制信号为一个频率固定的脉冲电信号，脉冲电信号使电磁阀反复开启和关闭油孔，电控单元通过改变每个脉冲周期内电流接通和断开的时间比例（占空比）来控制油路压力。通电时间越长（占空比越大），电磁阀开度越大，作用在主调压阀的反馈油压越大，主油路油压越高。反之，主油路油压越低。

4. 手动阀

手动阀通过连杆机构与变速杆相连，驾驶员操纵变速杆可以带动手动阀移动，其作用是根据变速杆位置的不同，依次将管路油压导入相应各挡油路，手动阀结构如图 2-49 所示。

5. 换挡阀

在电控液力自动变速器中，换挡阀由换挡电磁阀控制，其控制方式有两种：一种是加压控制，即通过开启或关闭换挡阀控制油路进油孔开度来控制换挡阀的工作；另一种是泄压控制，即通过开启或关闭换挡阀控制油路泄油孔的开度来控制换挡阀的工作。

换挡阀加压控制方式的工作原理如图2-50所示，压力油经电磁阀后通至换挡阀的左端。当电磁阀关闭时，没有油压作用在换挡阀左端，换挡阀在右端弹簧力的作用下移向左端（见图2-50(a)）；当电磁阀开启时，压力油作用在换挡阀左端，使换挡阀克服弹簧力右移（见图2-50(b)），从而改变油路，打开相应的挡位油路，实现不同的挡位变换。换挡电磁阀的数量随自动变速器挡位数量变化，挡位越多，换挡电磁阀相应偏置越多。

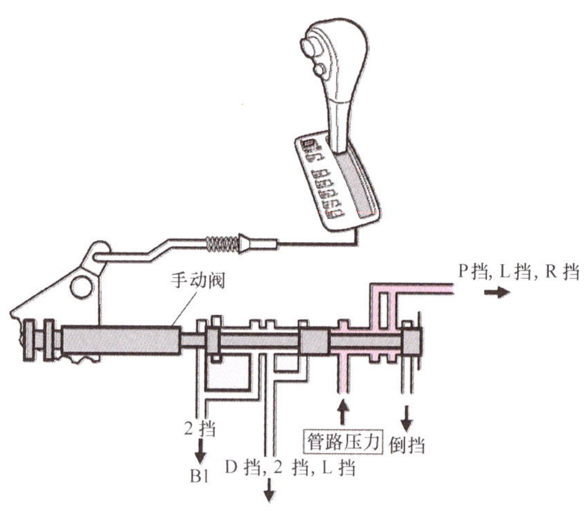

图2-49　手动阀结构与相关油道

6. 锁止离合器控制阀

液力自动变速器采用脉冲式电磁阀来控制锁止离合器的工作（见图2-51），ECU通过脉冲电信号占空比的大小来调节脉冲式电磁阀泄油口的开度，以控制作用在锁止离合器控制阀右端的油压，以及锁止离合器控制阀向左移动时所打开的泄油口的开度，由此控制锁止离合器活塞右侧油压的大小。

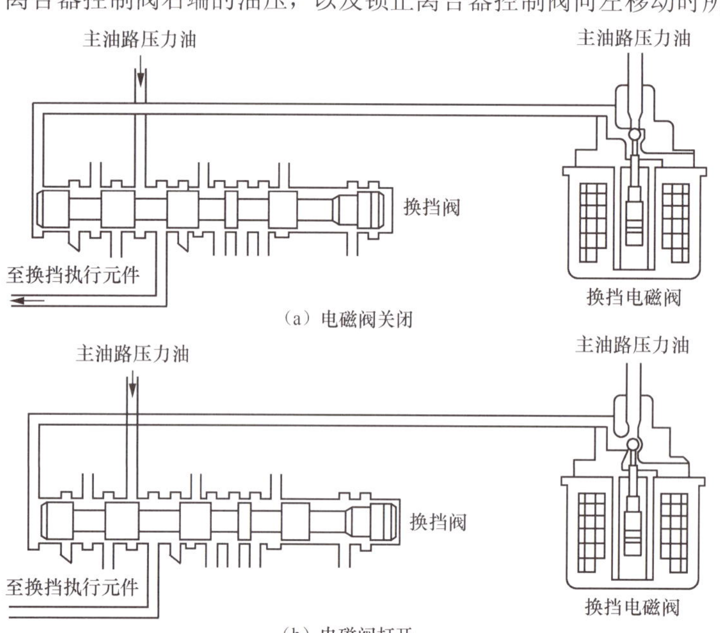

图2-50　电液控制换挡阀工作原理

（1）分离控制

当作用在脉冲式锁止离合器电磁阀上的脉冲电信号的占空比为0时，电磁阀关闭，此时没有油压作用在锁止离合器控制阀右端，锁止离合器左右两侧的油压相同，锁止离合器处于分离状态。

（2）滑转控制

当作用在脉冲式锁止离合器电磁阀上的脉冲电信号的占空比较小时，电磁阀的开度、作用在锁止离合器控制阀右端的油压以及锁止离合器控制阀左移打开泄油口的开度均较小，锁止离合器活塞左右两侧油压差以及由此产生的锁止离合器接合力较小，使锁止离合器处于半接合状态。

（3）锁止控制

脉冲电信号的占空比越大，锁止离合器压盘左右侧的压差及锁止离合器的接合力越大。当脉冲电信号达到一定数值时，锁止离合器完全接合。ECU在控制锁止离合器接合时，可使接合过程更加柔和，以减少冲击。

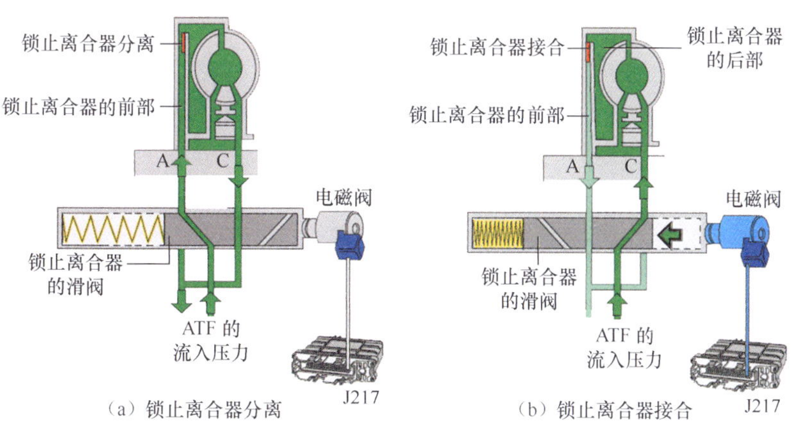

图 2-51　锁止离合器控制阀的工作原理

任务六　电控系统

虽然各厂家生产的液力自动变速器规格各异，控制逻辑各具特点，但其电控系统具有相同之处。液力自动变速器的电控系统主要由电控单元（ECU）、传感器、执行器等元件组成，如图 2-52 所示。

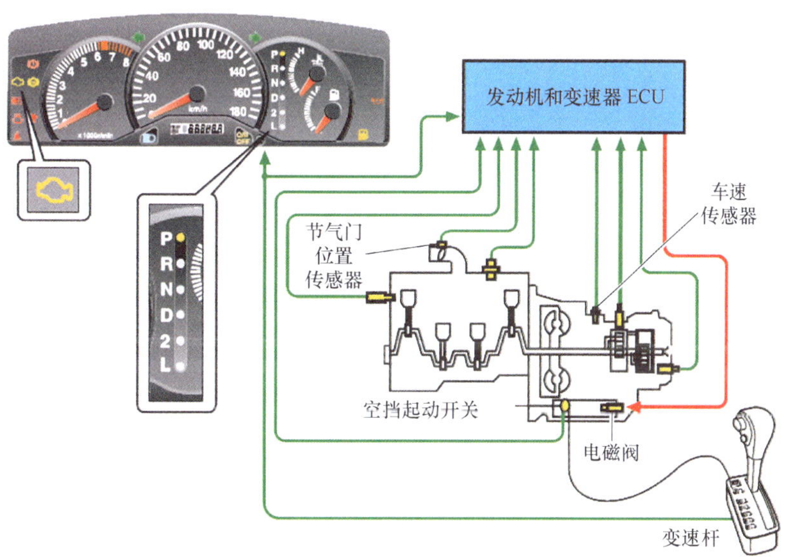

图 2-52　电控系统的组成

变速器电控系统利用计算机数控原理，通过传感器将汽车行驶、发动机负荷等运行参数转变为电信号，ECU 根据这些电信号做出是否需要换挡的判断，并按照预置的电控换挡逻辑程序调用换挡指令，操纵各种电磁阀去控制液压系统各个控制阀的工作（接通或切断换挡控制油路），驱动离合器、制动器和锁止离合器等液力执行元件，从而实现对变速器的全面控制。

电控液力自动变速器的ECU接收并比较车速传感器与节气门位置传感器的信号电压，控制换挡电磁阀的工作状态，将决定变速器挡位的汽车运行参数转变成电压数控信号，并利用液压控制系统实现对变速器挡位的自动控制。

一、信号输入装置

变速器的信号输入装置主要包括传感器和信号开关装置，其中常用的传感器有节气门位置传感器、车速传感器、发动机转速传感器、输入轴转速传感器、冷却液温度传感器、自动变速器油（ATF）温度传感器等；常用的开关装置有空挡起动开关、强制降挡开关、制动灯开关、行车模式选择开关、超速挡（O/D挡）开关等。

1. 节气门位置传感器

节气门位置传感器安装在节气门体上，用于检测节气门开度的大小，并将采集的数据传给ECU。ECU根据此信号判断发动机负荷，从而控制自动变速器的换挡、调节主油压和控制锁止离合器。

常见的节气门位置传感器为可变电阻式传感器，该传感器由一个线性电位计和一个怠速开关组成。节气门轴带动线性电位计和怠速开关的滑动触点。当节气门轴转动时，线性电位计所控制的线性电阻值发生变化，导致其所对应的电位也发生变化，变化的电位信号被输送给ECU。当节气门关闭时，怠速开关闭合，将怠速信号输送给ECU。

2. 车速传感器

车速传感器用于检测自动变速器输出轴转速。ECU根据车速传感器输入的信号计算出车速，并以此信号控制自动变速器的换挡和锁止离合器的锁止动作。常用的车速传感器有电磁感应式车速传感器、光电式车速传感器和簧片开关式车速传感器等。

电磁式车速传感器通常安装在变速器输出轴上，永磁体和电磁感应线圈安装在变速器壳上。变速器输出轴转动时，传感器转子也随之转动，转子与传感器之间的空气间隙发生周期性变化，使电磁感应线圈中的磁通量也发生变化，从而产生交流感应电压，并将此电压信号输送给ECU。随着车速（输出轴转速）的变化，交流感应电压具有两个响应特性：一是随着车速的增加，交流感应电压增高；二是随着车速的增加，交流感应电压脉冲频率也增加。ECU根据交流感应电压脉冲频率大小计算车速，并以此控制自动变速器的换挡。

3. 输入轴转速传感器

液力自动变速器在变速器输入轴附近的壳体上装有检测输入轴转速的输入轴转速传感器。该传感器多采用电磁式，其结构原理与车速传感器相同。ECU根据输入轴转速传感器的信号可以更精确地控制换挡。另外，ECU还可以把该信号与发动机转速信号进行比较，计算出变矩器的转速比，使主油压和锁止离合器的控制得到优化，以改善换挡质量，提高车辆行驶性能。

4. ATF温度传感器

ATF温度传感器安装在液力自动变速器油底壳内的液压阀板上，用于连续监控自动变速器的油温，以作为ECU进行换挡控制、油压控制和锁止离合器控制的依据。该传感器的内部结构为一负温度系数的热敏电阻。

5. 空挡起动开关

空挡起动开关线路如图2-53所示。空挡起动开关具有两个功能：一是给ECU提供挡位信息，二是保证发动机只在变速杆处于停车挡（P 位）或空挡（N 位）时才能起动。

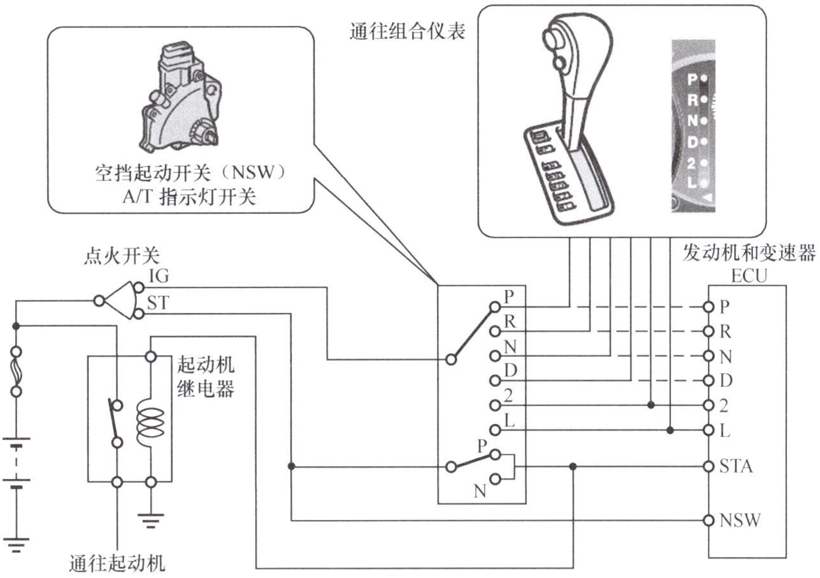

图 2-53　空挡起动开关线路

6. **制动灯开关**

制动灯开关安装在制动踏板支架上。ECU 通过制动灯开关检测是否踩下制动踏板，如果驾驶员踩下制动踏板，该开关接通，ECU 会解除变速杆电磁阀和锁止离合器的锁定状态，同时点亮制动灯。

二、执行器

在电控液力自动变速器中，主油路油压的调节、变矩器中锁止离合器的动作以及换挡油路的工作情况均由电磁阀参与控制，使变速器的工作过程更加准确、柔和，冲击小。电磁阀主要有开关式、脉冲式两种类型。

1. **开关式电磁阀**

开关式电磁阀在油路中主要起开启或关闭液压油路的作用，一般由电磁线圈、衔铁、复位弹簧、阀芯和球阀等组成。开关式电磁阀有常开式（见图 2-54(a)）和常闭式（见图 2-54(b)）两种工作方式。当前主流自动变速器中，多采用常闭式电磁阀。

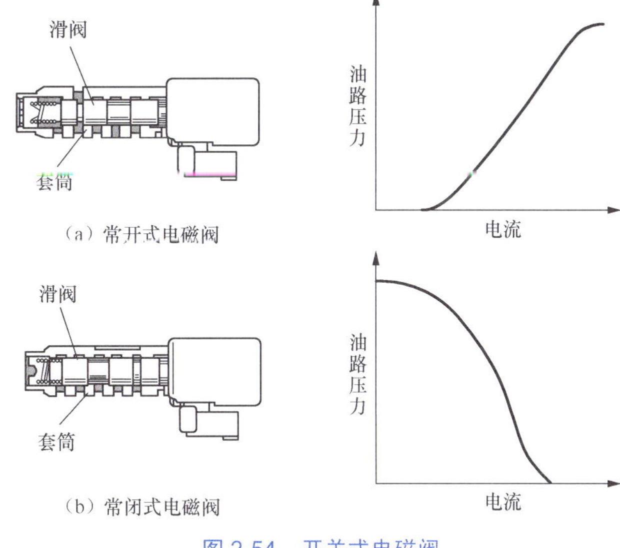

图 2-54　开关式电磁阀

常开式电磁阀，当电磁线圈断电时，阀芯被油压推开，使控制油路与泄油口相通，控制油路无油液压力；当电磁线圈通电时，电磁力将衔铁吸下，关闭泄油口，则主油路与控制油路接通。常闭式电磁阀的工作情况与常开式电磁阀相反。

2. 脉冲式电磁阀

与开关式电磁阀相似，脉冲式电磁阀也是由电磁线圈、衔铁、阀芯或滑阀等组成的，用来控制油路中的油压，如图 2-55 所示。通电时，电磁力使阀芯或滑阀开启，油液经泄油口流回油底壳，使控制油路中的油压下降；断电时，阀芯或滑阀在弹簧力作用下关闭泄油口，控制油路压力上升。

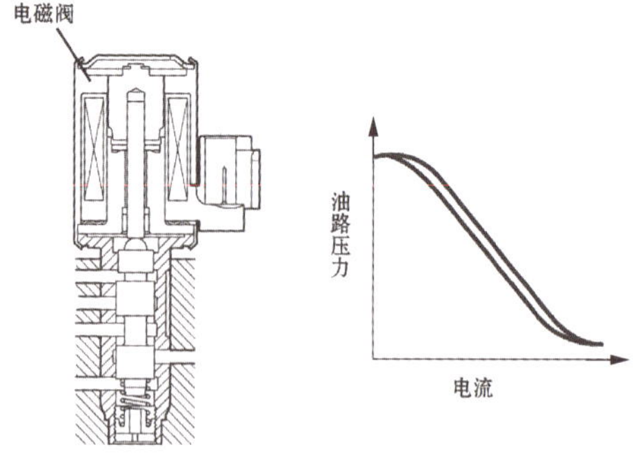

图 2-55　脉冲式电磁阀

脉冲式电磁阀的控制信号为一个固定频率的脉冲信号，该信号使电磁阀不断地开启和关闭泄油口，ECU 通过改变每个脉冲周期内电流接通和断开的时间比例（占空比）来控制油路压力。电控液力自动变速器液压控制系统中，通常有多个电磁阀对变速器进行综合控制，如换挡电磁阀、油压调节电磁阀、锁止离合器电磁阀和缓冲电磁阀等。

三、电控单元

液力自动变速器的电控单元（ECU）是变速器的控制核心，ECU 具有换挡控制、锁止离合器控制、换挡平顺性控制、故障自诊断和失效保护等功能。

1. 换挡控制

自动变速器对最佳换挡时刻的控制是 ECU 最重要的控制功能之一。车辆在每个特定工况下行驶时都有一个与之对应的最佳换挡时刻，使汽车发挥出最好的动力性和经济性。汽车行驶过程中，ECU 根据变速器模式选择开关信号、节气门开度信号、车速信号等参数来打开或关闭换挡电磁阀，从而打开或关闭通往离合器、制动器的油路，使变速器升挡或降挡（见图 2-56）。

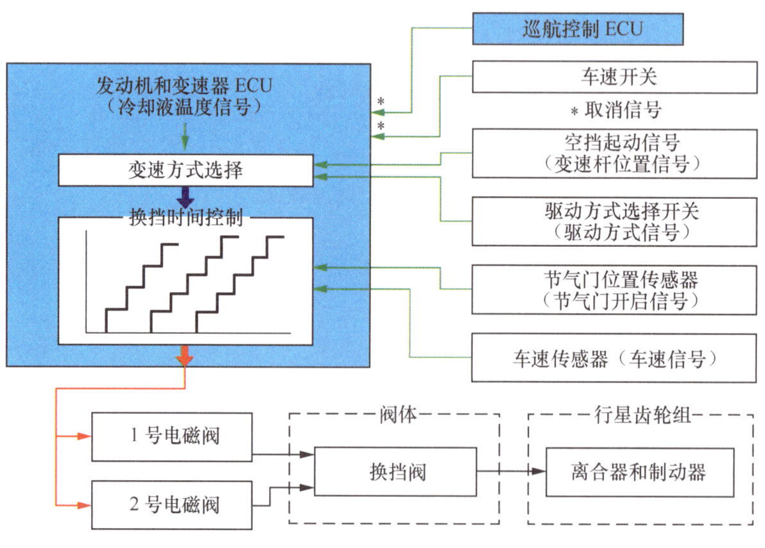

图 2-56　变速器换挡正时控制过程

即使车速相同，车速和挡位之间的关系也因加速踏板开启的角度不同而不同。在驾驶过程中，保持加速踏板开度不变，随车速上升，变速器换超速挡。当加速踏板在图 2-57 所示的 A 点松开和加速踏板开度（即节气门开度）达到 B 点时，变速器从 3 挡换至超速挡（O/D 挡）。相反，当加速踏板在 A 点继续往下踩和加速踏板开度达到 C 点时，传动装置从 3 挡换低速挡到 2 挡。

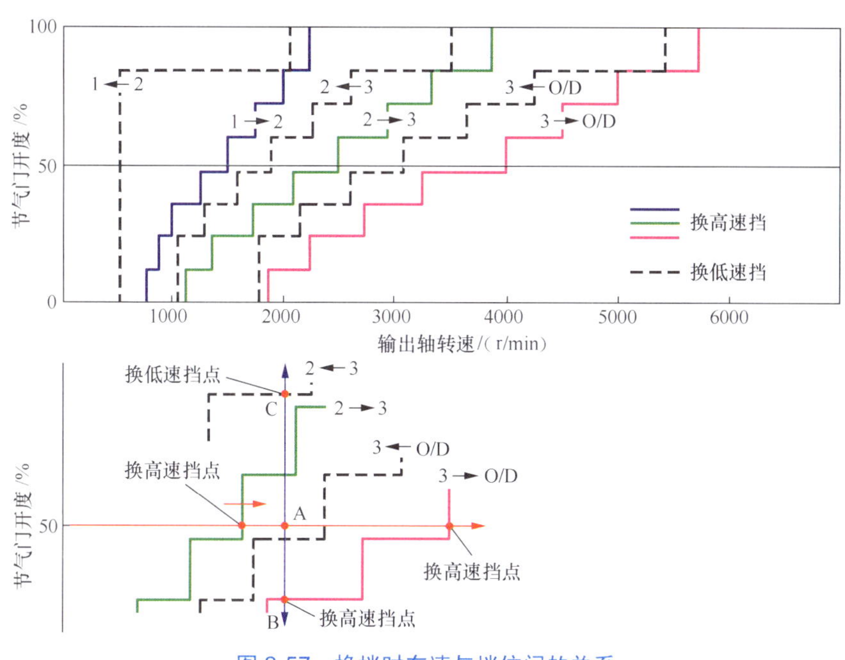

图 2-57　换挡时车速与挡位间的关系

不论是哪一前进挡位，变速器换高速挡时的速度和换低速挡时的速度在一定范围内变化，这个范围称作“滞后作用”。滞后作用是设置在每个自动变速器内以防止变速器太频繁地换高速挡或低速挡的一种功能。换挡正时控制因驾驶方式和选择开关模式的不同而不同（新款自动变速器取消了模式开关，而由变速器 ECU 的模糊控制程序实现）。ECU 根据当前的驾驶模式来确定换挡正时。例如，对于运动模式，换挡点和锁定点会设定到比普通方式高的发动机转速，这样能使车辆具有比普通模式更充足的动力。

2. 锁止离合器控制

ECU 将各种行驶模式下锁止离合器工作方式的逻辑程序存入存储器，然后根据各种输入信号，控制锁止离合器电磁阀的通、断电，从而控制锁止离合器的工作。主流自动变速器多采用占空比式电磁阀作为锁止离合器电磁阀，ECU 在控制锁止离合器接合时，通过改变脉冲电信号的占空比，让锁止离合器电磁阀的开度缓慢增加，以减少锁止离合器接合时所产生的冲击，使锁止离合器的接合变得更加柔和。

（1）锁止离合器进入锁止状态的工作条件

如果满足以下 5 个条件，ECU 会接通锁止离合器电磁阀，使锁止离合器处于接合（锁止）状态。

① 变速杆置于 D 位，且挡位在 2 挡以上的挡位。

② 车速高于规定值。

③ 节气门开启（节气门位置传感器 IDL 触点未闭合）。

④ 冷却液温度高于规定值。

⑤ 未踩下制动踏板（制动灯开关未接通）。

（2）锁止离合器锁止状态的强制取消

如果符合以下条件中的任何一项，ECU 就会给锁止离合器电磁阀断电使锁止离合器分离。

① 踩下制动踏板（制动灯开关接通）。

② 发动机怠速状态（节气门位置传感器 IDL 触点闭合）。

③ 冷却液温度低于规定值（如：60℃）。

④ 当巡航系统工作时，车速降至设定车速以下至少 10km/h。

（3）挠性锁定控制

挠性锁止离合器系统通过稳定和保持锁止离合器的微小打滑来扩大锁定工作区，以改善燃油的经济性。发动机和变速器 ECU 根据节气门开启角度和车速来确定挠性锁定工作区域，然后 ECU 将控制信号送至锁止离合器控制电磁阀。此外，ECU 利用发动机转速和变速器输入速度传感器信号来检测液力变矩器泵轮（发动机）和涡轮（变速器）转速之间的转速差。这种反馈控制将液力变矩器（流体动力传递）和锁止离合器（机械动力传递）的动力传递分配最佳化。

3. 换挡平顺性控制

自动变速器改善换挡平顺性的方法有换挡油压控制、减小扭矩控制和 N-D 换挡控制等方式。

（1）换挡油压控制

自动变速器在升挡和降挡的瞬间，ECU 会通过油压电磁阀适当降低主油压，以减小换挡冲击，改善换挡平顺性。也有部分自动变速器在换挡时，通过电磁阀来减小蓄能器背压，以减缓离合器或制动器油压的增长，从而减小换挡冲击。

（2）减小扭矩控制

在自动变速器换挡瞬间，推迟发动机点火提前角或减少喷油量，进而减小发动机输出扭矩，可以降低换挡冲击和输出轴的扭矩波动。

（3）N-D 换挡控制

当变速杆由 P 位或 N 位移动到 D 位或 R 位时，或由 D 位或 R 位移动到 P 位或 N 位时，ECU 可以通过调整发动机供油量，将发动机转速的变化降低到最小限度，实现改善换挡平顺性的目的。

4. 其他控制

（1）油路压力最佳控制

如图 2-58 所示，变速器利用节气门位置传感器检测加速踏板开度（负载）并控制油路压力。油路压力利用线性电磁阀控制。通过使用线性电磁阀，油路压力根据发动机扭矩信息以及液力变矩器和变速器的内部运行条件得到最佳控制。因此，油路压力可以根据发动机输出、行驶条件和 ATF 温度精确地控制，从而实现平稳换挡特性和使油泵工作负载最佳化。

（2）离合器压力最佳控制

如图 2-59 所示，线性电磁阀（SLT）用于对离合器压力的最佳控制。ECU 监测来自各种类型传感器（如输入涡轮速度传感器）的信号，使线性电磁阀（SLT）能够根据发动机输出和行驶条件精确控制离合器压力，目的是实现平稳换挡。

（3）离合器对离合器压力控制

自动变速器换挡时，液压从一个元件释放并用于另一个元件。采用离合器对离合器压力进行控制，可以使这一过程变得平稳。这种控制方式可使变速器 ECU 向线性电磁阀（SLT）

发送一个控制信号，并使作用于蓄压器背压侧的液压最佳化。

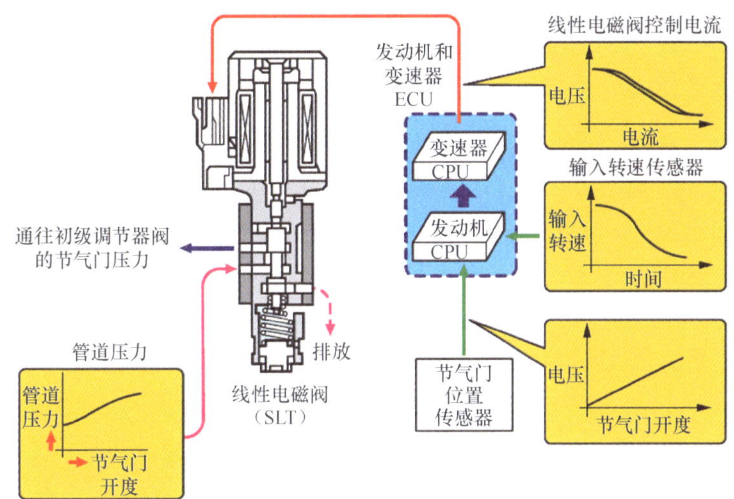

图 2-58　油路压力的最佳控制过程

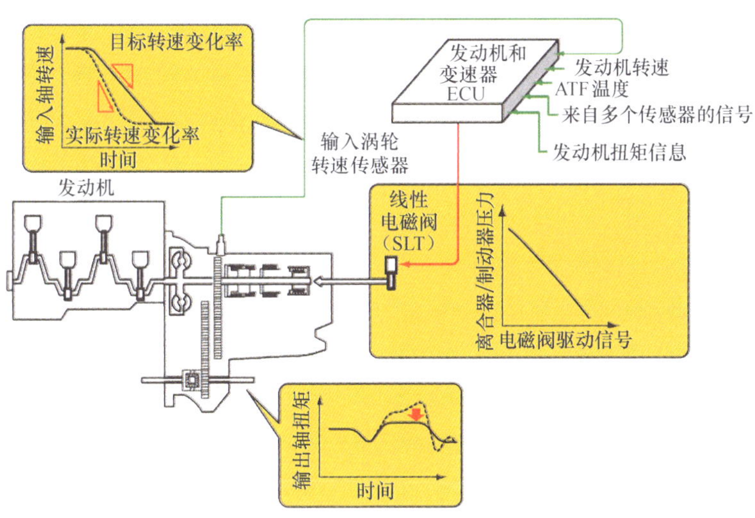

图 2-59　离合器压力的最佳控制过程

（4）发动机扭矩控制

变速器内行星齿轮机构的离合器和制动器的接合是通过变速器内换高速挡或低速挡时瞬间延迟发动机点火时间来控制的。当 ECU 根据各个传感器的信号判断换挡正时时，它触发换挡控制电磁阀进行换挡。换挡开始时 ECU 延迟发动机点火时间以减小发动机扭矩，其结果是行星齿轮机构的离合器和制动器的接合力减弱以使换挡平稳进行。

（5）上坡与下坡驾驶的换挡控制

当在坡路上加速 / 减速时，传统自动变速器因情况变化而频繁换挡，影响稳定行驶。为了在上坡 / 下坡行驶中进行换挡控制，发动机和变速器 ECU 使用节气门位置传感器和车速传感器信号来选择最佳挡位。当 ECU 检测到在爬坡时，换高速挡到 O/D 挡被禁止以实现稳定行驶。此外，当 ECU 确定是在下坡和检测到制动器运行时，变速器换低速挡到 3 挡，发动机制动器被接合。液力自动变速器的上坡和下坡状态，是通过比较由车速传感器信号计算出来的实际加速度和存储在控制单元存储器中的标准加速度来确定的。

5. 故障自诊断

液力自动变速器的 ECU 设有内置的自我诊断系统，它不断地监控各传感器、信号开关、电磁阀及其线路。当变速器发生故障时，ECU 会使仪表板上的故障灯亮起，以提醒驾驶员注意；同时将故障内容以故障码的形式存储在 ECU 的存储器中，以便维修人员使用故障诊断仪进行读取。

当故障消除后，仪表板故障灯将停止闪亮，但故障码仍会保存在 ECU 存储器中，必须用故障诊断仪才能消除。

6. 失效保护

当自动变速器出现故障时，为了使自动变速器保持最基本的工作能力，以维持汽车行驶，便于汽车进厂维修，液力自动变速器的 ECU 都具有失效保护功能。

（1）当传感器出现故障时，ECU 采取的失效保护措施

① 节气门位置传感器出现故障时，ECU 根据怠速开关的状态进行控制。当怠速开关断开时（加速踏板被踩下），ECU 按节气门开度为 50% 的状态进行控制，此时节气门位置传感器油压为最大值；当怠速开关接通时（加速踏板完全放松），ECU 按节气门处于全闭状态进行控制，此时节气门位置传感器油压为最小值。

② 车速传感器出现故障时，ECU 不能进行自动换挡控制，此时，自动变速器的挡位由变速杆位置决定，在 D 位时固定为低速挡；或不论变速杆在何前进挡位，都固定在 1 挡，以保持汽车最基本的行驶能力。

③ 冷却液温度传感器或 ATF 温度传感器出现故障时，ECU 按温度为 80℃的设定进行控制。

（2）电磁阀出现故障时，ECU 采取的保护措施

① 换挡电磁阀出现故障时，ECU 一般会将自动变速器锁挡，锁止挡位与变速杆位置有关。例如，丰田 A341E 自动变速器锁挡情况见表 2-6。

表 2-6　丰田车系 A341E 自动变速器锁挡设定

变速杆位置	D	2	L	R
挡位	4挡	3挡	1挡	倒挡

② 锁止离合器电磁阀发生故障时，ECU 会停止对锁止离合器的控制，使锁止离合器始终处于分离状态。

③ 油压电磁阀发生故障时，ECU 会停止对油压的控制，使油路压力保持为最大。

④ 有失效保护的挡位因变速器信号的不同而不同。

任务七　液力自动变速器的检测与维护

一、液力自动变速器常见故障的处置

汽车液力自动变速器发展至今，无论机械部分、液压系统和 ATF 均已非常完善，正常

使用情况下，在其经济寿命期间故障发生的概率很低。但在车辆经济寿命的后期，随着技术状况的下降，液力自动变速器则会出现一系列与部件或总成部件寿命关联的故障。这些常见的故障会通过一定的现象特征表现出来，不同车型由于结构上有所不同，其故障原因会有所差异，但故障产生的常见原因和诊断排除方法是基本相同的。

1. 无法行驶

（1）故障现象

① 无论变速杆位于倒挡、前进挡或前进低挡，汽车都不能行驶。

② 冷车起动后汽车能行驶一小段路程，但热车状态下汽车能起动却不能行驶。

（2）故障原因

① 自动变速器油底壳渗漏，ATF 全部漏光。

② 变速杆和手控阀摇臂之间的连接或拉索松脱，手控阀保持在 N 位或 P 位。

③ 油泵损坏。

④ 油泵进油滤网堵塞。

⑤ 主油路严重泄漏。

⑥ 电磁阀损坏。

（3）故障诊断与排除

① 检查自动变速器内有无 ATF。拔出自动变速器的油尺，观察油尺上有无 ATF。若油尺上没有 ATF，说明自动变速器内的 ATF 已经漏光。对此，应检查油底壳、ATF 冷却器、油管等处有无破损而导致漏油。如有严重漏油处，应修复后重新加油。

② 使用故障诊断仪检查电磁阀状态。电控液力自动变速器的电磁阀较多，专控前进挡离合器的电磁阀损坏或线路损坏，会造成无前进挡。有的车倒挡也有电磁阀参与，电磁阀或线路损坏无倒挡。如果故障诊断仪显示电磁阀故障，通常需要进厂进一步拆检并更换阀板总成。

2. 变速器打滑

（1）故障现象

① 起步时踩下加速踏板，发动机转速很快升高但车速提高很慢。

② 行驶中踩下加速踏板加速时，发动机转速升高但车速没有很快提高。

③ 平坦路面行驶基本正常，但上坡无力，且发动机转速很高。

（2）故障原因

① ATF 液面太低。

② ATF 液面太高，运转中被行星排搅动后产生大量气泡。

③ 离合器或制动器摩擦片、制动带磨损过甚或烧焦。

④ 油泵磨损过甚或主油路泄漏，造成主油压过低。

⑤ 主油路严重泄漏或单向离合器打滑。

⑥ 离合器或制动器活塞密封圈损坏，导致漏油。

⑦ 蓄压器活塞密封圈损坏，导致漏油。

（3）故障诊断与排除

打滑是液力自动变速器中最常见的故障之一。虽然液力自动变速器打滑往往都伴有离合器或制动器摩擦片严重磨损甚至烧焦等现象，但如果只是简单地更换磨损的摩擦片而没有找出打滑的真正原因，则会使修理后的液力自动变速器使用一段时间后又出现打滑现象。因此，对于出现打滑的液力自动变速器，不要急于拆卸分解，应先进行各种检查测试，以找出造成打滑的真正原因。

① 对于出现打滑现象的液力自动变速器，应先检查其油面高度。若油面过高或过低，应先调整至正常后再检查。若油面调整正常后自动变速器不再打滑，可不必拆修自动变速器。

② 检查 ATF 的品质。若 ATF 呈棕黑色或有烧焦味，说明离合器或制动器的摩擦片或制动带烧焦，应拆修变速器。

③ 进行路试，以确定液力自动变速器是否打滑，并检查出现打滑的挡位和打滑的程度。将变速杆拨入不同的位置使汽车行驶。若液力自动变速器升至某一挡时发动机转速突然升高，但车速没有相应地提高，即说明该挡打滑。打滑时发动机的转速越容易升高，说明打滑越严重。

3. 换挡冲击

（1）故障现象

① 在起步时，由 P 位或 N 位挂入前进挡或倒挡时，汽车窜动较严重。

② 行驶中，在自动变速器升挡的瞬间汽车有较明显的闯动。

（2）故障原因

导致自动变速器换挡冲击大的原因有很多，主要原因有调整不当、各元件性能下降或损坏、电子控制系统有故障，具体原因如下所述。

① 发动机怠速过高。

② 节气门拉索或节气门位置传感器调整不当，使主油压过高。

③ 升挡过迟。

④ 真空式节气门阀的真空软管破裂或松脱。

⑤ 主调压阀有故障，使主油压过高。

⑥ 蓄压器活塞卡住，不能起缓冲作用。

⑦ 单向球阀漏装，换挡执行元件（离合器或制动器）接合过快。

⑧ 换挡执行元件打滑。

⑨ 调压电磁阀不工作。

⑩ ECU 或电路有故障。

（3）故障诊断与排除

由于引起换挡冲击的原因较多，因此，在诊断故障的过程中，必须循序渐进，对液力自动变速器的各个部分进行认真的检查。一定要在全面检测的基础上，有针对性地进行分解修理，切不可盲目地拆修。总体而言，若故障是由于调整不当所造成的，只有稍做调整即可排除。若是液力自动变速器内部控制阀、蓄压器或换挡执行元件有故障，应分解液力自动变速器，予以修理。若是电子控制系统有故障，应对电子控制系统进行检测，找出具体原因，加以排除。

故障诊断与排除具体步骤如下所述。

① 检查发动机怠速。配置液力自动变速器的汽车发动机怠速一般为 750r/min 左右。若怠速过高，应按标准予以调整。

② 检查节气门拉索或节气门位置传感器的调整情况。如果不符合标准，应重新予以调整。

③ 检查真空式节气门阀的真空软管。如有破裂，应更换；如有松脱，应重新连接。

④ 做道路试验。如果有升挡过迟的现象，则说明换挡冲击大的故障是升挡过迟所致。

如果在升挡之前发动机转速异常升高，导致在升挡的瞬间有较大的换挡冲击，则说明离合器或制动器打滑，应分解自动变速器，予以修理。

4. ATF 油液变质

（1）故障现象

① 更换后的新 ATF 使用不久即变质。

② ATF 温度太高，从加油口处向外冒烟。

（2）故障原因

① 汽车使用不当，经常超负荷行驶，如经常用于拖车或经常急加速、超速行驶等。

② ATF 冷却器管路堵塞。

③ 通往 ATF 冷却器的限压阀卡滞。

④ 离合器或制动器自由间隙太小。

⑤ 主油路油压太低，离合器或制动器在工作中打滑。

（3）故障诊断与排除

① 让汽车以中低速行驶 5 ～ 10min，使液力自动变速器达到正常工作温度后，在发动机运转过程中检查 ATF 冷却器的温度。在正常情况下，ATF 冷却器的温度可达 60℃左右。若 ATF 冷却器的温度低，说明油管堵塞或通往 ATF 冷却器的限压阀卡滞。这样，ATF 未得到及时的冷却，温度过高，导致变质。

② 若 ATF 冷却器的温度太高，说明离合器或制动器的自由间隙太小。对此，应拆卸自动变速器，予以调整。

③ 若 ATF 温度正常，应测量主油路油压。若油压太低，应检查节气门拉索或节气门位置传感器的调整情况。若节气门拉索或节气门位置传感器安装正常，应拆卸自动变速器，检查油泵是否磨损过甚、阀体内的主调压阀和节气门阀有无卡滞、主油路有无漏油处。

④ 若上述检查都正常，则故障可能是汽车经常超负荷行驶所致，或未按规定使用合适牌号的 ATF 所致。对此，可将 ATF 全部放出，加入规定牌号和数量的 ATF。

⑤ 发动机冷却系统有故障也会使 ATF 温度升高。

二、液力自动变速器的基本检查与调整

虽然液力自动变速器结构比较复杂，但其制造精度高，在正常使用及维护情况下损坏性故障较少，一般性故障的概率较大。而一般性故障的出现大都与车辆的使用、维护和调整不当有关。因此，对液力自动变速器进行故障诊断时，首先应对其进行基本的维护、检查及调整，这样做除了可以将不属于变速器的故障排除在外，避免对变速器进行不必要的拆卸引起额外损坏，还可以解决一些因维护、调整不当引起的故障，并可以在维护过程中及时发现隐性故障。在换油作业时还可以大概判断自动变速器当前的技术状况，为下一步故障诊断提供有用的信息，由此可见自动变速器的基本检查及调整是故障诊断的第一步。这里所指的基本检查及调整包括自动变速器及相关机构的检查与调整、自动变速器油质的检查。

微课

自动变速器的基本检查

1. 发动机有关项目的检查

发动机的检查似乎与变速器的工作状况无关，但实际上同一故障可能同时与发动机和变速器有关，或发动机和变速器的工作状态可能分别引发同一故障。因此，首先必须分清故障的根源，避免进行无效工作。

（1）发动机怠速检查

发动机怠速转速不符合标准引起的故障可能与变速器内部出问题引

起的故障有相似之处。发动机怠速转速低和变速器内部阻力大都可能引起挂挡后车辆抖动、发动机熄火等现象；发动机怠速转速高和变速器故障都可以引起挂挡后闯车的现象。由于进口车发动机和变速器的不同配置方案较多，同一型号的发动机与不同的变速器配合，其技术参数可能不同，因此，必须按维修手册的技术数据检查和调整发动机的怠速转速。

（2）节气门全开试验

驾驶员将加速踏板踩到底时，节气门的开度应该达到 100%，车速会保持在最高值。若节气门开度达不到 100%，则车辆的最高车速下降就可能与变速器的技术状况无关，是发动机不能输出最大功率所致。因此，必须检查加速踏板与节气门轴的联动情况并进行适当的调整，使两者的动作协调一致。

2. ATF 液位的检查

ATF 液面的高低对自动变速器的运行有很大的影响。液面过低时空气可能进入油泵内部循环并与油液发生混合导致油液分解，出现气阻使得油压难以建立或油压过低，导致离合器和制动器打滑。液面过高同样会使油液分解，因为行星齿轮组在过高的液面下转动，空气同样会被压入油液。被分解的油液可能会产生泡沫或过热、氧化现象。所有这些问题都会使得各种滑阀、离合器、制动器等部件因压力不够而出现故障。

（1）使用油尺检查

通常可以使用自动变速器的油尺检查，油面高度检查按下述程序进行。

① 在检查 ATF 的液面之前，将车辆停放在平直路面上。

② 将车起动后热车，冷却液温度达到 90℃以上，发动机保持运转状态。

③ 踩住制动踏板，将变速杆从 P 位依次挂入每一个位置后回到 P 位，使油液进入阀体和变速器壳体。

④ 取出油尺，检查油面高度，如图 2-60 所示。大多数汽车都可以在变速器处于工作温度和发动机运转时精确测出 ATF 液面高度。拔出油尺后，用抹布把油尺擦拭干净。重新插入油尺，再拔出，注意读出数值。有些油尺上标有“ADD”（添加）的字样，有些油尺上刻有分别针对“COOL”（冷态）、“WARM”（温态）和“HOT”（热态）的油液液面高度适合标记。

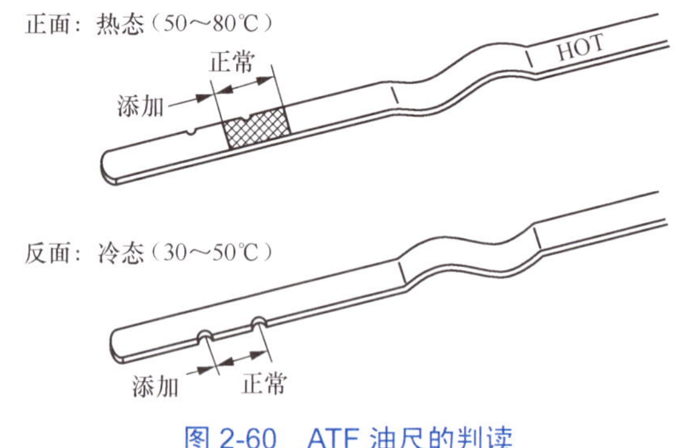

图 2-60　ATF 油尺的判读

在检查油液液面高度的同时，还应该进行油液状况的检查。油质是分析自动变速器内部问题的重要依据。正常情况下的每种 ATF 的颜色很鲜亮和通透。如果油液的颜色、状态、气味、黏度发生了变化，说明 ATF 已经变质。

（2）通过变速器液位检查孔检查

很多欧系汽车（如大众、雷诺、部分宝马、标致、雪铁龙等）自动变速器没有外设检查油尺。这些变速器是通过液位检查孔来检查油面高度的，如图 2-61 所示。

ATF 液位检查程序如下。

① 检查时使汽车车身保持水平，发动机运转时通过打开空调提高发动机怠速转速，以保证自动变速器油泵向油道泵油充足。

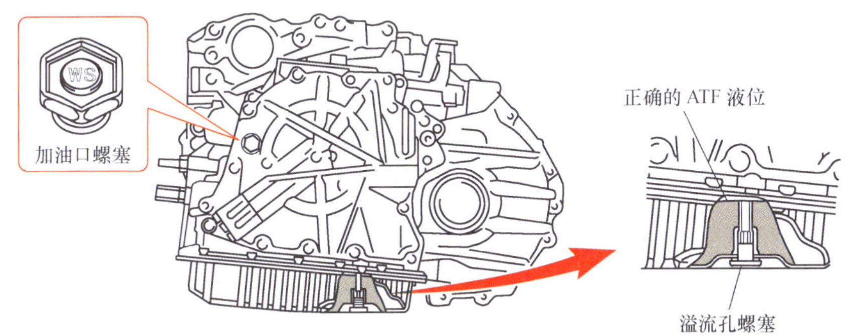

图 2-61　自动变速器的液位检查孔

② 踩下制动踏板，并将变速杆置入各位置停顿片刻，保持发动机怠速运转，将变速杆置于 P 位或 N 位，从变速器油底壳卸下放油螺塞，如果有 ATF 连续溢出即为合适。

③ 如果油液没有连续溢出，应加注 ATF，直到连续溢出为止。在发动机运转状态下，拧紧放油螺塞。

④ 在向自动变速器加注油液时若有吸气声，则表明有空气进入，这样会产生油沫，应该关闭发动机等一段时间，让 ATF 稳定后再加注。

⑤ 油温对液位的影响很大。ATF 受热后，体积会膨胀，使液面升高，因此，在不同油温下，相同油量的液面高度也不同。检查时必须注意对温度的要求。

3. 油质的检查

在液力自动变速器维护检修的实际工作中，对于 ATF 的检查是不可缺少的一步。美国 SAE 统计资料表明，约 90% 的变速器故障与油液污浊和氧化变质有关。接到故障车后，判断自动变速器故障大小最直接、有效的方法就是检查油液。虽然很多厂家推荐其车型变速器终身不换油，但因考虑到 ATF 的清洁度对电磁阀的影响极大，因此，建议至少每年检查一次，或每行驶 40000km 更换一次。从冬天到夏天的气温变化可能导致 ATF 发生受热破坏，高质量的油液也可能由于温度的频繁变化而变质。

项目小结

1. 液力自动变速器由液力变矩器、齿轮变速机构、液压控制系统和电控系统等组成。

2. 液力变矩器由泵轮、涡轮、导轮、单向离合器和锁止离合器等组成，具有自动离合、自动无级变速和变矩、减振隔振、发动机制动、过载保护、驱动油泵工作等作用。在发动机低速运转时，液力变矩器可以增大发动机的输出扭矩，而在发动机高速运转时，液力变矩器却降低了发动机的输出扭矩。

3. 齿轮变速机构主要包括行星齿轮机构和换挡执行元件两大部分。单排单级行星齿轮机构指的是在太阳轮和内齿圈之间夹着一组行星齿轮，而单排双级行星齿轮机构指的是在太阳轮和内齿圈之间夹着两组行星齿轮，且两组行星齿轮共用行星架。

4. 辛普森式行星齿轮机构由前齿圈、共用太阳轮、后行星架、前行星架和后齿圈组件 4 个独立元件组成。辛普森式行星齿轮机构的特点：前后两个行星排的太阳轮连接为一个整体；前行星架和后齿圈连接为一体，作为输出轴；共用太阳轮和前齿圈通常作为输入轴。

5. 拉维娜式行星齿轮机构由大太阳轮、小太阳轮、共用行星架、共用内齿圈 4 个独立元件组成。拉维娜式行星齿轮机构的特点：两个行星排共用行星架和内齿圈（其中前行星排是一个单级行星齿轮机构，后行星排是一个双级行星齿轮机构），共用一组行星齿轮，通常以内齿圈作为输出轴。

6．液力自动变速器的电控系统包括控制单元（ECU）、信号输入装置、执行器和控制电路。自动变速器控制单元相当于人的大脑，负责采集、分析、处理输入的信号并输出相应的控制指令给执行器；信号输入装置相当于人的眼睛、耳朵等，负责向自动变速器 ECU 提供输入信号；执行器相当于人的手、脚等，负责执行 ECU 发出的控制指令。

项目三 典型液力自动变速器

培养目标

关键能力——掌握典型液力自动变速器的结构、原理与发展趋势。

核心内容——熟练掌握典型液力自动变速器的结构变化特点与维护方法。

职业行为习惯的养成——按照企业工作模式体验典型液力自动变速器培训和检测过程，养成符合企业工作要求的职业行为习惯。

项目描述

1908 年，亨利 · 福特为福特 T 型车装备了 2 前进挡的自动变速器，1940 年美国通用汽车推出的 Hydra-Matic 全自动变速器拉开了自动变速器大规模商用的序幕。液力自动变速器经过近 80 年的发展和完善，特别是近年来广泛采用电控技术，现已成为汽车中技术含量最高的总成之一。该类型变速器已由传统的 4 前进挡结构升级换代为 6 ～ 10 前进挡结构，其结构、原理、控制逻辑以及维修理念均发生了巨大变化。这种变化极大地提升了液力自动变速器的性能和观感，也将促进液力自动变速器维修方式的进化。

项目导航

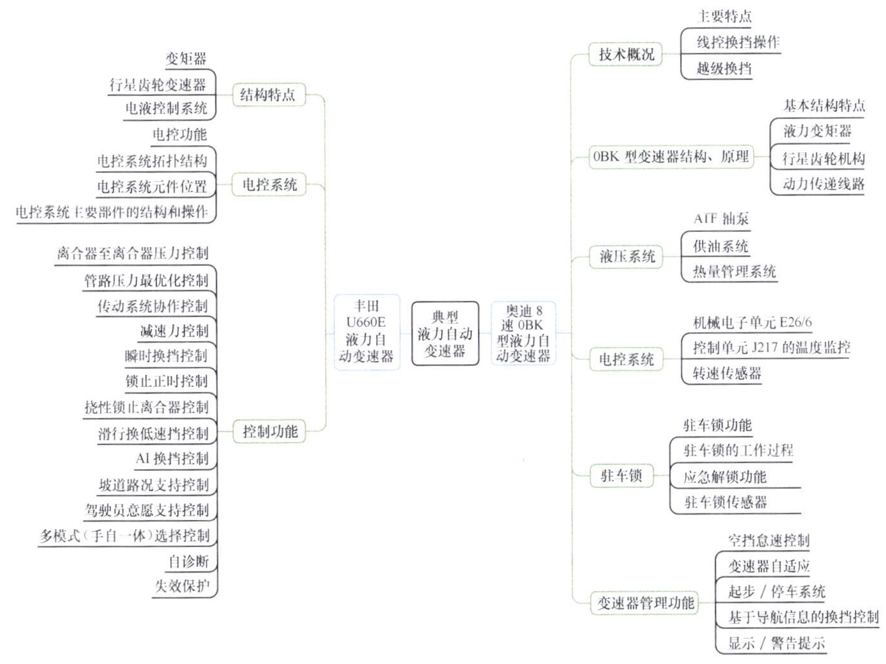

任务一 丰田 U660E 液力自动变速器

用于发动机前置前驱结构的 U660E 液力自动变速器，配备在丰田凯美瑞 2GR-FE 发动机动力传递系统中。该液力自动变速器为 6 挡电控液力自动变速器，具有结构紧凑、轻量且容量较大等特点，其结构如图 3-1 所示。

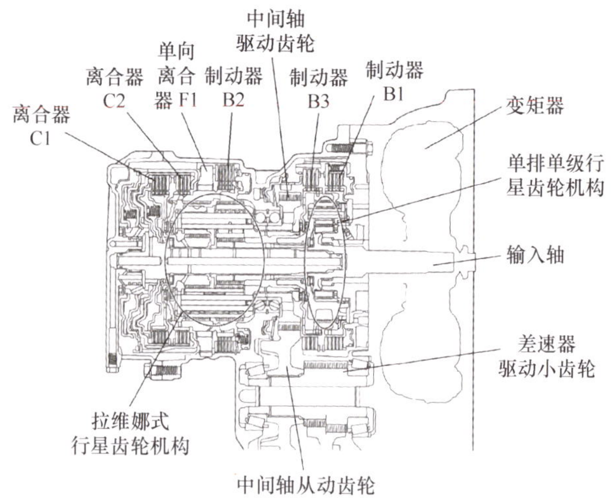

图 3-1 丰田 U660E 液力自动变速器

一、结构特点

1. 变矩器

U660E 使用了紧凑轻巧且高容量的变矩器。为使变矩器结构更加紧凑并缩短其总长度，设计人员将泵轮和涡轮压平，并且简化了单向离合器的结构（见图 3-2）。该变矩器优化了油路管道和叶轮配置，因此传输效率得到充分提高，从而确保更佳的起动性能、加速性能和燃油经济性。此外，还具有在低车速至高车速下激活锁止（挠性锁止）离合器操作的液压操作锁止机构，用于降低变矩器的转差损耗。

2. 行星齿轮变速器

U660E 液力自动变速器是一款结构紧凑、轻量化的 6 挡液力自动变速器。其行星齿轮变速器结构与配置如图 3-3 所示。

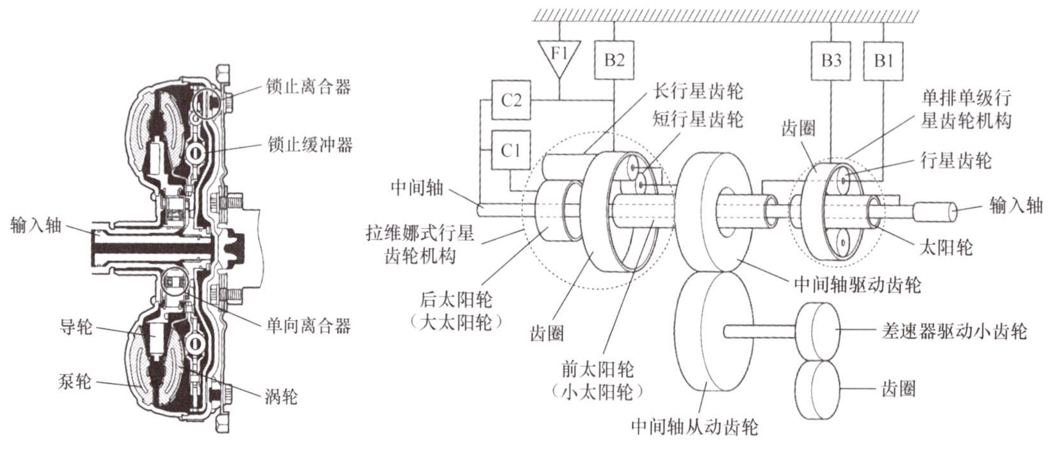

图 3-2 U660E 变矩器结构

图 3-3 莱派特式行星齿轮机构

（1）行星齿轮机构

该变速器采用莱派特式行星齿轮机构（见图 3-3），即一个单行星排和一个拉维娜式行星齿轮组构成 6 前进挡配置，形成 6 速自动变速器，共计 6 个换挡执行元件，包括 2 个离合器、3 个制动器和 1 个单向离合器，各执行元件的功能和工作状态见表 3-1、表 3-2。在该变速器中拉维娜式行星齿轮机构的前端（右侧）是一个单排双级行星齿轮机构，后端（左侧）是一个单排单级行星齿轮机构，它们共用一个行星架和齿圈。在行星架上有长、短 2 种行星齿轮，长行星齿轮同时与短行星齿轮、齿圈和后排大太阳轮啮合；短行星齿轮同时与长行星齿轮和前排小太阳轮啮合；共用行星架为动力输出端。U/D 行星齿轮机构是一个简单的单排单级行星齿轮机构，其行星架与拉维娜式行星齿轮机构的前排太阳轮相连，太阳轮与输出轴相连。

表 3-1　　换挡执行元件的功能

组件		功能
C1	1号离合器	连接中间轴和拉维娜式行星齿轮机构的后太阳轮
C2	2号离合器	连接中间轴和拉维娜式行星齿轮机构齿圈
B1	1号制动器	防止拉维娜式行星齿轮机构的前太阳轮架和单行星排行星架顺时针或逆时针转动
B2	2号制动器	防止拉维娜式行星齿轮机构齿圈顺时针或逆时针转动
B3	3号制动器	防止前单排单级行星齿轮机构齿圈顺时针或逆时针转动
F1	1号单向离合器	防止拉维娜式行星齿轮机构齿圈逆时针旋转
行星齿轮		这些齿轮根据各个离合器和制动器的运行，通过更改路径来传输驱动力，以增加或降低输入和输出速度

表 3-2　　换挡执行元件的工作状态

变速杆位置	挡位	电磁阀						离合器		制动器			单向离合器
		SL	SL1	SL2	SL3	SL4	SLU	C1	C2	B1	B2	B3	F1
P	停车挡		○										
R	倒挡	●				○					○	○	
N	空挡		○										
D，S6	1挡		○					○					○
	2挡	○	○		○		△	○		○			
	3挡	○	○			○	△	○				○	
	4挡	○	○	○			△	○	○				
	5挡	○		○		○	△		○			○	
	6挡	○		○	○		△		○	○			
S5	1挡		○					○					○
	2挡	○	○		○		△	○		○			
	3挡	○	○			○	△	○				○	
	4挡	○	○	○			△	○	○				
	5挡	○		○		○	△		○			○	
S4	1挡		○					○					○
	2挡	○	○		○		△	○		○			
	3挡	○	○			○	△	○				○	
	4挡	○	○	○			△	○	○				
S3	1挡		○					○					○
	2挡		○		○			○		○			
	3挡		○			○		○				○	
S2	1挡		○					○					○
	2挡		○		○			○		○			
S1	1挡		○				○	○			○		○

注：○—ON；△—符合挠性锁止；●—接合时ON，接合后OFF。

（2）动力传递路线

U660E 液力自动变速器各挡的动力传递线路如图 3-4、图 3-5 所示。

（3）离心平衡式离合器

在 1 ～ 6 挡之间转换时，该装置用于 C1 和 C2 离合器。该装置的基本构造和操作与项目二介绍的离心平衡式离合器同理。详细信息请参见项目二中相关内容介绍。

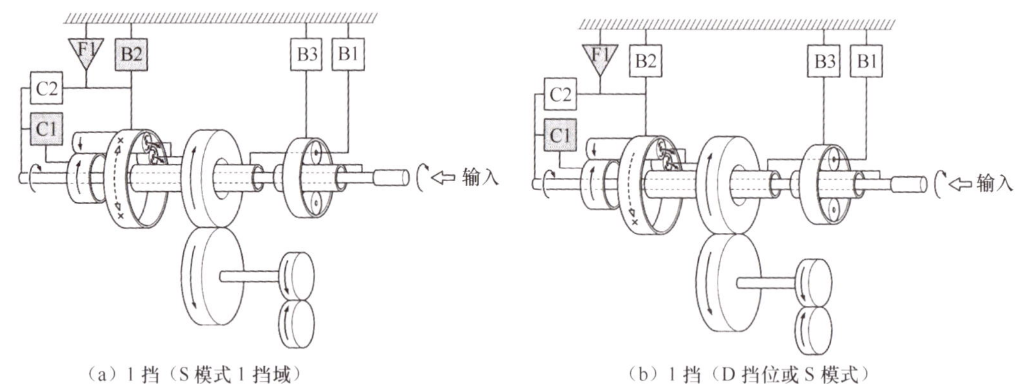

图 3-4　丰田 U660E 液力自动变速器 1 挡动力传递线路

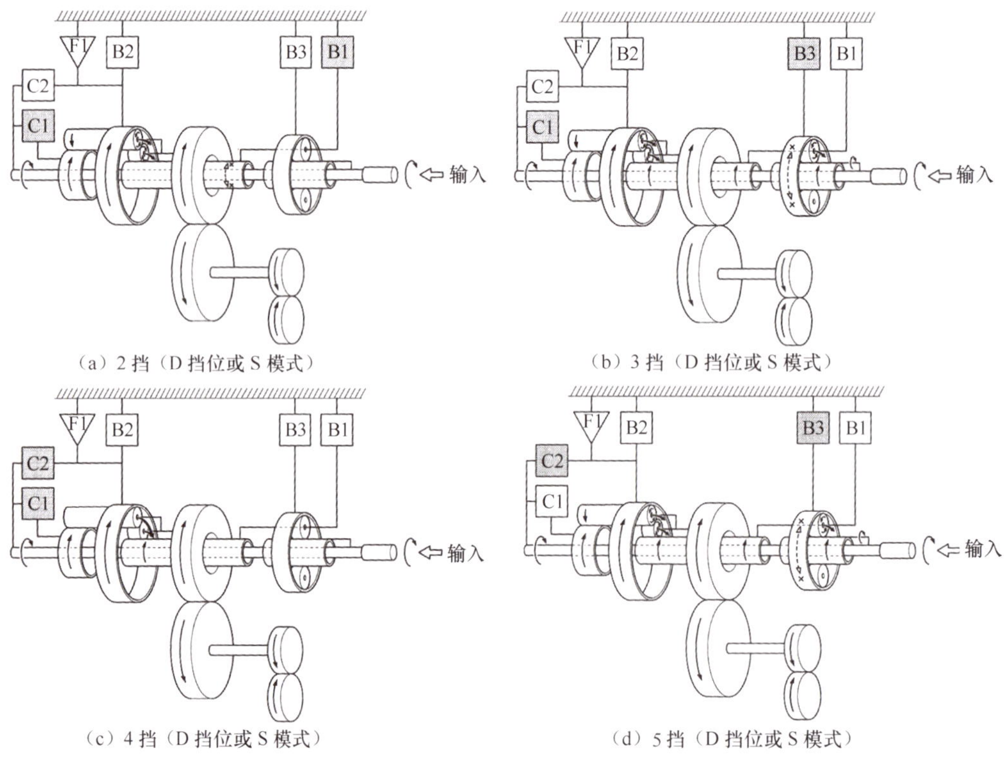

图 3-5　丰田 U660E 液力自动变速器 2 ～ 6 挡及倒挡动力传递线路

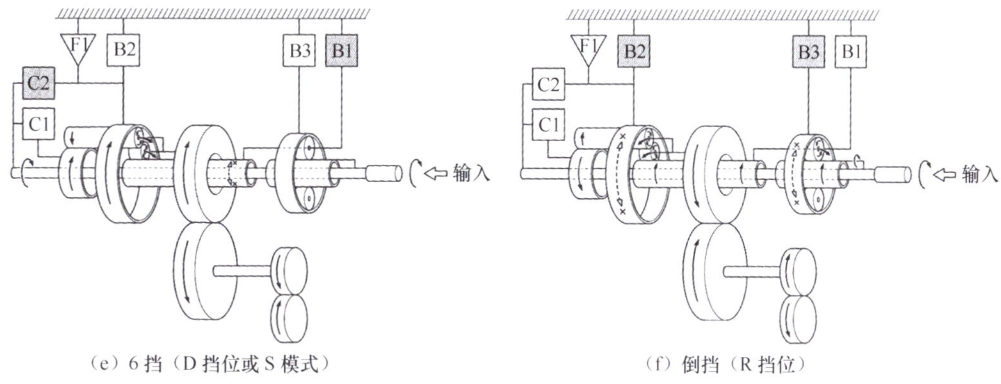

图 3-5　丰田 U660E 液力自动变速器 2 ～ 6 挡及倒挡动力传递线路（续）

3. **电液控制系统**

U660E 液力自动变速器的电液控制系统包括 1 号上阀体、2 号上阀体和下阀体以及 7 个电磁阀（SL1、SL2、SL3、SL4、SLU、SLT、SL），如图 3-6 所示。

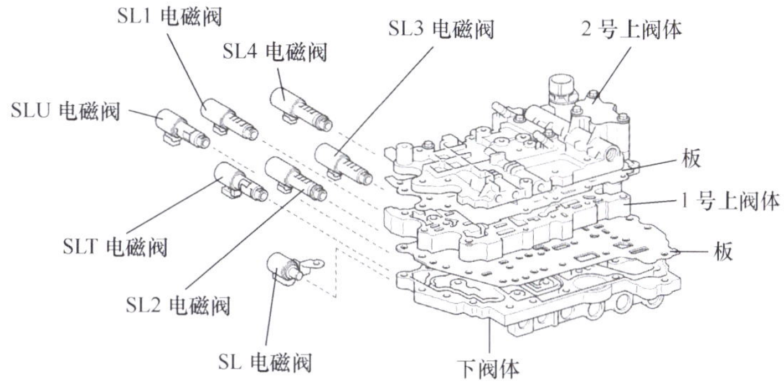

图 3-6　U660E 液力自动变速器的电液控制阀体结构

（1）控制阀体结构

U660E 液力自动变速器的控制阀体结构，如图 3-7 所示。

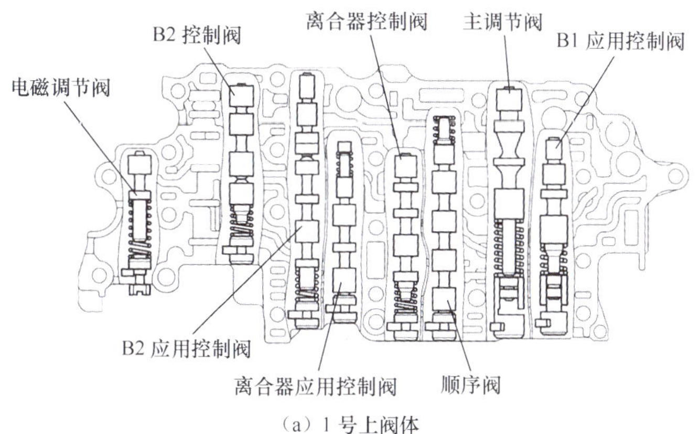

图 3-7　U660E 液力自动变速器的控制阀体结构

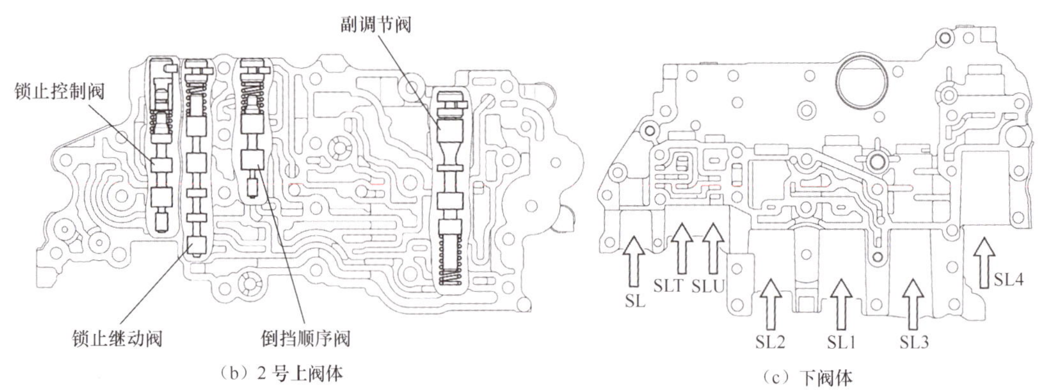

（b）2 号上阀体　　（c）下阀体

图 3-7　U660E 液力自动变速器的控制阀体结构（续）

（2）电磁阀结构

部分电磁阀的功能见表 3-3。

表 3-3　丰田 U660E 液力自动变速器电磁阀功能

电磁阀	功能
SL1	C1离合器压力控制
SL2	C2离合器压力控制
SL3	B1制动器压力控制
SL4	B3制动器压力控制
SLU	• 锁止离合器压力控制 • B2制动器压力控制
SLT	管路压力控制

为获得与电磁线圈的电流成比例的液压力，电磁阀 SL1、SL2、SL3、SL4、SLU 和 SLT 根据从变速器 ECU 接收到的信号，线性地控制管路压力、离合器及制动器的接合压力。电磁阀 SL1、SL2、SL3 和 SL4 为大流量线式电磁阀，与传统电磁阀相比，能够提供更大的压力。这些电磁阀通过直接调节管路压力来控制换挡执行元件的接合，而不使用调压阀或减压阀。这样，就可以降低阀的数量和阀体液道的长度，增加换挡响应并将换挡冲击最小化。电磁阀工作原理如图 3-8 所示。

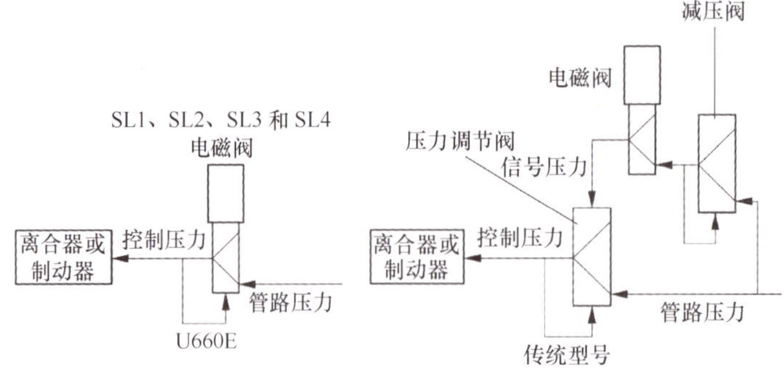

图 3-8　电磁阀工作原理

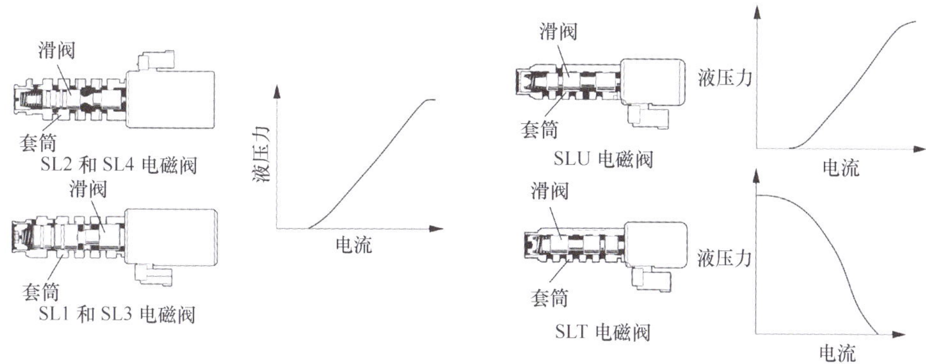

图 3-8 电磁阀工作原理（续）

二、电控系统

1. 电控功能

丰田 U660E 液力自动变速器的电控系统包括换挡正时控制、离合器至离合器压力控制、传动系统协作控制、锁止正时控制等 11 项控制功能，详见表 3-4。

表 3-4 丰田 U660E 液力自动变速器的电控功能

系统名称	功能概要
换挡正时控制	变速器ECU根据各个传感器的信号向6个电磁阀（SL1、SL2、SL3、SL4、SL和/或SLU）送电，并换挡
离合器至离合器压力控制	根据变速器ECU信号，通过起动换挡电磁阀（SL1、SL2、SL3和SL4）来控制直接施加到C1、C2离合器和B1、B3制动器的压力
管路压力最优化控制	根据变速器ECU的信号以及传动桥的运行状况起动电磁阀SLT来控制管路压力
传动系统协作控制	以综合方式调整换挡控制和发动机输出控制，从而达到良好的换挡性能和操纵灵活性
锁止正时控制	变速器ECU根据各个传感器的信号向电磁阀SL和SLU送电，并接合或脱开锁止离合器
挠性锁止离合器控制	控制电磁阀SLU和SL，在锁止离合器ON/OFF操作之间提供中间模式，并增大锁止离合器的操作范围以改善燃油的经济性
减速换低速挡控制	变速器ECU执行换低速挡控制程序，以便在减速过程中尽可能持久地操作燃油切断控制
AI（人工智能）换挡	变速器ECU根据来自各个传感器的信号确定路面状况和驾驶员的意愿。这样，换挡模式自动调节到最优化，从而改善操纵灵活性
多模式（手自一体）自动变速器	变速器ECU根据变速杆在S模式挡位时所选的挡域来适当控制自动驱动桥
自诊断	变速器ECU检测到故障时，会做出诊断并记忆故障零件
失效保护	即使在传感器或电磁线圈内检测到故障，变速器ECU也会激活失效保护控制以防止车辆的操纵灵活性受到影响

2. 电控系统的拓扑结构

U660E 自动变速器电控系统的拓扑结构如图 3-9 所示。

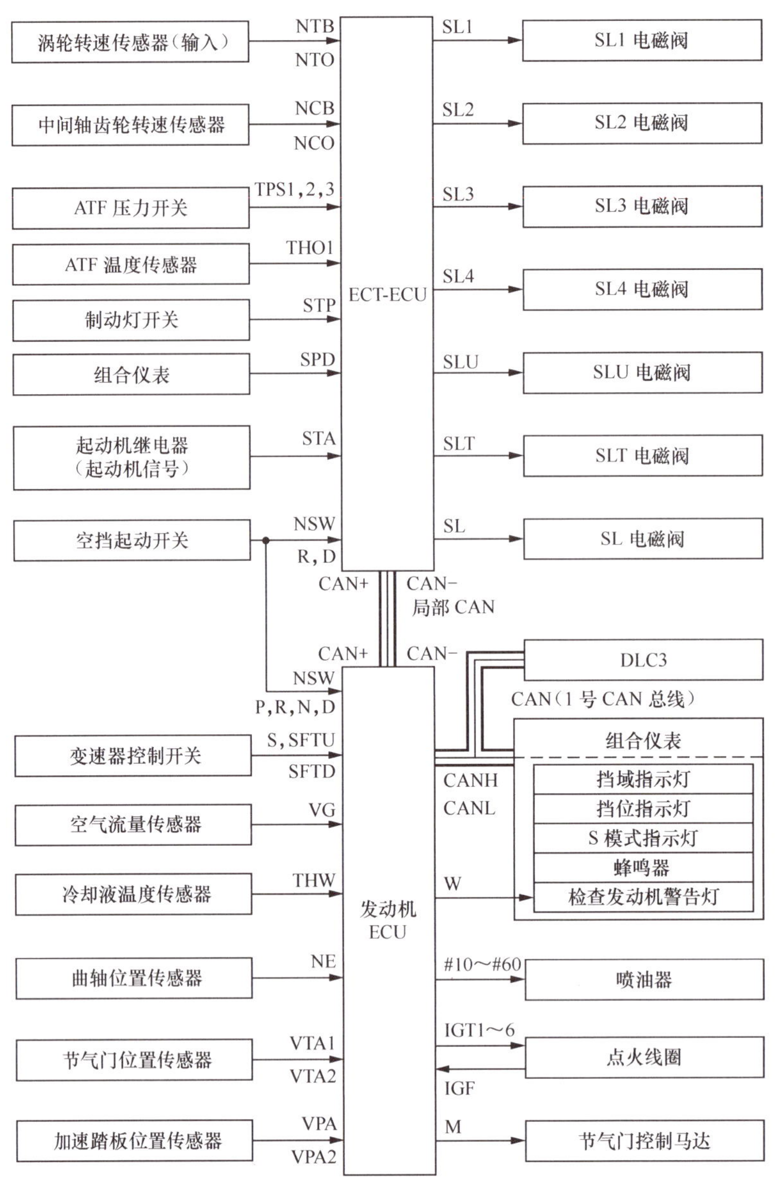

图 3-9　丰田 U660E 自动变速器电控系统拓扑结构

3. 电控系统元件位置

U660E 液力自动变速器电控系统元件安装位置如图 3-10 所示。

4. 电控系统主要部件的构造和操作

（1）变速器控制单元（ECT-ECU）

丰田 U660E 液力自动变速器的控制单元已经从发动机 ECU 上分离并直接安装到自动变速器上（见图 3-11）。所有用于自动变速器控制的电磁阀和传感器都通过位于自动变速器前部的连接器直接连接到变速器控制单元上。变速器控制单元通过 CAN 总线与发动机 ECU 保持通信。因此，发动机控制与变速器控制协调实施。

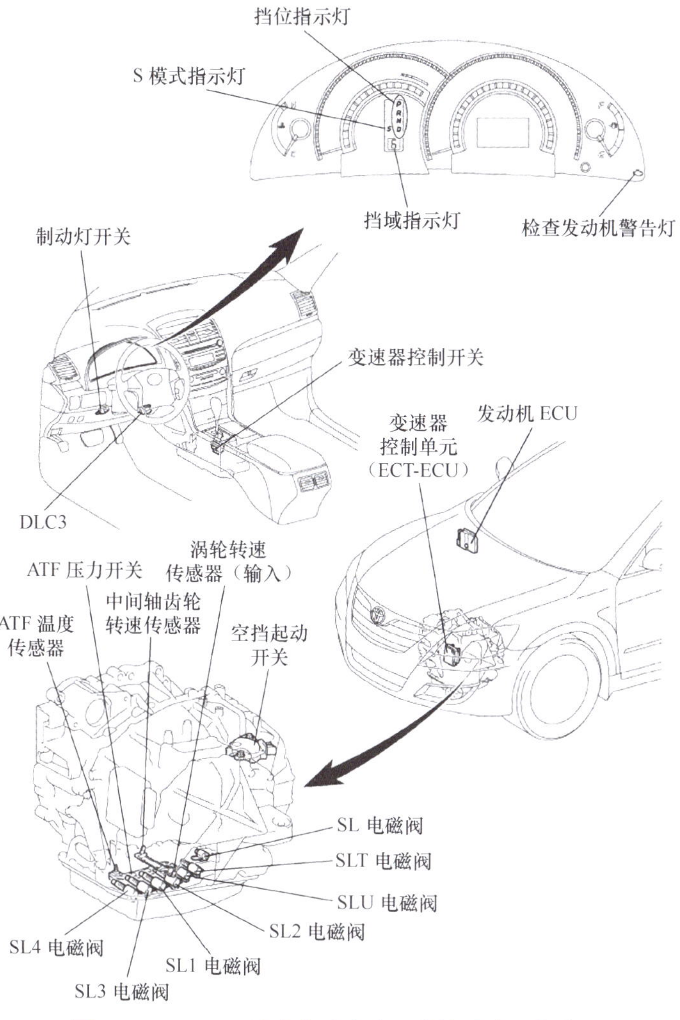

图 3-10　U660E 液力自动变速器电控系统元件位置

（2）ATF 温度传感器

ATF 温度传感器安装在控制阀体内（见图 3-12），用于直接检测油液温度。ATF 温度传感器用于对离合器和制动压力的修正，以此保持变速器平滑的换挡过程。

（3）ATF 压力开关

ATF 压力开关位于控制阀体的 SL1、SL2 和 SLU 输出液道中（见图 3-13），并根据电磁阀输出液压开启或关闭。ECT-ECU 根据 SLU 输出液道中的 ATF 压力开关 3 的 ON/OFF

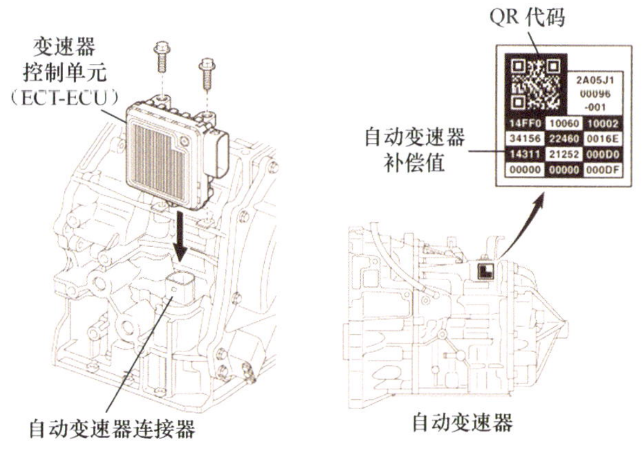

图 3-11　独立设置的变速器控制单元（ECT-ECU）

信号检测在锁止控制中使用的电磁阀 SLU 和 SL 中的故障。如果 SL1 ～ SL4 中任一个存在故障，ECT-ECU 将根据 SL1 和 SL2 输出液道中的 ATF 压力开关 1 和 2 的 ON/OFF 信号确定激活相应的失效保护操作。

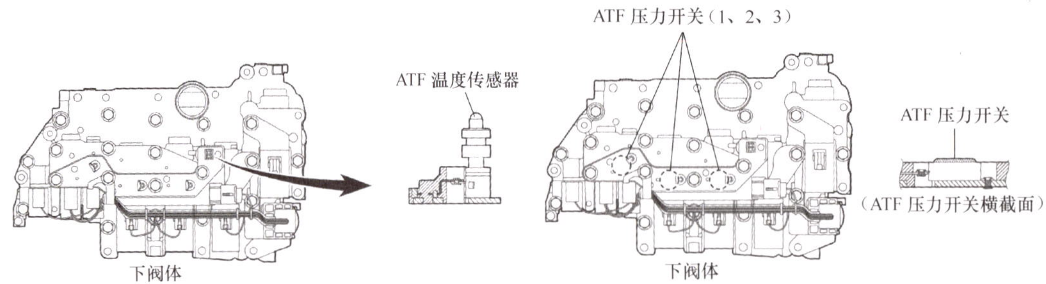

图 3-12　ATF 温度传感器安装位置　　图 3-13　ATF 压力开关位置

（4）转速传感器

U660E 液力自动变速器使用输入涡轮转速传感器和中间轴齿轮转速传感器（见图 3-14），这些转速传感器均为霍尔式传感器。因此，ECT-ECU 可以检测到齿轮的换挡时刻，控制发动机扭矩和液压压力，以响应各种工况。

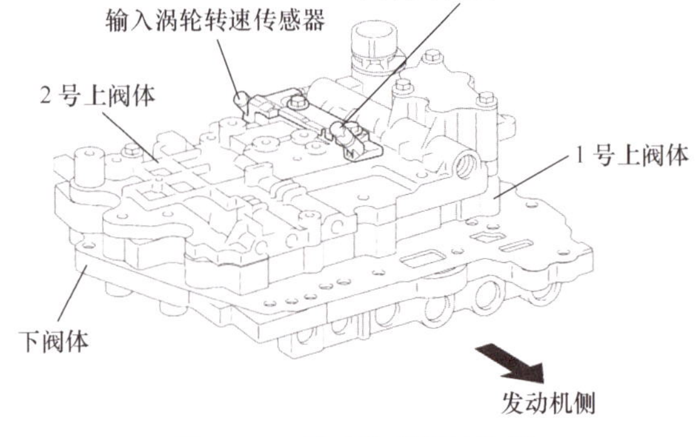

图 3-14　转速传感器的位置

（5）变速器控制开关和空挡起动开关

ECT-ECU 和发动机 ECU 使用这些开关检测变速杆位置。

① 空挡起动开关向发动机 ECU 和 ECT-ECU 发送 P、R、N 和 D 挡位信号。发动机 ECU 将信号输送到挡位指示灯组合仪表（P、R、N 和 D），该指示灯响应从开关接收到的信号。

② 变速器控制开关安装在变速杆总成内侧（见图 3-15）。开关端子 S 用于检测变速杆是否处于 D 挡位或 S 模式挡位，在选择 S 模式的情况下，端子 SFTU 和 SFTD 用于检测变速杆的操作状态（前“+ 挡位”或后“-”挡位）。通过将信号输送到发动机 ECU，变速器控制开关在变速杆移至 S 模式挡位时可以点亮挡域指示灯和 S 模式指示灯，并通过挡域指示灯指示所选挡域位置。

三、控制功能

1. 离合器至离合器压力控制

（1）离合器至离合器压力控制用于换挡控制。该控制功能可使变速器在不使用单向离合器的情况下在 2 挡或更高的挡位上执行换挡控制，并且能够使自动变速器轻巧紧凑。离合器至离合器压力控制电路如图 3-16 所示。

（2）通过油压回路（使离合器和制动器（C1、C2、B1 和 B3）能够独立控制）和高流量 SL1、SL2、SL3 和 SL4 线式电磁阀（可以直接控制管路压力），ECT-ECU 能够根据传感器发送的信息以最佳的液压和时间控制各个离合器和制动器，然后换挡。这样就可以取得较快的响应速度和良好的换挡特性。

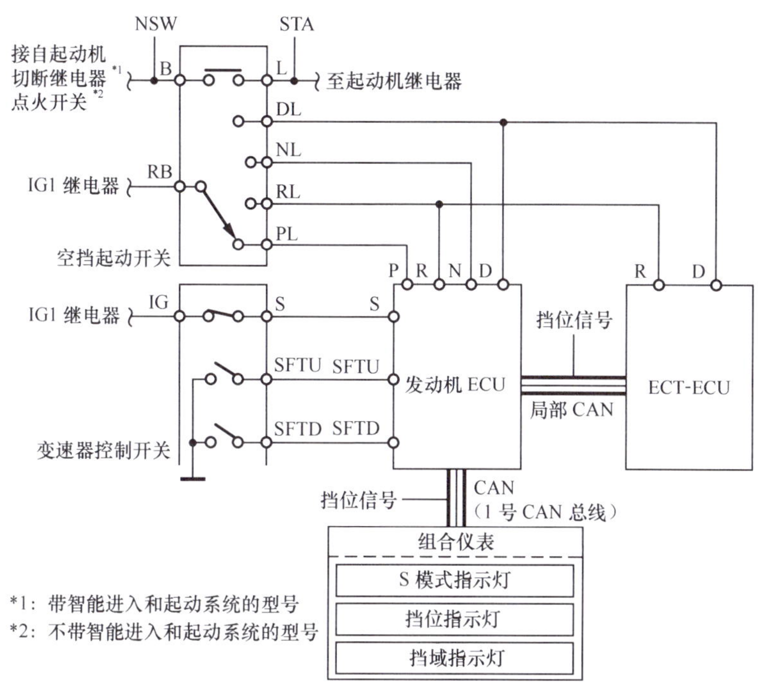

图 3-15　控制开关电路图

2. 管路压力最优化控制

变速器通过使用电磁阀 SLT，根据发动机扭矩信息以及变矩器和变速器的内部运行状况对管路压力进行最优化控制。因此，可以根据发动机输出、行程状况和 ATF 温度来控制管路压力，从而实现平滑换挡特性并将机油泵工作负荷最优化。管路压力控制的基本原理如图 3-17 所示。

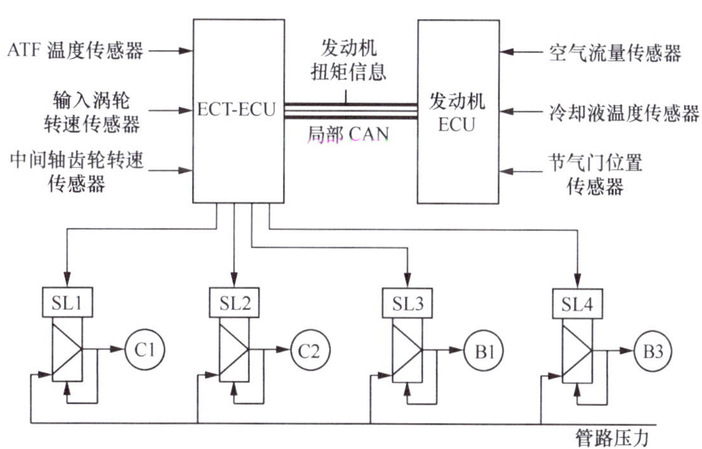

图 3-16　离合器至离合器压力控制电路

3. 传动系统协作控制

传动系统协作控制指的是车辆起动时的节气门控制（见图 3-18）。当车辆起动时，该功能与 ETCS-i（智能电子节气门控制系统）协作控制发动机输出，以确保良好的起动性能（改善响应和抑制轮胎打滑）。

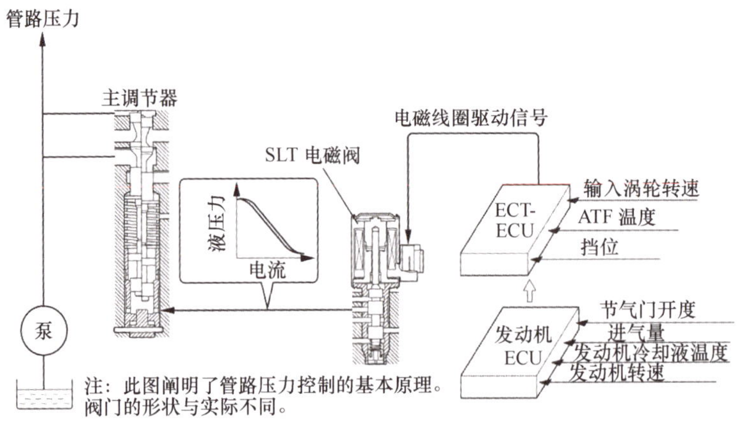

图 3-17　管路压力控制的基本原理

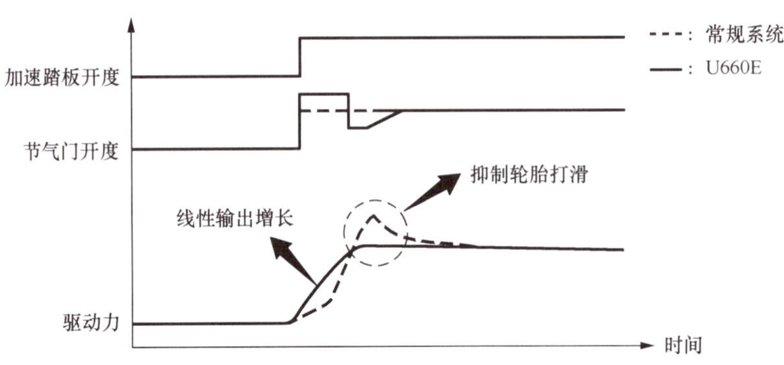

图 3-18　传动系统协作控制

4．减速力控制

当加速踏板处于 OFF（完全松开）时，ECT-ECU 根据减速过程中对加速踏板的操作（突然松开或缓慢松开）来确定挡位。这样，当加速踏板处于 OFF 状态时能够防止不必要的换高速挡和换低速挡操作，并确保在车辆再次加速时能够平稳地加速。减速力控制过程如图 3-19 所示。

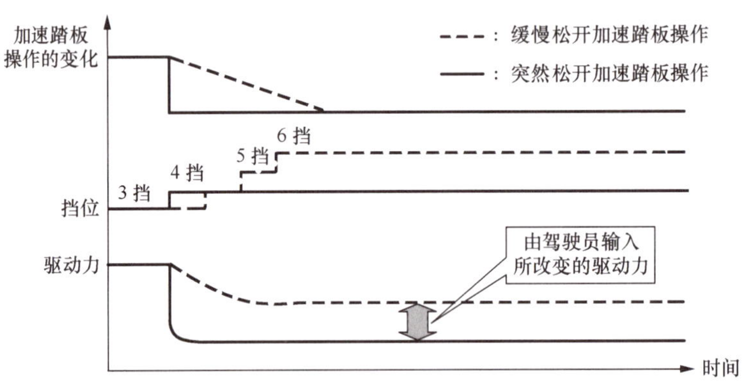

图 3-19　减速力控制

5．瞬时换挡控制

通过与 ETCS-i（智能电子节气门控制系统）和 ESA（电控点火提前）协作控制（见图 3-20），

可以实现离合器和制动器液压接合和释放速度的电子控制、良好的响应，并减小换挡冲击。

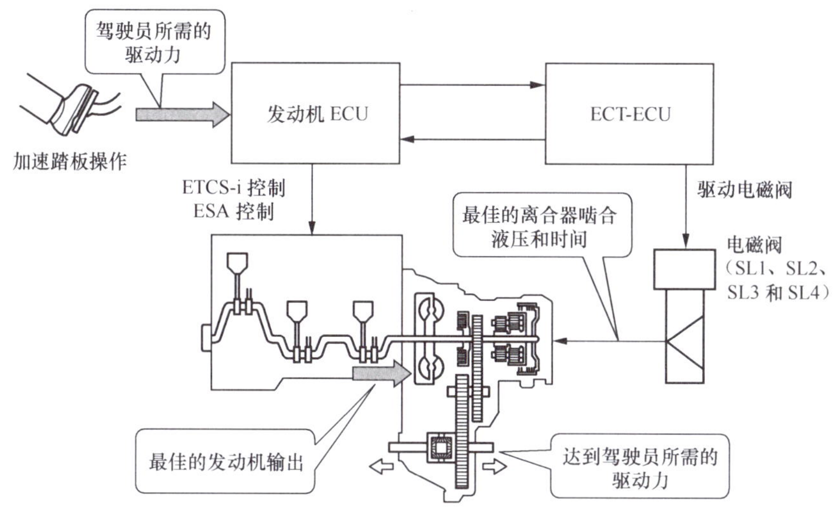

图 3-20　瞬时换挡控制

6. 锁止正时控制

ECT-ECU 操作锁止正时控制，改善 2 挡以上挡位（变速杆处于 D、S6、S5 和 S4 挡域）时的燃油消耗（见图 3-21）。

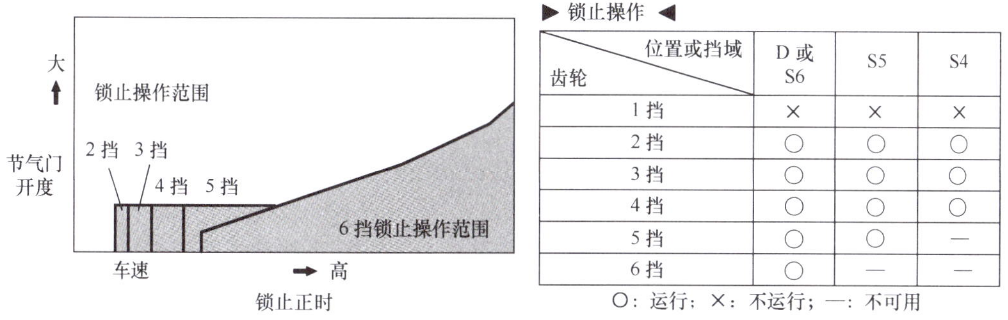

齿轮 \ 位置或挡域	D 或 S6	S5	S4
1 挡	×	×	×
2 挡	○	○	○
3 挡	○	○	○
4 挡	○	○	○
5 挡	○	○	—
6 挡	○	—	—

○：运行；×：不运行；—：不可用

图 3-21　锁止正时控制

7. 挠性锁止离合器控制

① 除传统的锁止正时控制之外，还使用挠性锁止离合器控制。

② 此挠性锁止离合器控制将电磁阀 SLU 调节为锁止离合器 ON 和 OFF 操作之间的中间模式。

③ 在加速过程中，当挡位为 2 挡或更高挡并且变速杆处于 D、S6、S5 或 S4 挡域时，挠性锁止离合器控制开始运行。在减速过程中，当挡位为 4 挡或更高挡并且变速杆处于 D、S6、S5 或 S4 挡域时，挠性锁止离合器控制开始运行。

④ 在加速过程中，根据行驶状况，锁止离合器和变矩器之间动力传递的隔离控制极大地提高了传递效率，改善了燃油经济性。

⑤ 在减速过程中，锁止离合器开始运行。因此，燃油切断区域扩大，从而改善燃油经济性。

⑥ 挠性锁止离合器控制在换挡过程中能够持续运行，从而实现了平稳的扭矩传递，因

此可以改善燃油经济性和操纵灵活性。

挠性锁止离合器控制过程如图 3-22 所示。

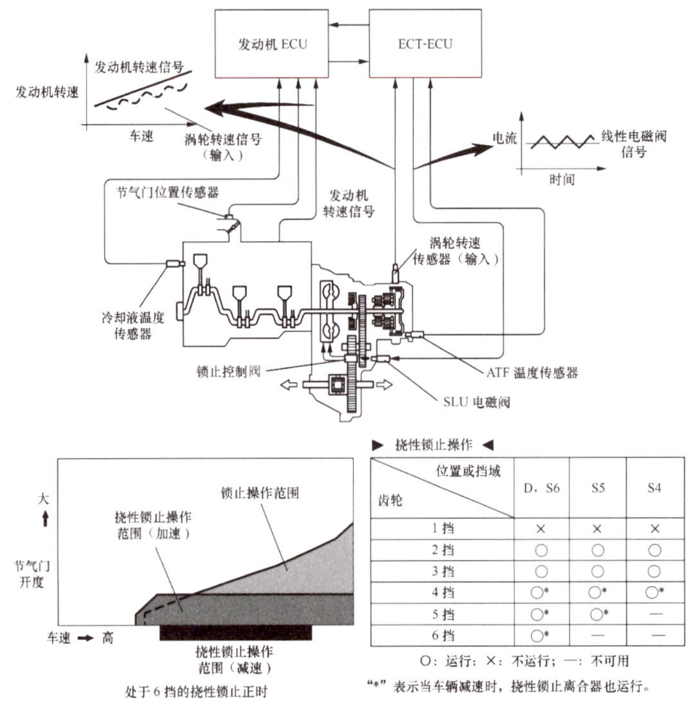

齿轮 \ 位置或挡域	D，S6	S5	S4
1 挡	×	×	×
2 挡	○	○	○
3 挡	○	○	○
4 挡	○*	○*	○*
5 挡	○*	○*	—
6 挡	○*	—	—

O：运行；×：不运行；—：不可用

"*"表示当车辆减速时，挠性锁止离合器也运行。

图 3-22　挠性锁止离合器控制过程

8. 滑行换低速挡控制

① ECT-ECU 执行换低速挡控制以防止发动机转速下降，并尽可能地保持燃油切断控制的运行，这样可以改善燃油经济性。

② 如图 3-23 所示，在此控制中，当车辆在 6 挡减速时，在燃油切断控制结束之前，变速器会从 6 挡换至 5 挡，然后从 5 挡换至 4 挡，这样燃油切断控制可以继续运行。

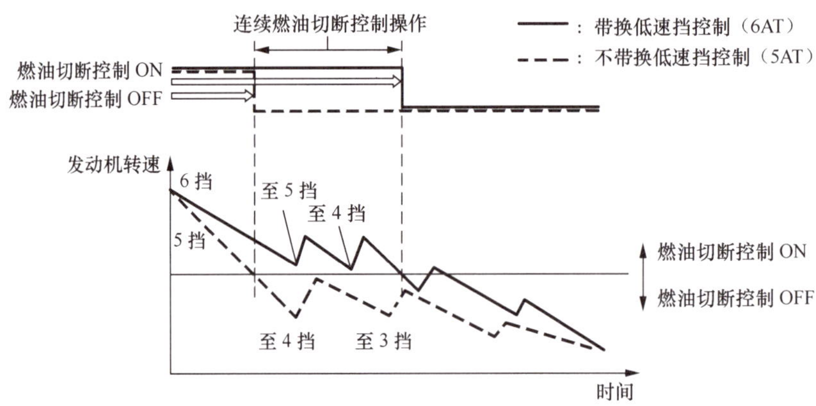

图 3-23　滑行换低速挡控制

9. AI（人工智能）换挡控制

AI 换挡控制使 ECT-ECU 能够预测路面状况和驾驶员意愿以便自动地以最佳方式控制换挡模式，从而实现舒适的驾驶。AI 换挡控制过程如图 3-24 所示。

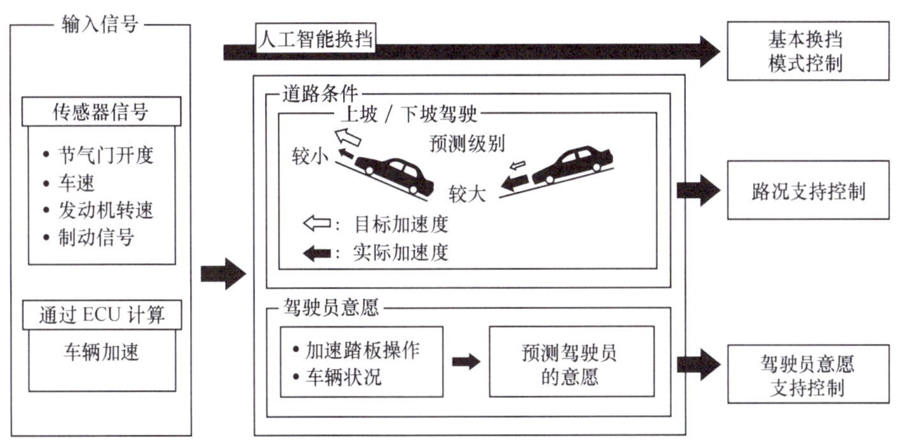

图 3-24　AI 换挡控制

10. 坡道路况支持控制

在坡道路况支持控制下，ECT-ECU 可以根据节气门的开度和车速，确定车辆是否正在上坡或下坡。为了在上坡行驶过程中达到最佳的发动机驱动效果，此控制可以防止自动变速器换高速挡至 5 挡或 6 挡。为了在下坡行驶过程中达到最佳的发动机制动效果，此控制可以将自动变速器自动换低速挡至 5 挡、4 挡或 3 挡。坡道路况支持控制过程如图 3-25 所示。

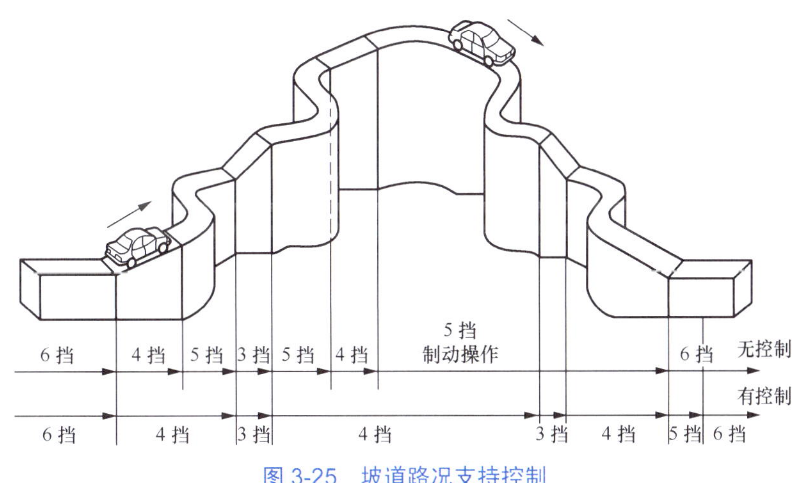

图 3-25　坡道路况支持控制

11. 驾驶员意愿支持控制

ECT-ECU 可根据加速踏板操作和车辆状况来预测驾驶员的意愿，切换到适合每个驾驶员的换挡模式，而无须像传统车型一样操作换挡模式选择开关。

12. **多模式（手自一体模式）选择控制**

驾驶员能够通过前（“+”挡位）后（“-”挡位）手动移动变速杆来选择所需的挡域。通过该操作，驾驶员能够获得手动变速的换挡感觉。多模式选择控制过程如图 3-26 所示。

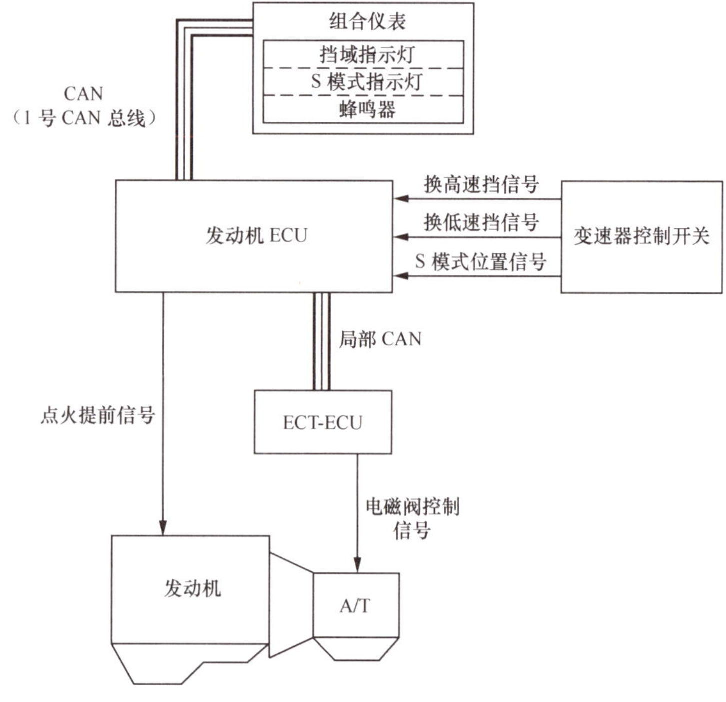

图 3-26　多模式选择控制

① 此多模式自动变速器能够使驾驶员转换挡域，而不是用于手动选择单独的挡位。

② S 模式指示灯在选择 S 模式时亮起，挡域指示灯用于指示挡域，位于组合仪表上。

③ 当车辆以规定的速度或更高的速度行驶时，无法通过操作变速杆换低速挡域，这样可以保护自动变速器机构。在这种情况下，发动机和 ECU 使组合仪表上的蜂鸣器鸣响两次以警告驾驶员。

13. **自诊断**

ECT-ECU 检测到故障时，会做出诊断并记忆与故障相关的信息。此外，组合仪表中的检查发动机警告灯会变亮或闪烁以通知驾驶员发动机出现故障。同时，诊断故障码会储存在 ECT-ECU 中。储存在 ECT-ECU 中的故障码通过发动机 ECU 输出到连接在 DLC3 诊断接口上的故障诊断仪中。

14. **失效保护**

在传感器或电磁线圈出现任何故障的时候，本功能使运行损失最小化（见表 3-5）。

表 3-5　失效保护控制列表

故障零件	功能
输入涡轮转速传感器	可以仅切换到1挡或3挡
中间轴齿轮转速传感器	• 通过来自防滑控制ECU的信号（转速传感器信号）检测中间轴齿轮转速 • 可以在1挡～4挡之间切换
ATF温度传感器	可以在1挡～4挡之间切换
ECT-ECU电源（电压低）	当车辆以6挡行驶时，变速器固定在6挡。如果以1～5挡的任一挡行驶，变速器则固定在5挡
CAN通信	可以仅切换到1挡或3挡
爆燃传感器	可以在1挡～4挡之间切换
电磁阀SL1、SL2、SL3和SL4	到故障电磁阀的电流被切断，通过正常运行其他电磁阀来执行换挡控制

任务二　奥迪 8 速 0BK 型液力自动变速器

新款 8 速液力自动变速器凭借更多的挡位、更加合理的齿轮比、更快的换挡时间、更平顺的挡位切换以及新一代智能电子管理系统进一步提高了整车的舒适性与运动性能。

奥迪公司的 8 速 0BK 型液力自动变速器为该公司与著名的自动变速器生产商采埃孚公司合作定制的产品，该款变速器的采埃孚（ZF）公司编号为 ZF8HP，为当前性能比较先进的 8 挡自动变速器（见表 3-6），现已被众多高档小型乘用车所采用。该变速器使用了新款液力变矩器，改进了减振性能。另外，多挡细密的传动比变化，降低了车辆油耗并带给驾驶员更直接的驾驶感受。由于通过空挡怠速控制，即放开制动器，可减小承受扭矩，又因换挡反应时间明显减少，因此使其成为效率更高的运动变速器。

表 3-6　　奥迪 8 速液力自动变速器技术参数

型号	0BK变速器	0BL变速器
研制者/生产商	采埃孚公司	
奥迪公司名称	0BK	0BL
采埃孚公司型号	8HP-55AF	8HP-90AF
奥迪公司型号	AL551-8Q	AL951-8Q
变速器类型	电动液压控制的8挡行星齿轮机构，带有液力变矩器以及滑动控制的液力变矩器锁止离合器	
控制	• 机电控制单元（将液压控制单元和电子控制单元集合在一个单元内） • 动态换挡程序，带有独立的运动程序“S”和手动换挡程序“Tiptronic” • 通过带电动液压防盗锁功能的线控换挡技术进行的换挡操作	
结构式样	• 用于纵置和四轮驱动的变速器 • 主减速器/前桥安装在液力变矩器前	
扭矩分配	带非对称动态扭矩分配的自锁式中间差速器	
传动比	1挡：4.71；2挡：3.14；3挡：2.11；4挡：1.67；5挡：1.29； 6挡：1.00；7挡：0.84；8挡：0.67；倒车挡：3.32	
传动比范围	7.03	
最大扭矩	700 N·m	100 N·m

一、技术概况

1. 主要特点

① 通过扩大传动比和增加挡位来更好地匹配发动机的最优运转点，通过较低的转速和动力损失来降低油耗。

② 大幅降低换挡元件中的后拖力矩（每个挡位中只有两个不参与传动的换挡元件）。

③ 使用效率更佳的 ATF 油泵（双行程叶片泵），降低变速器的内部功率消耗。

④ 优化变矩器中的扭转减振系统，通过减小换挡冲击、增加跳挡操作功能和降低单位功率重量来实现最佳的行驶性能。

⑤ 配置起停装置避免发动机的怠速运转油耗。

⑥ 采用电子挡杆，通过线控换挡方案来增大车内的设计空间。

2. 线控换挡操作

奥迪 0BK 型变速器采用电子挡杆，即使用线控换挡技术进行换挡操作。线控换挡技术的采用，使得变速杆和变速器之间并无机械连接；可完全按驾驶员意愿进行操纵，不再有机械阻力；采用电控液压式操纵的防盗锁，机械式应急解锁键可在发生故障时解锁防盗锁。

（1）基本结构

奥迪 A8 配置的线控换挡系统由变速杆传感器、变速杆控制单元、变速器次总线、CAN 驱动总线和发动机 ECU 等部分组成，如图 3-27 所示。

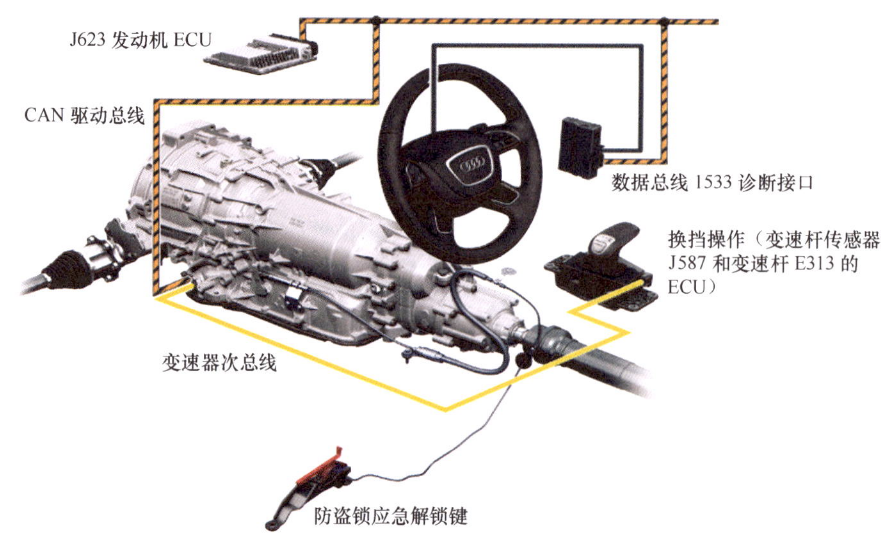

图 3-27　奥迪 A8 配置线控换挡系统

（2）手自一体换挡（Tiptronic）功能

该变速器取消了 Tiptronic 槽。通过转向盘右辐上的 M 键可将控制模式切换到 Tiptronic，并重新切换回自动模式。Tiptronic 的其他功能仍旧保留（D 或 S 中的 Tiptronic）。将变速杆向后拉可从 Tiptronic 模式切换至自动模式。只可通过转向盘上的 Tip 开关（桨状）换挡。

换挡信号走向：转向盘 M 键和 Tip 开关 E438/439 →多功能转向盘控制单元 J443 → LIN 总线→转向柱电子装置控制单元 J527 → CAN 驱动总线→ D 数据总线诊断接口 J533 → CAN 驱动总线→变速器控制单元 J217。

（3）线控换挡的操作方法

该线控换挡方案革新了自动变速器的操作习惯。变速杆不再像以前需要按照所选的行驶挡跟着变速滑槽运动，而是像游戏手柄一样永远会回到开始位置（原位）。这意味着变速杆位置和变速器的行驶挡以及功能模式不再如以前一样统一了。

例如，变速器位于驻车位（P）时，变速杆在其原位。为避免混淆变速杆位置、行驶挡和功能模式的概念，我们称这些原位为“X”。为了让换挡的操作更为舒适和直观，该变速器设定出一种逻辑操作方案。如图 3-28 所示，变速杆从原位“X”起分别可向前和向后各调 3 个挡位。锁止装置可控制操作时的力度大小，并保证了换挡行程的短暂和精确。而变速杆内的 5 个锁定磁铁则可保证操纵时的逻辑性和直观性，它会限制非逻辑的变速杆运动。

当变速器位于 P 位时，变速杆向前锁止，但它还可向后运动最多 3 个挡位，比如当驾驶员希望从 P 挡挂入 D 挡时（需要越过 R 挡、N 挡到达 D 挡）。这种设定符合传统手动换挡操纵机构的操作逻辑。

进行下列换挡时需要操作按键或踩制动踏板：

P——按键和踩制动踏板；

R——P 按键；

N——D 按键和踩制动踏板[①]；

D/S——N 按键；

N——R 按键和踩制动踏板[①]。

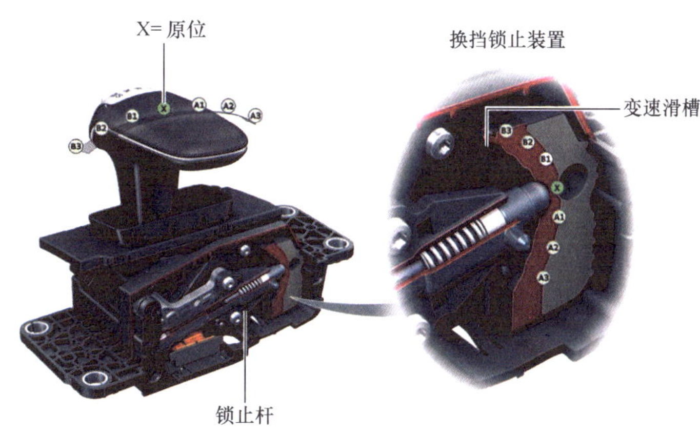

图 3-28　变速杆的挡位结构

（4）换挡选择范围

根据所选行驶挡可通过变速杆传感器 J567 来控制锁定磁铁。操作时仍需通过操纵解锁键和 / 或制动踏板来挂入相应挡位，比如在挂 P 挡时必须按下按键并操作制动踏板。换挡行车选择范围如图 3-29 所示。

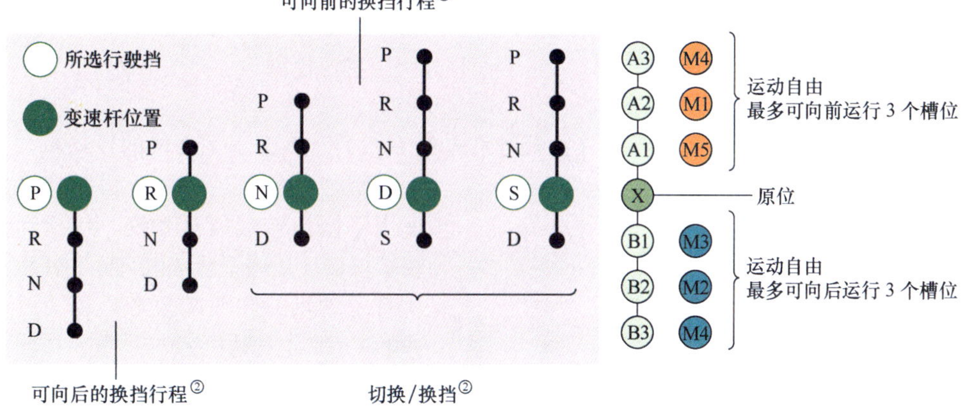

注：① 选择行驶挡时，可不断用手轻击将槽位推入相应方向或者按当前的操作逻辑，将变速杆直接推过 3 个槽位。
② 可通过行驶挡 D 来选择 S 挡位。从 D 到 S 或从 S 到 D 的切换 / 换挡可通过向 B1 换挡来实现（变速杆在 1 挡向后拉）。当通过“奥迪驾驶模式选择”选择了“动力”模式时，变速器位置将会自动挂入 S 挡。

图 3-29　ZF8HP 换挡选择范围

3. **越级换挡**

挡位数量的增加极大提高了换挡控制系统的复杂性，ZF8HP 变速器打破液力自动变速器顺序式换挡的惯例，可以实现越级换挡（即跳挡操作），变速器控制单元可以根据驾驶员的操作、行驶情况和行驶程序来确定合适的换挡顺序，目的是尽量实现直接换挡，以此提高变速器的反应速度以及整车的舒适性与运动性能。

二、0BK 型变速器结构、原理

出自采埃孚公司的奥迪 0BK 型液力自动变速器采用新型行星齿轮换挡机构，在液力变

[①] N 挡锁在挂入行驶挡“N”约1s后才会激活。

矩器方面应用了新的技术，并使其能够快速锁止，减少了液力变矩器的动力损失。

1. **基本结构特点**

① 差速器安装在液力变矩器之前。

② 通过由 4 组行星齿轮机构和 5 个换挡元件组成的行星齿轮组方案实现 8 个前进挡和 1 个倒车挡，如图 3-30 所示。

③ 将动力损失降到最低，因为每挡中都有 3 个换挡元件参与动力控制和传递。

④ 带有电动液压控制防盗锁的线控换挡的机电控制单元。

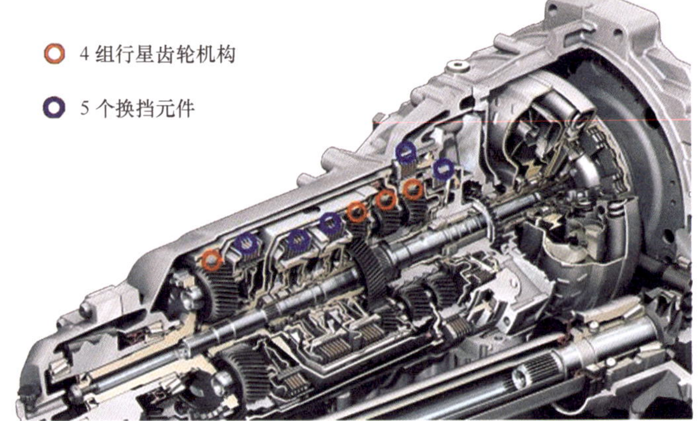

图 3-30　0BK 变速器的行星齿轮换挡机构

⑤ 有 8 个前进挡，传动比范围达到 7，从而使换挡冲击很小，起动时传动比较大，并且当车速较高时发动机转速仍维持在较低水平。

⑥ 采用链条驱动叶片泵对变速器进行 ATF 供油，减小了变速器的尺寸。

⑦ 采用了更加完善的汽车静止和怠速运行时的空挡怠速控制。

2. **液力变矩器**

0BK 变速器的液力变矩器参数（如尺寸和变矩系数）可匹配不同规格的发动机。为了大幅减轻扭转振动，将根据发动机配置使用不同扭转减振器系统，包括涡轮扭转减振器（适用于除 3.0L-V6-TDI 以外的所有发动机）和双减振变矩器（适用于 3.0L-V6-TDI 发动机）。

0BK 变速器的液力变矩器结构近似于“三线变矩器”，即涡轮舱通过两根导线供电，锁止离合器由一根单独的导线（第三根线）控制。锁止离合器的开闭与涡轮舱是分开且独立的。锁止离合器的压力由压力调节阀 6（N371）和相应的液压控制阀控制。双减振变矩器（ZDW）结构如图 3-31 所示。

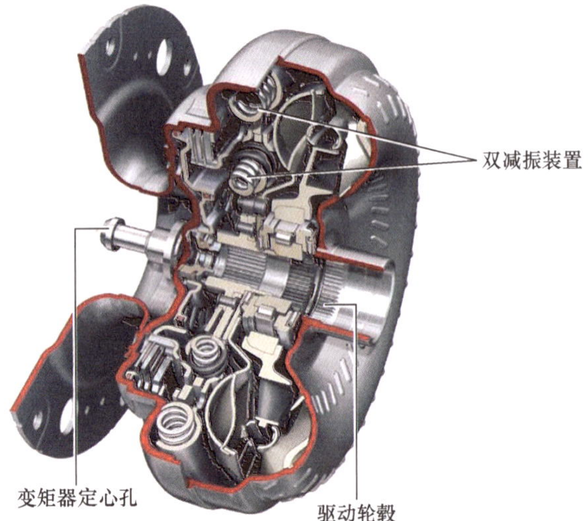

图 3-31　0BK 变速器双减振变矩器

这种有效的减振系统和锁止离合器的精准调节可使该变速器从 1 挡起就减少变矩器打滑。另外无须考虑噪声等限制，驾驶感受将更为直接、动态。空挡怠速控制则确保变矩器在怠速运行和汽车静止时扭矩损失最小化。与现在的 6AT 相比，可通过这些措施明显降低油耗。

3. **行星齿轮机构**

0BK 型变速器的 8 个前进挡和 1 个倒车挡可通过 4 个简单的单排行星齿轮组的相应连接实现。两个前齿轮组共用一个太阳轮，总是通过行星齿轮架的第 4 齿轮组输出，如图 3-32 所示。

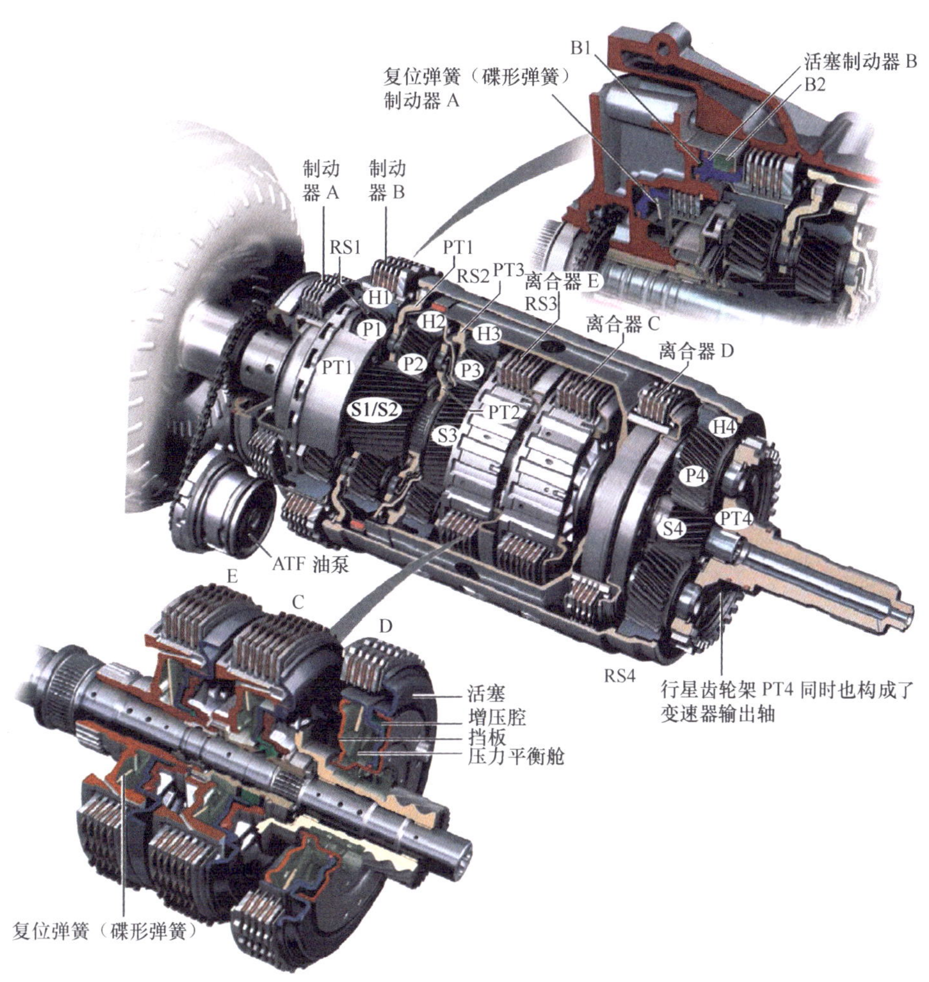

图 3-32　0BK 变速器的行星齿轮换挡机构

0BK 型变速器通过 5 个换挡元件来切换 8 个前进挡位，5 个换挡元件分别是 2 个膜片式制动器（A、B）和 3 个膜片式离合器（C、D 和 E）。在换挡时，总是 3 个换挡元件关闭，2 个换挡元件开启。这种换挡元件的设计对变速器的传动效率有很强的提升作用，因为每个开启的换挡元件在运行时多少会有些拖滞力矩。

① 离合器。离合器 E、C 和 D 均可用于平衡动态压力，即为避免离合器内因转速导致积压（离心压力），需在离合器活塞的两侧用 ATF 润滑。可通过第二活塞室，即压力平衡舱进行平衡。离合器 D 的压力平衡舱由其挡板构成，离合器 C 和 E 则通过膜片架建立分隔。压力平衡舱通过 ATF 管道进行无压供油。

动态压力平衡的优势：在任一转速下，离合器均能安全地开启和关闭，同时也改善了换挡舒适性。

② 重叠换挡。该变速器所有 1 挡到 8 挡和 8 挡到 1 挡的换挡都是重叠换挡，即在换挡时，正在传递动力的离合器一直保持这种传递动力的状态（只是离合器主压力有所下降），直至另一个相应的离合器接合传递升高的扭矩为止。其控制过程如图 3-33 所示。

另外，换挡过程中，还可在换入高速挡时，发动机输出扭矩短时减小；换低速挡时，发动机输出扭矩短时增大。对于不能直接换挡的情况（如7挡减至3挡），必须先进行较大的换挡（直接换挡），然后再逐步换低速挡。

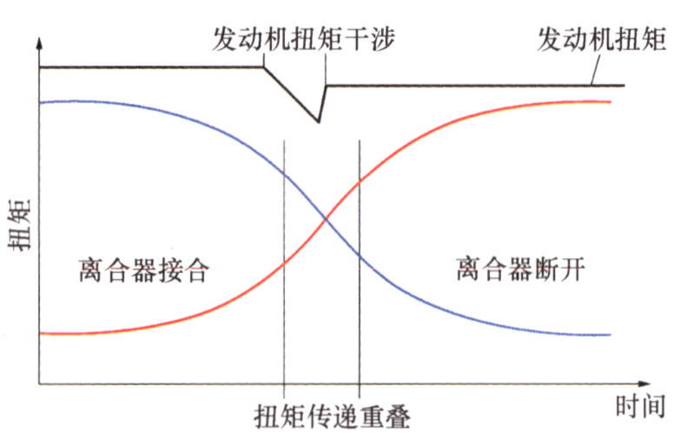

图 3-33　重叠换挡控制

③ 越级换挡。越级换挡指的是可行的直接换挡操作。图3-34所示为0BK型变速器技术上可行的越级换挡变化。越级换挡过程示例如图3-35所示。

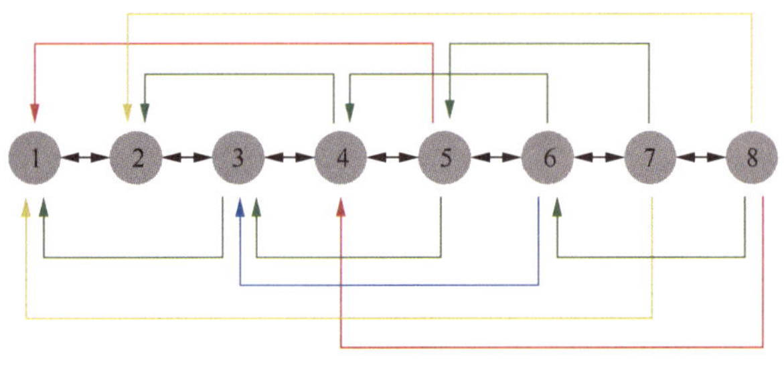

图 3-34　越级换挡示意图

示例1：8挡→2挡的换挡

- 8-7-6-5-4-3-2
- 8-6-5-4-3-2
- 8-4-3-2
- 8-4-2
- 8-2

示例2：7挡→3挡的换挡

- 7-6-5-4-3
- 7-5-4-3
- 7-3-3
- 7-5-3

示例3：6挡→3挡的换挡

- 6-5-4-3
- 6-4-3
- 6-3

（在示例1和2中，目前尚未应用的型号以灰色标识）

图 3-35　越级换挡示例

4. 各挡位动力传递路线

行星齿轮机构与换挡元件的换挡组合，详见表3-7。行星齿轮机构部件代码说明见表3-8。

表 3-7　　奥迪0BK型8挡变速器换挡元件的工作规律

换挡矩阵图	换挡元件/压力调节阀/电磁阀							
	Ⓐ EDS-A N215	Ⓑ EDS-B N216	Ⓒ EDS-C N217	Ⓓ EDS-D N218	Ⓔ EDS-E N233	MV-Pos N510	EDS-Sys N443	EDS-WK N371
防盗锁	1	1	1	0	0	0	X	0
空挡	1	1	1	0	0	1	X	0
R挡	1	1	1	1	0	1	X	0
1挡	1	1①	0	0	0	1	X	X
2挡	1	1	1	0	1	1	X	X

续表

换挡矩阵图	换挡元件/压力调节阀/电磁阀							
	A EDS-A N215	B EDS-B N216	C EDS-C N217	D EDS-D N218	E EDS-E N233	MV-Pos N510	EDS-Sys N443	EDS-WK N371
3挡	0	1	0	0	1	1	X	X
4挡	0	1	1	1	1	1	X	X
5挡	0	1	0	1	0	1	X	X
6挡	0	0	0	1	1	1	X	X
7挡	1	0	0	1	0	1	X	X
8挡	1	0	1	1	1	1	X	X

离合器关闭　压力调节阀/电磁阀

制动器关闭　1—激活　EDS—电子压力控制阀（压力控制阀）

0—未激活（总是存在较小的基本控制电流）　MV—电磁阀

X—激活-控制电流取决于运行状态

注：①制动器B在空挡怠速控制运行时，会在至很小的剩余扭矩时开启。

表 3-8　0BK 变速器行星齿轮机构部件代码

行星齿轮说明	部件描述
RS1（2，3，4）	行星齿轮组1（2，3，4）
PT1（2，3，4）	行星齿轮架1（2，3，4）
S1（2，3，4）	行星齿轮组1（2，3，4）的太阳轮
P1（2，3，4）	行星齿轮组1（2，3，4）的行星齿轮
H1（2，3，4）	行星齿轮组1（2，3，4）的空心轮

（1）1 挡动力传递路线

1 挡动力传递过程如图 3-36 所示。参与 1 挡动力传递过程的换挡元件有 A、B、C。

动力传递路线：涡轮轴→离合器 C → S4 → P4 → PT4（→输出轴→分动器→……）。

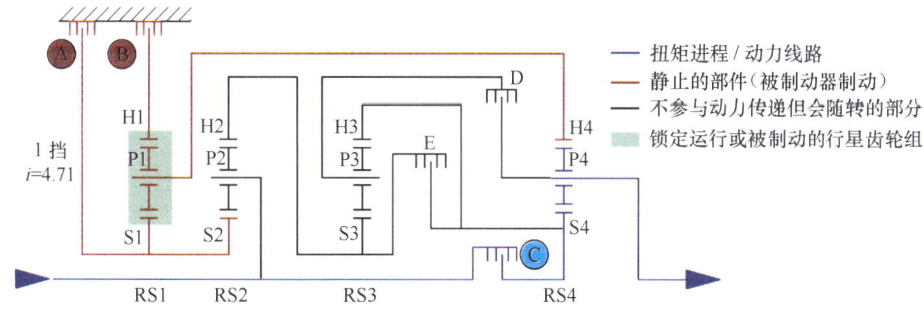

图 3-36　1 挡动力传递过程

（2）2 挡动力传递路线

2 挡动力传递过程如图 3-37 所示。参与 2 挡动力传递过程的换挡元件有 A、B、E。

动力传递路线：涡轮轴→ PT2 → P2 → H2 →离合器 E → S4 → P4 → PT4（→输出轴→

分动器→……）。

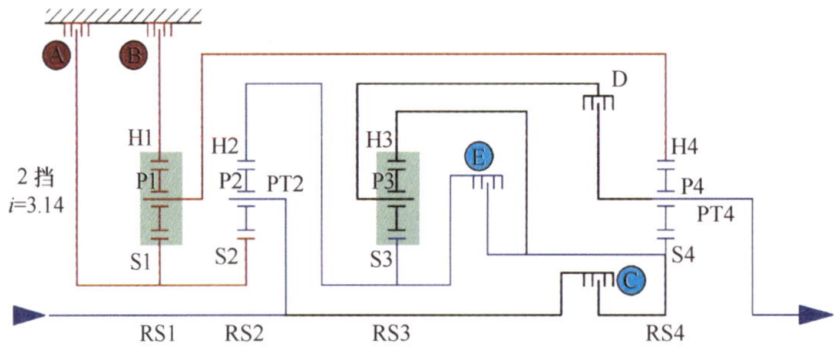

图 3-37　2 挡动力传递过程

（3）3 挡动力传递路线

3 挡动力传递过程如图 3-38 所示。参与 3 挡动力传递过程的换挡元件有 B、E、C。

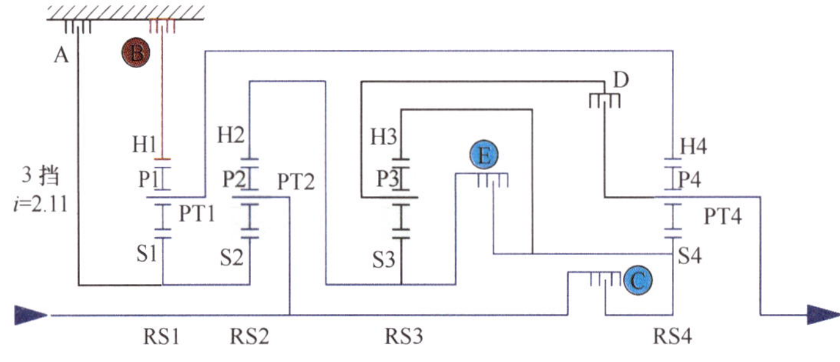

图 3-38　3 挡动力传递过程

动力传递路线如下。

① 涡轮轴→离合器 C → S4 → P4 → PT4（→输出轴→分动器→……）。

② 离合器 C →离合器 E → H2 → P2（RS2 闭塞运行，因为 H2 和 PT2 通过离合器 C 和 E 相接合）。

③ 涡轮轴→ PT2 → S2（PT2 闭塞运行）→ S1 → P1 → PT1 → H4。PT1 至 H4 的连接会在 RS4 中产生相应传动比（与 1 挡中的动力传递路线相比）。

（4）4 挡动力传递路线

4 挡动力传递过程如图 3-39 所示。参与 4 挡动力传递过程的换挡元件有 B、E、D。

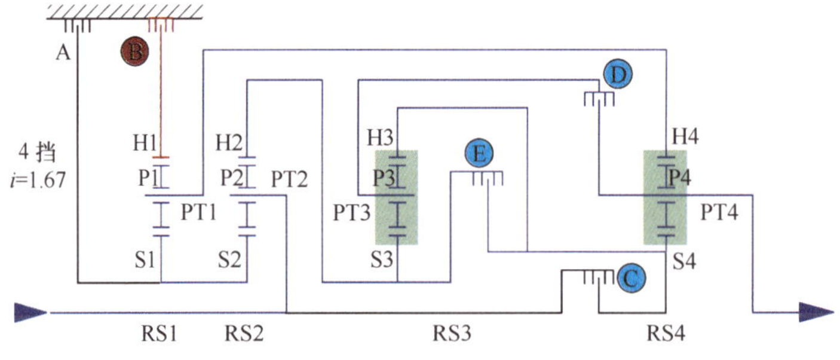

图 3-39　4 挡动力传递过程

动力传递路线如下。

① 离合器 E 引起 RS3 的闭塞运行，离合器 D 和 RS3 的闭塞运行引起 RS4 的闭塞运行（行星排 3 和 4 以同样转速旋转，且与输出转速相同）。

② 涡轮轴→ PT2 → P2 → S2/S1 → P1 → PT1 → H4 → P4 → PT4（→输出轴→分动器→……）。

（5）5 挡动力传递路线

5 挡动力传递过程如图 3-40 所示。参与 5 挡动力传递过程的换挡元件有 B、C、D。

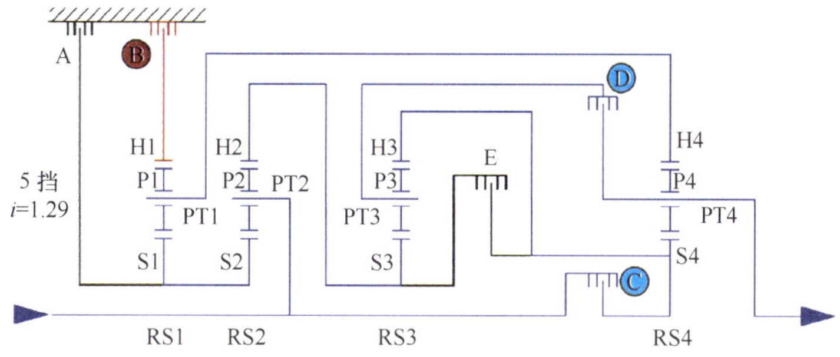

图 3-40　5 挡动力传递过程

动力传递路线如下。

① 涡轮轴→离合器 C → S4 + H3（PT2、H2 和 S4 的转速等于涡轮转速）。

② 离合器 D 连接 PT3 和 PT4（PT3 和 PT4 的转速等于输出轴的转速）。

③ 涡轮轴→ PT2 → P2 → S2/S1 → P1 → PT1 → H4，给出 S4（S4 的转速等于涡轮转速）和 H4 的转速比，以及 PT4（→输出轴→分动器→……）上的相应转速。

（6）6 挡动力传递路线

6 挡动力传递过程如图 3-41 所示。参与 6 挡动力传递过程的换挡元件有 C、D、E。

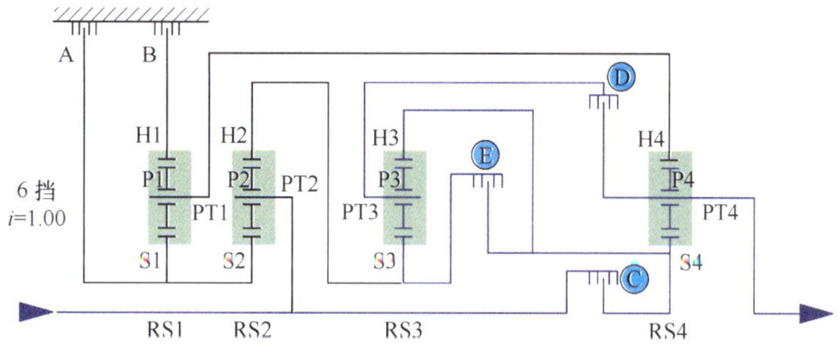

图 3-41　6 挡动力传递过程

离合器 E 和 D 引起 RS3 和 RS4 的闭塞运行。扭矩通过离合器 C 传入行星齿轮。整个行星齿轮以涡轮转速扭转（闭塞运行）。

（7）7 挡动力传递路线

7 挡动力传递过程如图 3-42 所示。参与 7 挡动力传递过程的换挡元件有 A、C、D。

动力传递路线如下。

① 涡轮轴→离合器 C → S4 + H3（S4 和 H3 的转速等于涡轮转速）。

② 涡轮轴→ PT2 → P2 → H2 → S3 → P3 → PT3 →离合器 D → PT4（→输出轴→分动器→……）。离合器 D 连接 PT3 和 PT4（PT3 和 PT4 的转速等于输出轴的转速）。

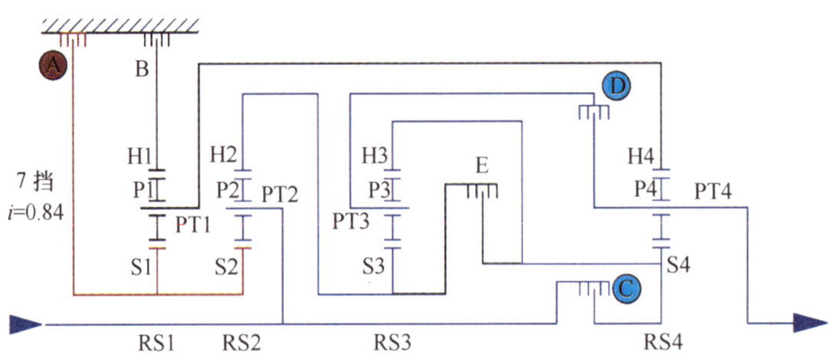

图 3-42　7 挡动力传递过程

（8）8 挡动力传递路线

8 挡动力传递过程如图 3-43 所示。参与 8 挡动力传递过程的换挡元件有 A、E、D。

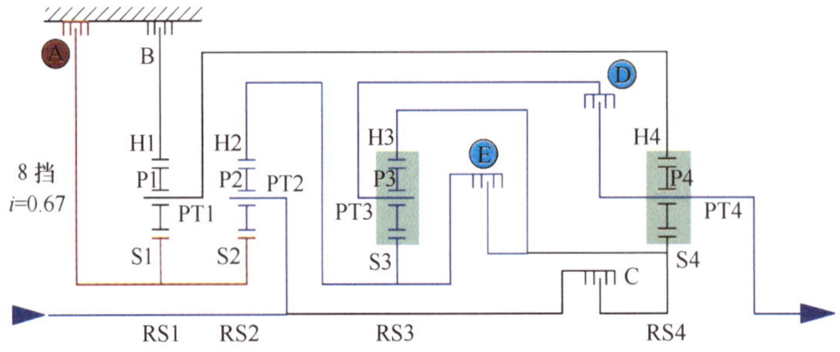

图 3-43　8 挡动力传递过程

动力传递路线如下。

① 离合器 E 引起 RS3 的闭塞运行。

② 涡轮轴→ PT2 → P2 → H2 → RS3（闭塞运行）→离合器 D → PT4（→输出轴→分动器→……）。离合器 D 连接 PT3 和 PT4（PT3 和 PT4 的转速等于输出轴的转速）。

（9）倒挡动力传递路线

倒挡动力传递过程如图 3-44 所示。参与倒挡动力传递过程的换挡元件有 A、B、D。

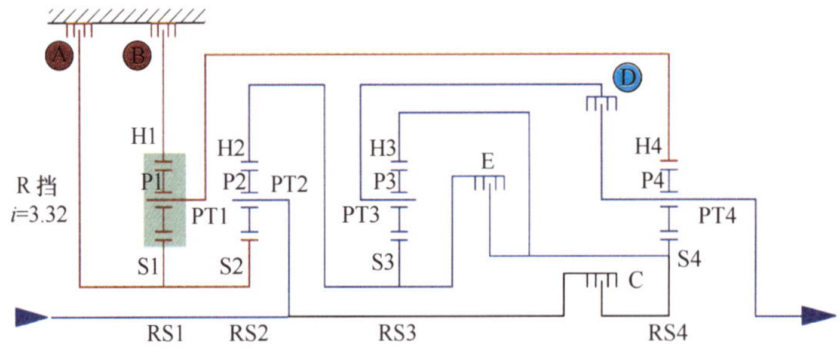

图 3-44　倒挡动力传递过程

动力传递路线如下。

① 离合器 D 连接 PT3 和 PT4（PT3 和 PT4 的转速等于输出轴的转速）。

② 涡轮轴→ PT2 → P2 → H2 → S3 → P3 → PT3 →离合器 D → PT4（→输出轴→分动

器→……）。H3 和 S4 牢固连接。S4 驱动 P4 朝与发动机旋转相反的方向运动。P4 在 H4 上滚动，并以一定传动比带动 PT4 朝与发动机旋转相反的方向旋转。

三、液压系统

1. ATF 油泵

0BK 型变速器的 ATF 油泵采用侧面与轴平行的安装设计和链条传动机构的驱动方式。ATF 油泵作为部件组，即“供油”模块，被安装在变速器中。部件组中包括油泵壳体、ATF 油泵的驱动轮毂、ATF 油泵的链条传动机构、ATF 油泵、制动器 A、制动器 A 活塞、制动器 B 的活塞体和导轮轴等。ATF 油泵装配位置如图 3-45 所示。

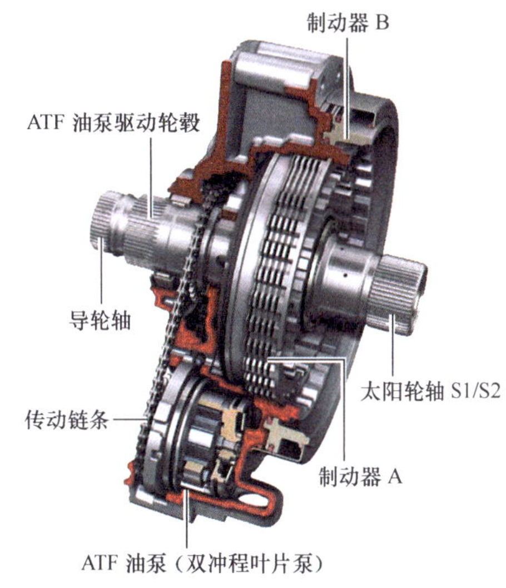

图 3-45　ATF 油泵装配位置

如图 3-46 所示，该 ATF 油泵是一个高效双冲程叶片泵，运行时该油泵通过一个过滤器（ATF 进油滤清器）吸取 ATF 油，之后将系统压力泵的压力油输向液压开关机构。经液压开关机构对系统压力油的压力进行调节，以配合变速器的运行。多余的油则由 ATF 油泵通过有效的空气动力回流到进气道。多余的能量则用于吸气端的增压。ATF 进油滤清器除了能提高作用系数，还可通过减少空穴而降低噪声。

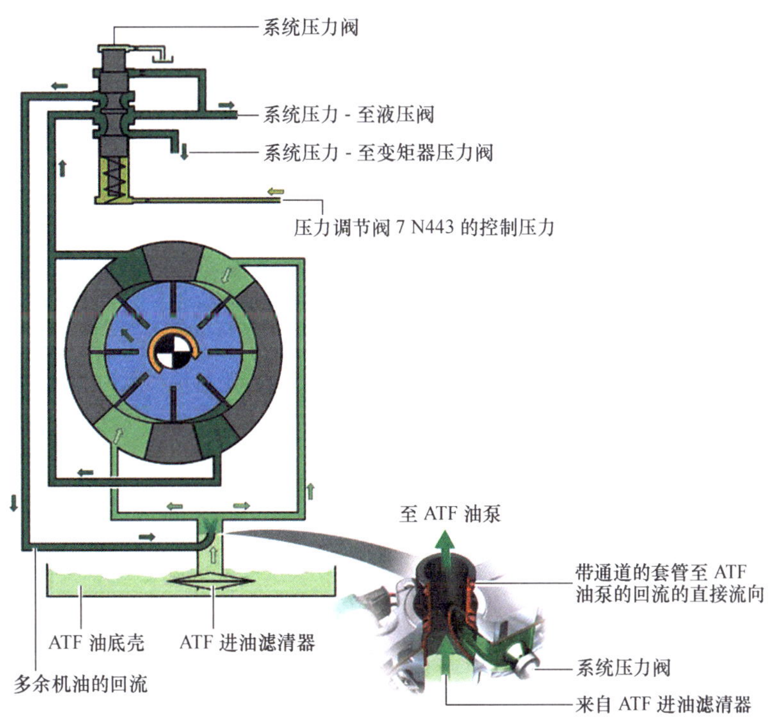

图 3-46　ATF 油泵结构与供油循环回路

2. 供油系统

0BK 型变速器有分离式和集中式两种供油方式。变速器分为 3 个相互独立的供油系统（油腔），各自使用不同种类的油品。其中行星齿轮机构、液压控制和变矩器供油系统使用 ATF 油品；分动器的供油系统使用“带 STURACO 添加剂的机油”；前桥主减速器的供油系统使用“不带 STURACO 添加剂的机油”。

（1）分离式供油系统

变速器中的分动器和前桥减速器的油腔采用分离式供油系统，如图 3-47 所示。

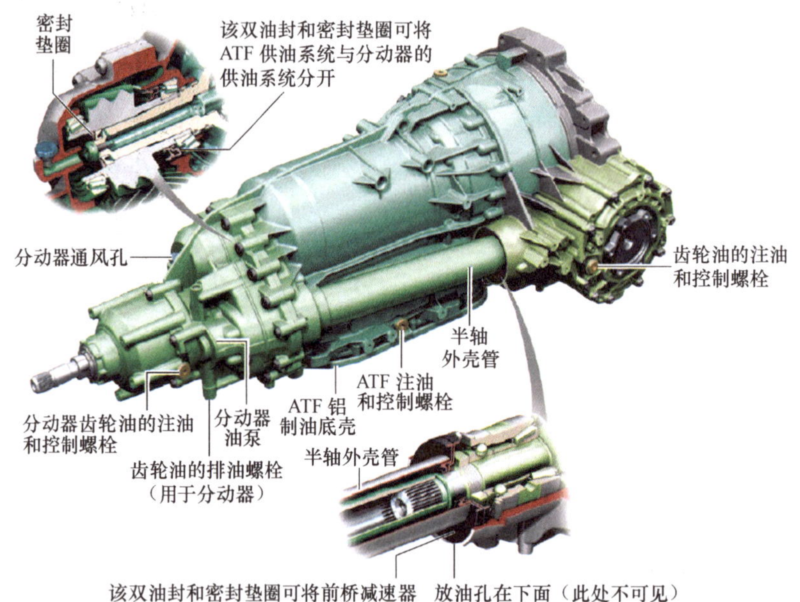

图 3-47　变速器中的分离式供油部位

（2）集中式供油系统

为改善前桥减速器的散热，将分动器和前桥减速器的油腔（供油系统）相连接，组成一个集中式供油系统。在功率较大的发动机（4.0-V8-TFSI 和 6.3-W12-FSI）上使用带有集中式供油系统的 0BK 变速器。如有必要（视功率和国家要求而定），可为该类变速器加装变速器油冷却器。

（3）ATF 的循环回路

ATF 油泵由半轴驱动，并且只在车辆行驶过程中才运转。抽吸式储油腔与分动器的其他储油腔通过智能控制而隔开。ATF 通过中间传动机构的离心作用被甩入抽吸式储油腔。ATF 在储油腔内汇集、逐渐静止并冷却下来，然后被机油泵吸出，泵入压力式储油腔。压力式储油腔将 ATF 有针对性地压入分动器的轴承和轮齿。一部分 ATF 将通过一个管道输送到前桥减速器（进流管）。

这部分 ATF 的其中一部分又流入前桥减速器，另一部分则通过连接管回流到抽吸式储油腔，然后被重新泵入循环回路。被泵入前桥减速器的 ATF 经半轴套管回流。这部分 ATF 将前桥减速器的热量传递给分动器。由于分动器热负载不高，所以分动器内 ATF 的温度下降。

3. 热量管理系统 (ITM)

0BK 变速器的冷却系统是该车型创新型热量管理系统（简称 ITM）的一部分。该热量管理系统的目的是通过缩短发动机和变速器的暖机过程来降低油耗。“热量管理器”是一种新研制的发动机控制单元机载软件模块，它保证发动机所产生的热量在发动机冷却循环回路（发动机加热）中能够合理分配给空调（车内空气加热）和变速器（变速器加热）。

空调 ECU 和变速器 ECU 通过 CAN 总线将其所需的热量多少报告给发动机 ECU。控制系统对这些信息和发动机所需热量进行权衡，确定优先顺序，然后生成 ITM 组件（阀门和调节器）的控制信号。这里以与 4.2L-V8-FSI 发动机搭配的情况为例，说明变速器加热和冷却系统功能和结构。其他动力总成组合的情况与之有所区别。4.2L-V8-FSI 发动机冷却液循环回路逻辑框图如图 3-48 所示。

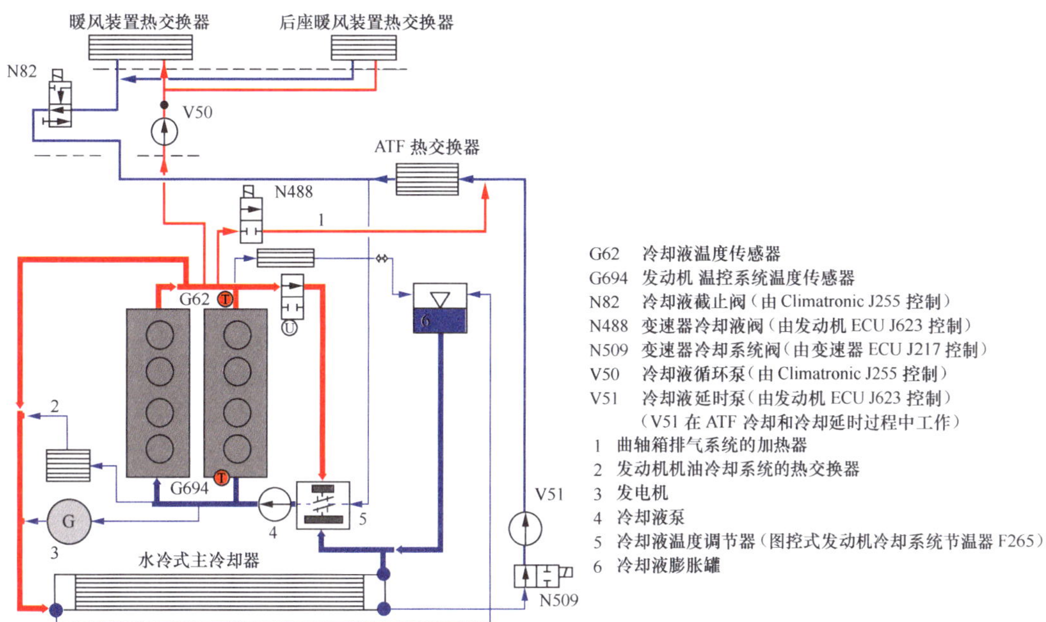

图 3-48　奥迪 4.2L-V8-FSI 发动机冷却液循环回路逻辑框图

（1）变速器加热系统的功能

初始状态：发动机与变速器处于冷机状态。

如图 3-49（a）所示，变速器 ECU 将其所需热量报告给发动机 ECU（ATF 温度必须尽快得到提高）。发动机首先试图尽快使自身变热。电磁阀 N509（通电）和 N488（断电）是闭合的。只有当发动机达到既定温度时，电磁阀 N488 才打开（通电）。此时，已加热的冷却液从气缸盖流向 ATF 热交换器。ATF 得到加热。

（2）变速器冷却系统的功能

初始状态：发动机与变速器已处于暖机状态。

如图 3-49（b）所示，当 ATF 达到一定温度的时候，变速器结束加热，N488 被闭合（关闭）。如果 ATF 的温度继续上升，则电磁阀 N509 打开（断电），经过冷却的冷却液从水冷式主冷却器流到 ATF 热交换器。如果 ATF 的温度上升到 96℃，则接通冷却液延时泵 V51，从而加快冷却速度。

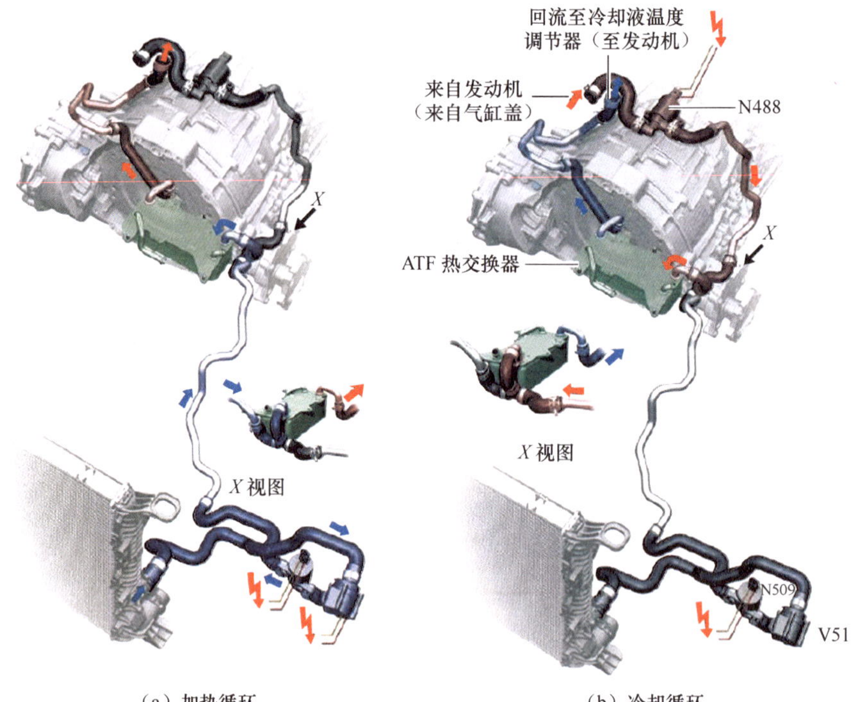

（a）加热循环　　（b）冷却循环

提示：首先满足空调的加热需求（加热车内空气），然后满足发动机和变速器的加热需求。

图 3-49　0BK 变速器加热与冷却回路

四、电控系统

1．机械电子单元 (E26/6)

集电控单元、电磁阀和液压控制阀体于一体的 0BK 型变速器集成式的机械电子单元总成，如图 3-50 所示。

（1）ECU J217

该机械电子单元与防盗锁集成后，将不会出现液力机械应急运行的情况。为了达到换挡的最大灵活性，实现多种换挡，每个机械电子单元都拥有独立的电控压力调节阀（EDS）。

（2）执行元件

电控压力调节阀 EDS 的作用是把控制电流变成控制液压。该电磁阀受到变速器 ECU 的控制，控制着换挡元件下面所属的液压阀（滑片）。

电控压力调节阀 EDS 有两种装配方式。

① EDS 带上升特征线：无电时，无控制液压（0mA，0MPa）。

② EDS 带下降特征线：无电时，具有最大控制压力（0mA，约 0.5MPa）。

机械电子单元 E26/6 中各电控压力调节阀 EDS 的属性及作用，如图 3-51 所示。

电磁阀 N88 受变速器 ECU 控制，其作用是控制定位阀和驻车锁控制阀。定位阀代替了以前的滑片，代替了以前由操作锁杆来实现换挡的方法。定位阀将系统压力转变为对离合器和制动器的调节。驻车锁控制阀控制驻车锁滑片的系统压力。驻车锁滑片代替以前对驻车锁进行控制的驻车拉杆，驻车锁滑片的作用是打开驻车锁。驻车锁电磁铁 N486 的作用是保持驻车锁滑片位于“驻车锁已打开”位置。

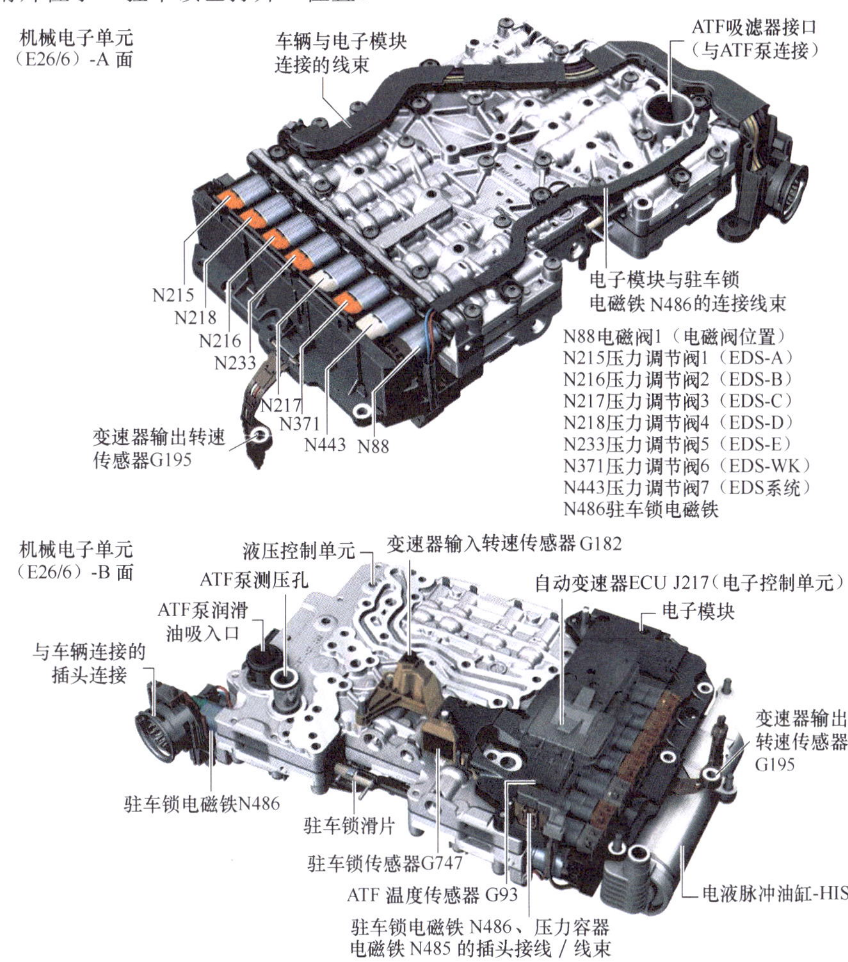

图 3-50 0BK 变速器机械电子单元 E26/6 结构

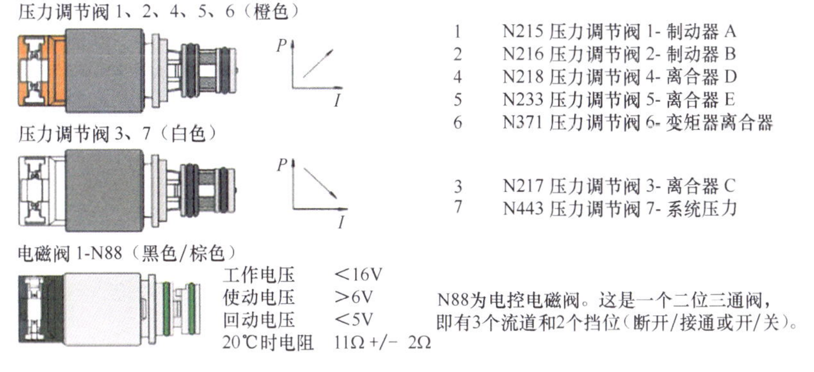

图 3-51 机械电子单元 E26/6 中各电子控制压力调节阀 EDS 的属性及作用

2. ECU J217 的温度监控

由于电子元件集成在变速器上（浸泡在 ATF 中），因此必须对 ECU 的温度以及 ATF 的温度进行监控。高温对电子组件的寿命和功能具有决定性的影响。当 ATF 温度高于 120℃时，会损害 ECU 的电子组件的寿命。150℃以上的温度会损坏电子组件，甚至会引起整个系统的故障。

在温度超过规定限度时，必须采取措施保护元件。在 ECU 的半导体基板里[①]内嵌了一个温度传感器，可以准确地掌握 ECU J217 的温度。

（1）热模式分级与对策

ECU J217 的温度监控的热模式分为 3 级。

1 级：基板温度 >124℃（ATF 温度大于 126℃，G93），动态控制程序 DSP 会提高换挡转速，扩大关闭变矩器离合器的条件范围。

2 级：基板温度 >139℃（ATF 温度大于 141℃，G93），随着 ATF 温度的继续提高，动态控制程序 DSP 会快速降低发动机的扭矩。

3 级：基板温度 >145℃（ATF 温度大于 147℃，G93），动态控制程序 DSP 会切断电磁阀的供电，防止 ECU 过热（可能导致故障，损坏组件）。此时，变速器将无法进行动力传递，ECU 的故障存储器记录下该故障（记录下 DSP 完成工作前软件正常工作状态下所测量到的温度，软件出现故障时所测温度不记录）。

（2）油温总体情况监控

ECU J217 通过 ATF 温度传感器 G93 定时探测当前变速器的温度，保存测量到的数值，进行相应分析，了解整个工作过程变速器的温度情况。此过程称为总体情况监控过程。生产商通过这种油温监控方式分析机械电子元件的电子模块组件的受损情况。

3. 变速器输入转速传感器 G182 与变速器输出转速传感器 G195

变速器输入转速传感器 G182 具有一个带磁环的信号轮，这个信号轮和行星齿轮架 2 相连接（见图 3-52）。G182 检测的是第 2 行星齿轮组（PT2）支架的转速。行星齿轮支架 2 与涡轮轴形成形状配合的连接（涡轮轴输入转速 = 变速器输入转速）。

变速器输入转速传感器 G182　　变速器输出转速传感器 G195

图 3-52　变速器转速传感器 G182、G195 的装配位置与结构

① “基板”指的是半导体组件或微处理器的陶瓷基座。基板温度传感器直接嵌在微处理器旁边的基板里，直接测量现场温度。

磁环信号轮上方有一个圆柱体，将行星齿轮架 1 与齿圈 4 连接起来。这个圆柱体采用高强度铝合金材料。因此，这种材料无磁性，磁环的磁场可以透过圆柱体直接作用于传感器 G182。但是，信号轮上的金属屑可能会削弱或消除信号轮的磁性。变速器输入转速传感器 G182 和变速器输出转速传感器 G195 属于智能型传感器，能够自动识别旋转方向，根据磁场强度的变化进行自我调节，并自动适应传感器和信号轮之间间隙的公差。

五、驻车锁

0BK 型变速器的驻车锁采用电动液压控制系统，受机械电子单元控制，既可以由驾驶员操作变速杆，也可以通过 Autohold 功能来控制驻车锁。变速器内的驻车锁机械装置与先前奥迪车型变速器的相仿。驻车锁通过弹簧力拉紧，由电动液压系统放开，然后由电磁铁固定住。驻车锁结构如图 3-53 所示。

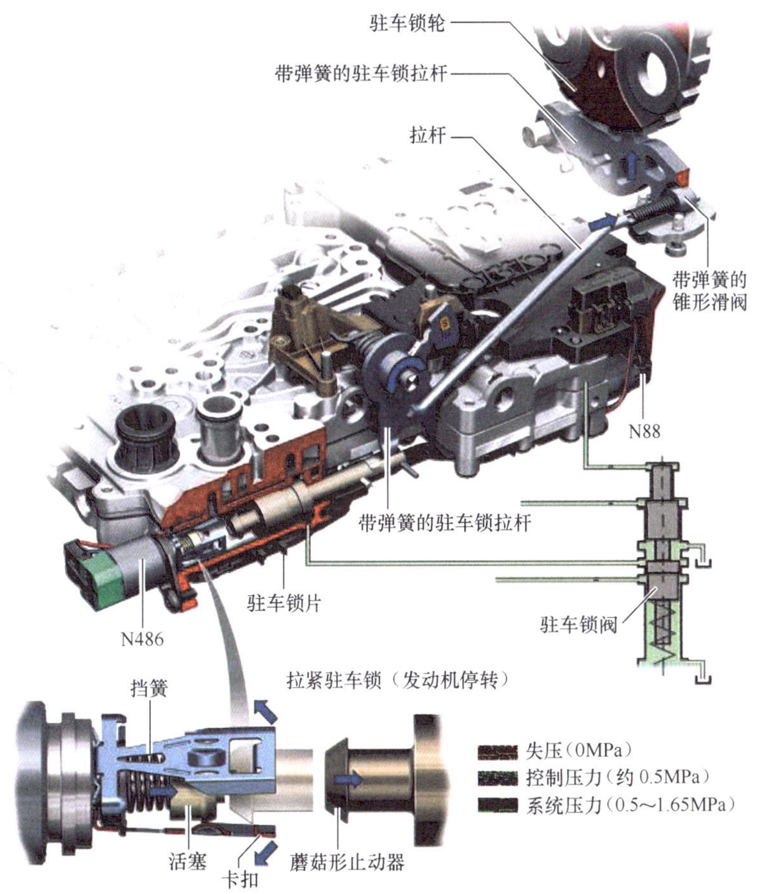

图 3-53　0BK 型变速器驻车锁结构

1．驻车锁功能

驻车锁拉紧、放开、固定这 3 项功能分别由以下组件来完成。

① 拉紧驻车锁。参与动作的有驻车锁弹簧、驻车锁拉杆、拉杆、带弹簧的锥形滑阀和卡爪等。

② 放开驻车锁。参与动作的有电磁阀 N88、驻车锁阀、驻车锁片等。

③ 固定住放开的驻车锁。参与动作的有驻车锁电磁铁 N486。

2. 驻车锁的工作过程

① 拉紧驻车锁：如果电磁阀 N88 和电磁铁 N486 断电，则拉紧驻车锁（例如关闭发动机或者挂上 P 挡）。驻车锁阀复位，驻车锁片的液压缸室泄压并排空。在电磁铁 N486 断电状态下，活塞将挡簧分开。卡扣放开蘑菇形止动器和驻车锁片。驻车锁拉杆的弹簧将卡爪推入驻车锁轮。驻车锁这时就拉紧了。

② 放开驻车锁：原则上，通过对驻车锁片的电动液压控制来放开驻车锁。液压力比驻车锁拉杆的弹簧力大许多倍。所需的液压力由 ATF 油泵生成。在放开驻车锁时，发动机必须正在运行。如果发动机不运行，可以利用驻车锁急解锁装置将其放开。

放开 / 已放开驻车锁（发动机正在运转时）：在放开驻车锁时，将电磁阀 N88 以及电磁铁 N486 通电。电磁阀 N88 的控制压力作用到驻车锁阀上。驻车锁片进入工作位置，并将系统压力释放给驻车锁片的液压缸。驻车锁片从驻车锁拉杆拔出锥形滑阀，驻车锁这时就放开了。为了进一步防止压力下降可能造成的危险，利用电磁铁 N486 将驻车锁片固定住。

③ 固定住放开的驻车锁（位于中间卡住位置，发动机停止运转）：如果关闭发动机后驻车锁仍处于放开状态，则必须在关闭发动机前挂到 N 挡。与“放开驻车锁”中所述一样，系统压力泄除。电磁铁 N486 保持通电状态。此时挡簧固定住驻车锁片。由于蓄电池负荷的原因，挂在空挡的持续时间是有限的。

3. 应急解锁功能

应急解锁功能可以防止驻车锁在行车过程中被意外拉紧。在下列 3 种情况下，该功能起到保护作用。

① 电磁阀 N88 失灵或油压不足：

- 驻车锁片的液压缸室失压；
- 驻车锁片仍被电磁铁 N486 以电子机械方式锁定；
- 驻车锁保持放开状态。

② 电磁铁 N486 失灵：

- 驻车锁片被液压力吸住；
- 驻车锁保持放开状态。

③ 应急解锁功能（机械电子单元断电）：车辆行驶时如果机械电子元件断电，则变速器的所有电控功能将失灵。变速器无法进行动力啮合。只要发动机仍然运行，就有 ATF 油泵提供的系统压力，此时通过一个液压应急开关装置将系统压力转换到离合器 C。驻车锁阀连接在通向离合器 C 的压力管上。离合器 C 的压力作用在阀门活塞的环形面上。弹簧力将驻车锁阀推到工作位置，系统压力到达驻车锁片的液压缸室上。驻车锁可以保持放开的状态。

如果发动机停转，则系统压力消失，驻车锁在驻车锁拉杆的弹簧力作用下拉紧。在发动机重新起动时，应急开关可以使离合器 C 和驻车锁系统保持无压力，驻车锁保持拉紧状态。

4. 驻车锁传感器

带有驻车锁传感器 G747 的变速器 ECU 可以监控驻车锁的位置。G747 由两个霍尔传感器组成，这两个霍尔传感器通过驻车锁拉杆上的永久磁铁控制，如图 3-54 所示。

驻车锁传感器分析识别驻车锁位置：“拉紧驻车锁→中间位置→驻车锁没有拉紧”。正常情况下不存在“中间位置”，如果“中间位置”信息存在超过一定的预设时间，则被确定为“故障”。

① 驻车锁传感器G747的任务包括：

- 监测驻车锁是否正常工作；
- 允许起动驻车锁（变速器ECU将传感器信号直接转化为P挡/N挡信号）；
- 组合仪表上显示“变速器位于P挡”；
- 组合仪表显示驻车锁应急解锁键已按下。

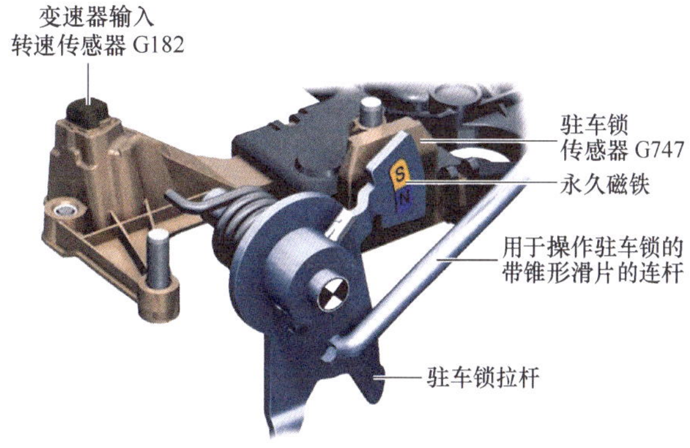

图 3-54　驻车锁传感器 G747

② 当驻车锁传感器G747失灵或出现故障时，电控系统将采取如下措施或可能发生如下情况：

- 组合仪表提示故障；
- 调节到最大系统压力（保证驻车锁片以最大作用力工作）；
- 组合仪表没有显示驻车锁已经拉紧的信息（即使驻车锁已经拉紧）。

六、变速器管理功能

0BK型变速器的管理功能除普通液力自动变速器的功能外，还具有以下新功能。

1．空挡怠速控制

在市内交通环境下，空挡怠速控制功能可以显著降低油耗。这个功能是通过在发动机怠速运行、挂在前进挡、车辆静止并且踩下制动踏板时减小变矩器传动损失扭矩实现的。发动机怠速（例如在红灯时停车）时的扭矩降到最低，除了降低发动机怠速时的油耗外，还可以减小噪声，提高行驶舒适性。空挡怠速控制降低了发动机运行时的负荷，发动机运行也就更平稳、安静；减小了剩余扭矩，也就将制动时所需的踩踏力降低到最小。

采用0BK和0BL型变速器的车型，可以通过打开制动器B来实现空挡怠速控制功能。打开制动器B可以消除齿圈1的支承力矩。刚性连接转移到制动器B上。

当空挡怠速控制功能运行时，制动器B依靠滑差运行。为了保证制动器B能够持续工作，其尺寸是根据滑差功率设计的。为此，在激活制动器B时，必须通过液压开关装置有针对性地将其冷却。

空挡怠速控制（Neutral Idle Control，NIC）的控制过程如图3-55所示。

2．变速器自适应

为了确保换挡平顺，变速器的5个换挡元件（制动器A、B和离合器C、D、E）需要相应地完成自适应（这项工作由专业维修人员完成）。例如在软件升级后删除了自适应值，在这种情况下必须完成一次自适应行车，并用车辆诊断测试仪进行监测。这个流程在检测仪的引导型功能和引导型故障查询中有详细规定。

自适应方法如下。

① 换挡自适应（当换高速挡或换低速挡时）：换挡自适应主要用于快速自适应（起步自适应）。

② 滑差补偿。

③ 脉冲补偿（对换挡元件进行连续补偿）。

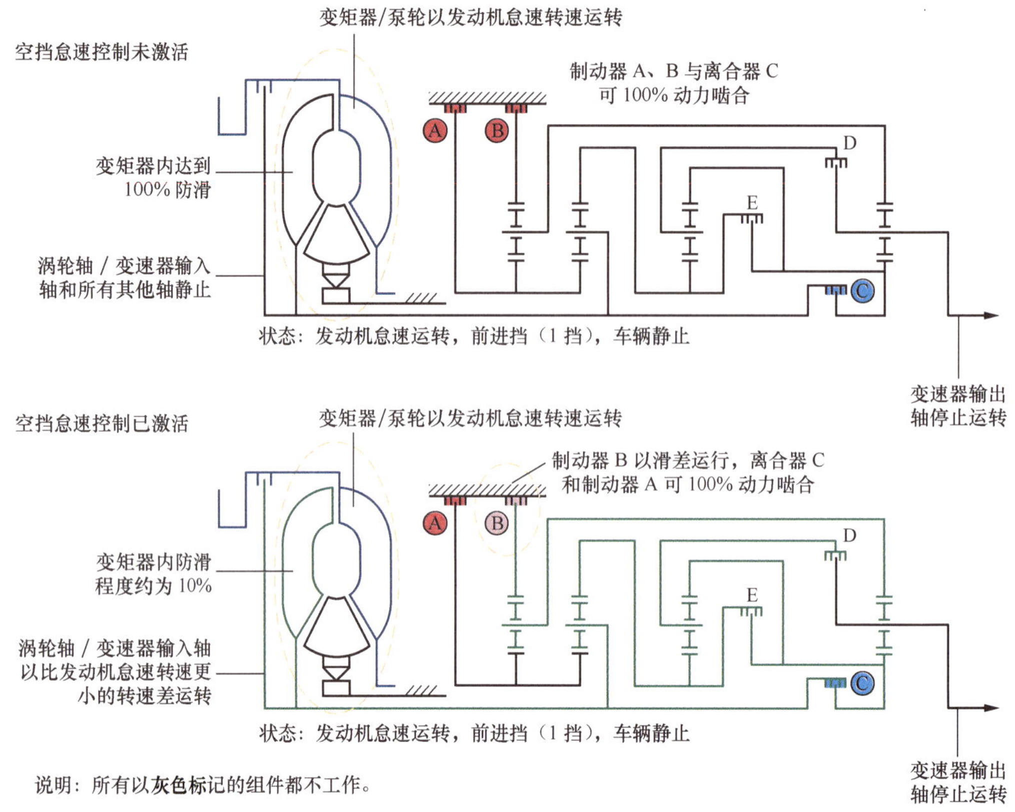

图 3-55　空挡怠速控制过程

（1）换挡自适应（ATF 温度 40℃以上）①

制动器 A：6 挡增至 7 挡②。

制动器 B：发动机怠速时 6 挡降至 5 挡。

离合器 C：2 挡增至 3 挡②。

离合器 D：3 挡增至 4 挡②。

离合器 E：1 挡增至 2 挡，5 挡增至 6 挡②。

（2）滑差补偿（ATF 温度 40℃以上）①

空挡怠速功能运行时，还需要通过滑差补偿使制动器 B 完成额外的自适应。这个自适应过程约 7s。快速自适应和脉冲补偿同时进行。即看哪个条件先满足就先进行自适应，最多能进行 4 次快速自适应。

（3）脉冲补偿（ATF 温度 50 ～ 110 ℃）①

制动器 A：6 挡承受扭矩 80 ～ 180N · m，涡轮转速 1200 ～ 2100r/min（注油压力 / 快速注油时间）。

制动器 B：7 挡承受扭矩 80 ～ 180N · m，涡轮转速 1200 ～ 2100r/min（仅快速注油时间，

① 任何时候都要注意“一般临界条件”。

② 在换高速挡时，如果承受扭矩不超过 150 N·m，可以利用换挡自适应对换挡元件进行 4 次自适应。

制动器 B 的注油压力在发动机怠速并且 6 挡减至 5 挡时进行自适应)。

离合器 C：4 挡承受扭矩 30 ～ 100N · m，涡轮转速 1200 ～ 1700r/min(注油压力 / 快速注油时间)。

离合器 D：3 挡承受扭矩 30 ～ 100N · m，涡轮转速 1200 ～ 1700r/min(注油压力 / 快速注油时间)。

(4) 自适应结果

自适应后必须对换挡是否平顺进行评价。自适应次数可以根据相应的测量值（如针对制动器 A 注油压力自适应分析）进行控制。计数器读数每次应至少达到 3。必要时，可以对各个换挡元件分别进行自适应。原则上，如果有一个或者多个换挡元件还未完成自适应，不得将车辆交给客户。

3. 起步 / 停车系统

起步 / 停车功能对自动变速器提出了很高的要求。在起步 / 停车模式下，要求起步响应时间很短。为了不出现明显的起动延迟，发动机和自动变速器必须在 350ms 内就做好起动准备。如果没有对自动变速器进行相应的设计并对供油系统采取适当措施，就无法达到这样的要求。

(1) 起步 / 停车模式时的问题

在关闭发动机时，变速器内也停止供油。此时所在挡位的换挡元件打开，动力啮合被中断。发动机起动时，变速器必须恢复动力啮合，从而做好起动准备。对于 8 速自动变速器来说，发动机起动时就意味着必须闭合 3 个换挡元件。发动机加速时，由 ATF 油泵供应的油量不足以在规定的时间内向换挡元件施压，从而无法产生足够的动力啮合。原则上可以通过合理设计 ATF 油泵来达到这个要求，然而，这样的泵往往在发动机低速运转时造成巨大的动力损失。

(2) 液压脉冲式储油罐（HIS）方案

0BK 型变速器采用的液压脉冲式储油罐（HIS）是一种高效的解决方案。HIS 是一个专用的储油罐，带有电子机械式锁紧装置，体积约为 100cm^3(见图 3-56)。它的作用是瞬间为换挡元件提供可传输的压力，利用 HIS 可以将起步响应时间控制在 350ms 以内。

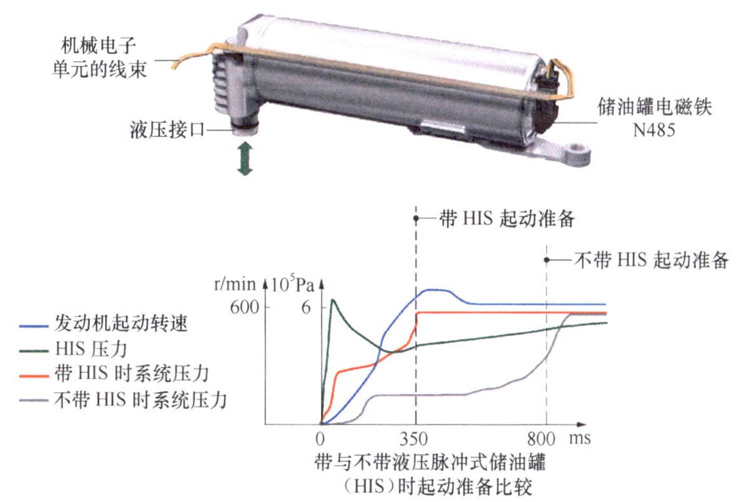

图 3-56　液压脉冲式储油罐（HIS）与工作特性

HIS 的安装位置位于油池下部，活塞弹簧式储油罐不能空转且在通电状态下必须持续注油。

（3）液压脉冲式储油罐结构和功能

HIS 由弹簧活塞式储油罐、电子机械式锁紧装置（储油罐电磁铁 N485）和单向节流阀组成。弹簧活塞式储油罐由活塞、液压缸和钢制弹簧组成（见图 3-57）。

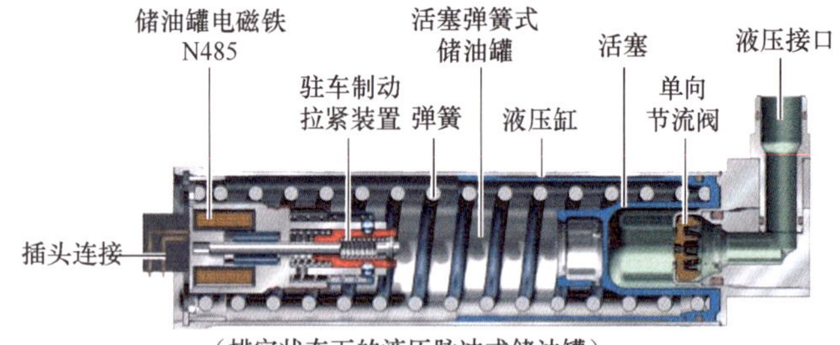

图 3-57　液压脉冲式储油罐构造

电磁铁 N485 的作用是保持活塞处于预张紧状态（N485 通电）。弹簧活塞式储油罐在发动机运行时“加压”。在汽车起步时，电磁铁 N485 被断电，所储存的油在弹簧力作用下压入液压控制装置（泄压），这样，当 ATF 泵开始泵油时，换挡元件就已经被施加油压。因此，HIS 就帮助 ATF 泵在瞬间形成高压。当泵提供足够大压力的时候，HIS 所产生的压力和 ATF 所产生的压力发生叠加，此时活塞式储油罐开始增压。为了避免增压影响进一步形成高压，限制流向活塞弹簧式储油罐的流量，这个工作由单向节流阀来完成。增压过程约 5s（温度为 20 ℃情况下），时间非常短，不会影响起步 / 停车功能。

（4）起步 / 停车过程

① HIS 开始增压（发动机运转）。

如图 3-58 所示，在发动机运行时，通过节流孔向弹簧活塞式储油罐内注油（加压），增压时间约为 5s。

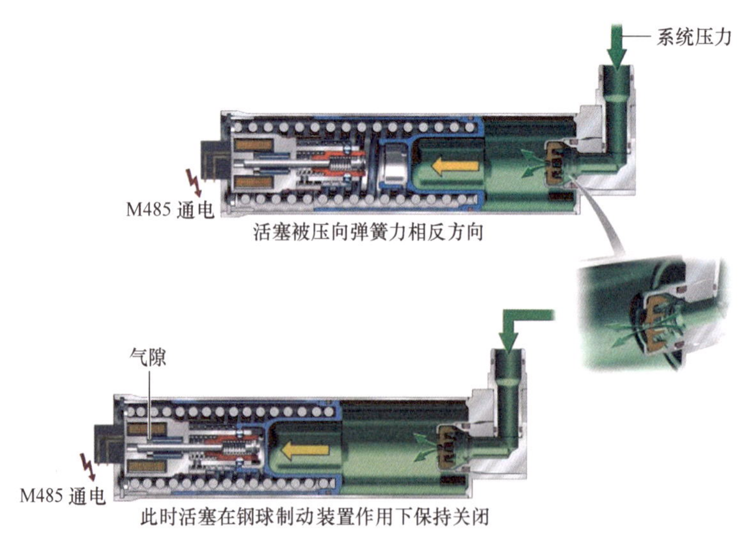

图 3-58　HIS 开始增压

在增压过程中，活塞被推向左侧末端。吸持磁铁的衔铁被推向锁紧所需的末端位置，堵住气隙。在锁紧时钢球被推出，电磁铁 N485 吸住衔铁，从而使活塞保持锁紧状态。HIS 此时已为发动机停转做好了准备。

② HIS 已增压（发动机停转）。

在关闭发动机时，系统压力和 HIS 压力下降。HIS 内的 ATF 油液没有承受压力，此时活塞被钢球锁止机构固定住。

③ HIS 泄压（发动机起动阶段）。

起动发动机时，通过切断吸持磁铁电流，活塞被松开，并将 ATF 压入连接到换挡元件的液压控制装置。单向节流阀此时打开，使截面增大。HIS 泄压过程，如图 3-59 所示。

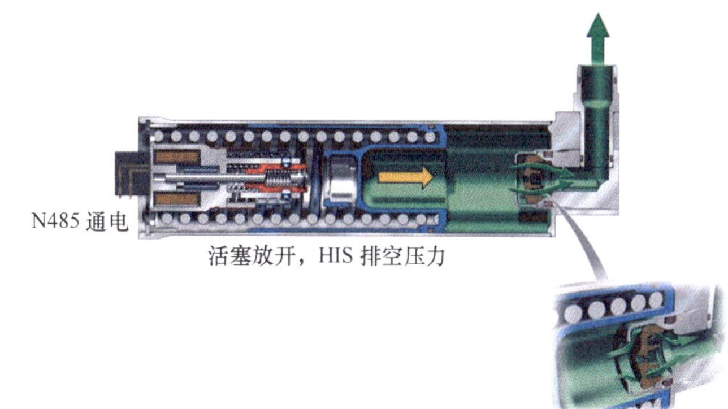

图 3-59　HIS 泄压状态

4. 基于导航信息的换挡控制

为了提高换挡性能，奥迪 A8 10 款 8 速自动变速器采用了“可预判道路信息”（PSD）新技术，即将导航系统的道路信息也纳入换挡控制过程。

该车的导航系统提供前方近距离路段的详细信息。变速器控制系统利用这些前方路段的几何数据（弯度、弯道长度等），判断应该走城区内还是城区外。这种对前方道路的预判可以大大降低换挡频率；另外，在汽车转弯时或者从弯道加速驶出时计算出“理想挡位”。除了由于换挡次数减少而提高行驶舒适性之外，当汽车从弯道加速驶出时就能立即达到“理想挡位”，也提高了行驶灵活性。这项技术是继动态换挡程序（DSP）之后的又一进步。由于避免了在拐弯前不必要的加挡，基于导航信息的换挡控制极大降低了在节油驾驶风格下的换挡频率。

（1）工作过程

基于导航信息的换挡控制功能由变速器 ECU 执行。

① 转弯前预先阻止加挡：当在转弯前降低发动机负荷（松开加速踏板）时，通常动态换挡程序（DSP）会加挡。预判弯道曲率和弯道的距离，可以让驾驶员避免拐弯前进行不必要的加挡。根据行驶状况以及路况不同，驾驶员判断是保持当前挡位还是换到另一个合适挡位。

② 拐弯前 / 拐弯时的主动减挡：在拐弯前踩制动踏板时，通过预先计算转弯极限车速和“理想挡位”，变速器可以在转弯前就主动减挡到合适挡位（不是在转弯时才减挡）。

③ 出弯时逐级加挡：逐级加挡目的是避免在出弯道后频繁加挡。根据不同运动系数可以在较长时间内保持挡位，避免在短时间内频繁快速换挡。

（2）在城区内限制 / 减少驾驶员类型评估

如果驾驶员在城区外以十分运动的风格驾驶，DSP 将做出相应的反应，并且驾驶员类型评估系统会计算出较高的运动性指数。当车辆再次驶入城区的时候，因为运动性指数降低过程一般需要一定的时间，所以就导致换挡转速非常高。系统知道车辆即将行驶入城区，就可以很快地降低运动性指数，这样就避免了在城区内行驶时发动机转速过高的问题。

（3）实现基于导航信息的换挡控制的条件

要精确变换到正确挡位，高质量的道路信息和系统所提供的道路信息与实际所行驶路况的高度一致性（是否为必选路段或可选路段）是必须具备的前提条件。

① 道路信息的质量。道路信息不是 100% 可靠，原因可能是所提供的数据不是 100% 准确的，例如弯道数据（弯度、曲率最高点、距离）不是十分准确；另一个原因可能是数据更新不及时，即路况发生了变化，与之前数据有出入，但数据却没有及时更新。

② 必选路段与可选路段。基于导航信息的换挡控制可以计算实际路况的可预判性。路段可分为必选路段和可选路段：必选路段表示在这个路段上没有别的岔道，路线导航是明确的，选挡计算结果符合实际路况；可选路段表示此路段上有可以选择的其他路线（例如岔道）。启用目的地导航功能情况下驾驶员很可能按照导航指示行驶，目的地行车路线包括必选路段和可选路段。关于必选路段和可选路段的区别，如图 3-60 所示。

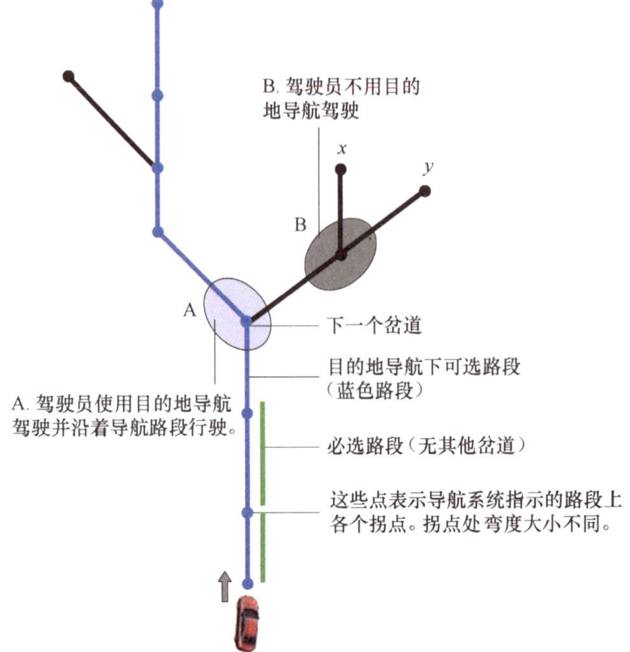

图 3-60　必选路段和可选路段的区别

关于图 3-60 中的 A：目的地导航功能启用时，预先画出一条驾驶员很可能选择的到达目的地的行车路线。这种情况下，选挡功能基于这条路线的道路信息进行选挡。启用目的地导航功能情况下，也并不能保证驾驶员必然按照这条路线行走。因此，只有通过大力操作制动器才可主动减挡。

关于图 3-60 中的 B：未启用目的地导航功能情况下，所有的岔道都是可能路线。这种情况下，系统在车辆行驶出弯度最大的路段后（或者直线路段结束后）开始选挡。这就是说，驾驶员朝 x 方向转弯时，系统才按 x 方向进行选挡。

原则上即使没有激活目的地导航功能，基于导航信息的换挡控制功能也可以发挥作用，但激活目的地导航功能时可以优化基于导航信息的换挡控制功能。

（4）基于导航信息的换挡控制过程

下面借助道路实例图来说明选挡过程和行车情况（见图 3-61）。实例中把不带导航与带导航车辆的选挡和换挡频率进行对比。

图 3-61 实例说明如下。

处置 1（转弯前阻止加挡）：变速器 ECU 已经正确判断出前方道路有弯道并且识别出转弯曲线，已经计算出“最佳挡位”，系统阻止不必要的加挡过程。

处置 2（保持当前挡位）：因为已经正确识别前方的弯道曲线并判断无须换到高速挡（阻止加挡），故变速器 ECU 保持当前挡位。

处置 3 ～ 5（主动减挡，保持挡位）：已经计算出转弯限制速度和“理想挡位”（3 挡）。通过相应的制动操作已经在转弯前切换到了 3 挡。转弯过程中须保持这个挡位，这个挡位是出弯后车辆加速的最理想挡位。

处置 5～9（主动减挡，保持挡位）：如果识别到前方道路是一个曲率更大的弯道，则在直道上的时候就已阻止换高速挡。如果接下来的弯道更加狭窄，则车速相应降低。此时变速器 ECU 已经计算出 2 挡为“理想挡位”，并在转弯前切换到此挡位，阻止不必要的减挡，转弯过程中保持这个挡位，这个挡位是出弯后车辆加速的最理想挡位。

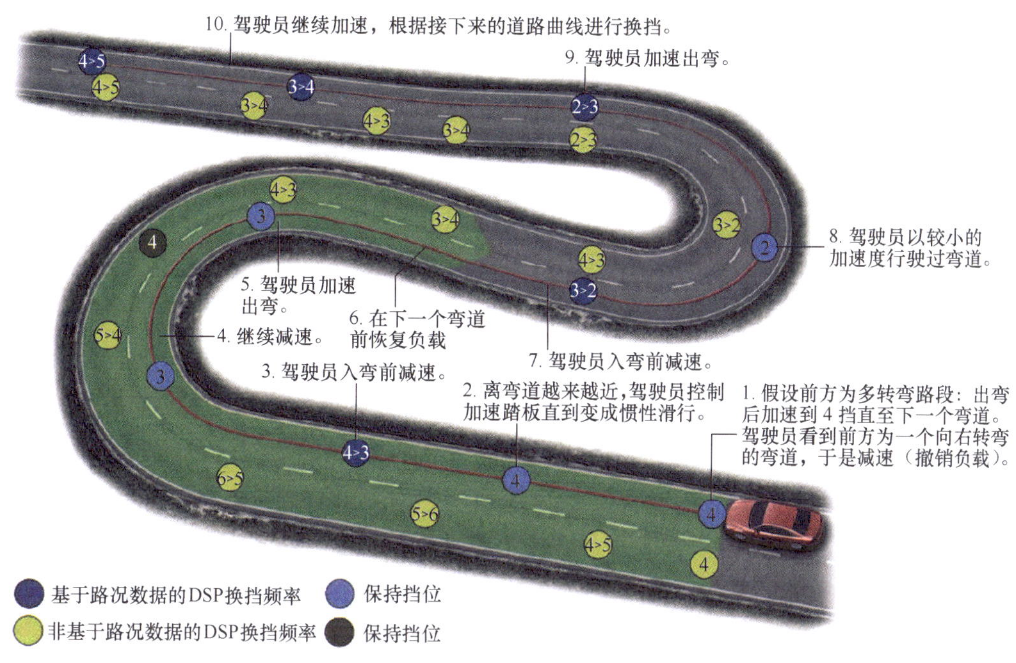

图 3-61　基于导航信息的换挡控制过程实例

处置 10（逐级换高速挡）：变速器 ECU 辨认出前方有一段较长的直线道路。此时，ECU 阻止系统太快向高速挡切换。从燃料供应上阻止不必要的减挡。

目前，只有欧洲市场上的车型具有基于导航信息的换挡控制功能。虽然这种控制功能在当前并不具有太大的实用意义，但其代表着一种发展趋势。当地理信息系统成熟完善后，这种对变速器的控制将构成汽车自动驾驶的重要组成部分。

5. 显示 / 警告提示

组合仪表上有变速器故障符号控制灯或者驾驶员提示文字来显示系故障或者变速器受保护功能。组合仪表可显示的警告或信息提示详见表 3-9。

表 3-9　组合仪表可显示的变速器警告或信息提示

显示	符号	文字信息	故障释义
1		变速器：系统故障。可继续前行	这些显示内容使用的是相应的替代信号（替代程序），所以驾驶员很容易忽略。这种情况不会影响功能，或者影响很小。这个警告目的是督促驾驶员进行正确驾驶
2		变速器：系统故障。可以在 D 挡位继续行驶，直至发动机停转	出现这个提示的时候变速器已经激活了一个应急行驶程序以保持目前挡位，直到系统切换到空挡或发动机停转。重新切换到行驶挡或者重新起动发动机后，传动机构没有进行传动

续表

显示	符号	文字信息	故障释义
3	(!)	变速器：系统故障。 某些条件下可继续行驶	这个提示表示系统出现故障，变速器只在某些挡位可以切换或者无法切换（只保持在一个特定挡位）。 行驶非常受限制（例如不能爬坡、加速受限制或速度受限制等）
4	(!) R	变速器：系统故障。 某些条件下可继续行驶。 不能切到倒车挡	这个提示表示系统出现故障，变速器只在某些挡位可以切换或者无法切换（只保持在一个特定挡位）。 行驶非常受限（例如不能爬坡）。无法倒车，因为变速器无法切换到倒车挡
5	(!)	有自行移动危险，无法切换到驻车挡。请踩驻车制动器	驻车锁的应急放开机构被激活的时候出现这个提示。 同时还显示空挡符号“N”
6	无符号（有报警声音）	车辆可自行移动。变速器不在P位置	当关闭点火开关后变速器不在P驻车位置时，此提示与一个报警声音一起出现

项目小结

1. 汽车的发动机、变速器和底盘被统称为乘用车的“三大核心件”，因为车辆的动力输出、安全性和稳定性等表现都与这三大核心部件息息相关。其中变速器更是在汽车的驾驶体验方面起到举足轻重的作用，也是国内汽车企业久攻不下的技术难点。目前采埃孚、爱信、加特可、派沃泰、DSI 和格特拉克这 6 个全球顶级的变速器品牌占据着国内外主流的汽车市场。其中，德国的采埃孚公司和日本的爱信公司则是最有实力的两大巨头。本项目选择市场上颇受好评的爱信 6AT 和采埃孚 8AT 进行介绍，这两款变速器代表着当今典型多挡位液力自动变速器的先进水平。

2. 爱信 6AT 是一款普及率非常高的变速器，迄今为止已发展到第三代。爱信第三代 6AT 变速器以其技术成熟、经济省油、模式多选、磨损降低、稳定平顺等核心优势，在不同价格区间的车型上都可以有很好的表现，这是爱信 6AT 能有较高市场占有率的原因所在。

3. 采埃孚公司 8AT 被誉为液力自动变速器中性能最均衡的，其换挡速度、平顺性、智能程度、节能性和可靠性代表着液力自动变速器的最高水平。

4. 上述两款变速器的适应性和扩展性也比较好，例如，ZF9AT 就是在 ZF8AT 基础上升级而成的，爱信公司的 8AT 也是在其 6AT 基础上扩展升级而成的。因此，掌握这两款液力自动变速器的结构、原理、维护技能和电控系统逻辑控制思维，对掌握典型液力自动变速器的发展方向、熟悉多数典型液力自动变速器具有积极的指导意义。

项目四 双离合变速器

培养目标

关键能力——掌握双离合变速器的电液控制原理和维护方式。

核心内容——熟练掌握双离合变速器的结构、原理和维护技能，掌握双离合变速器的控制机理。

职业行为习惯的养成——在学习本项目的过程中，注重培养与企业实际工作要求一致的职业意识和行为习惯。

项目描述

双离合变速器基于手动变速器，采用两套离合器与机械变速机构，在电控系统的控制下，除了拥有手动变速器的灵活性及自动变速器的舒适性外，还可提供不间断的动力输出。与传统的手动变速器相比，计算机控制的双离合自动换挡技术，使得变速器具备自动换挡性能的同时，还能大大改善汽车的燃油经济性，具有换挡更快速、更顺畅的特点，使驾驶更为灵活。由于双离合变速器的专利保护较少，兼之生产成本较低，其在国内的普及率正在快速提升。

项目导航

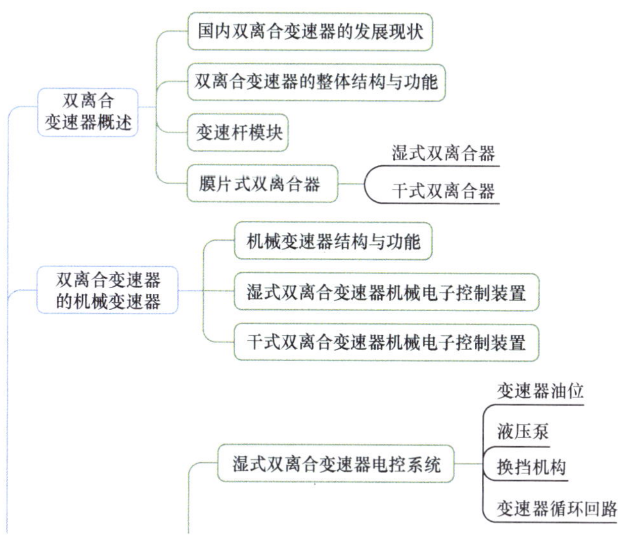

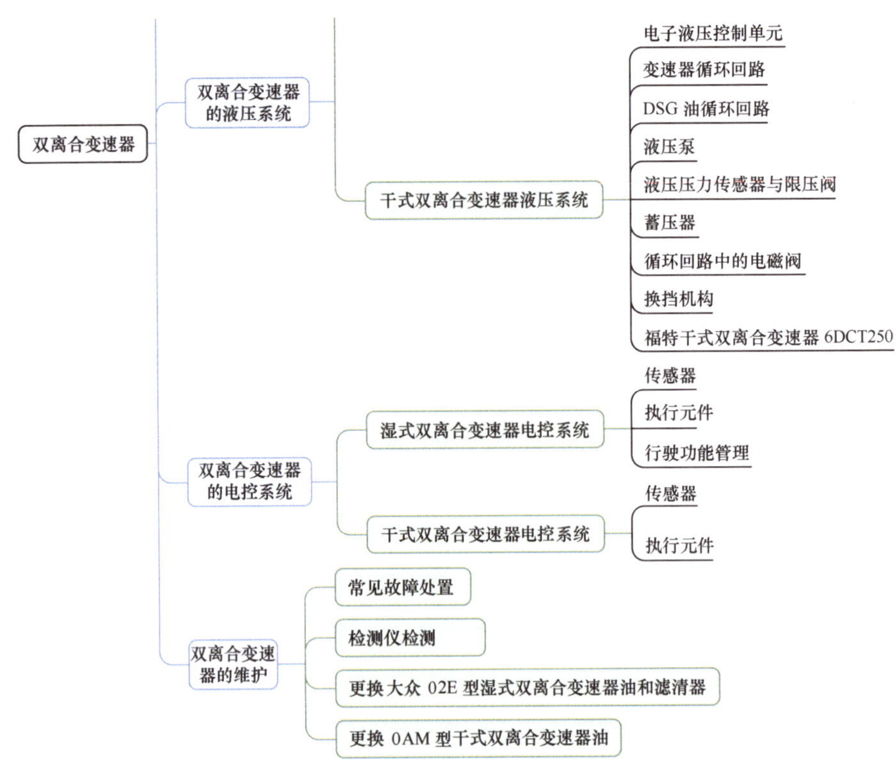

任务一 双离合变速器概述

双离合变速器（Dual Clutch Transmission，DCT）也叫直接换挡变速器（Direct Shift Gearbox，DSG），这种自动变速器始于 1940 年的德国，达姆施塔特工业大学鲁道夫·弗兰卡教授为其 4 挡双离合变速器申请了专利，其设计目的是为了消除“换挡时的牵引力中断”现象。双离合变速器具有换挡速度快、省油、换挡舒适性好、机械效率高等特点，在近年来得到广泛的应用。

一、国内双离合变速器的发展现状

在国内使用的双离合变速器的供应链中有格特拉克（Getrag）、鲁克（LuK）、博格华纳（BorgWarner）、菲亚特（FPT）和采埃孚（ZF）五大汽车配件巨头，它们以“3+2”的形式存在。格特拉克、鲁克、博格华纳 3 家最核心的零部件企业，基本垄断了双离合变速器产品的一、二级供应市场。其中，博格华纳以湿式双离合模块为主，鲁克以干式双离合模块为主，而格特拉克则干、湿双离合模块均有并以略偏湿式双离合模块为主。十多年来，数以百万计的中国消费者充当了双离合变速器的试车手，把双离合变速器真实的运行大数据分享给各大公司和相关的零部件企业，使其设计、算法、硬件得以改善。另外，无论是博格华纳和鲁克、菲亚特的“干湿”之争，还是博格华纳和格特拉克的“本土友好化”之争，都在客观上促进了双离合变速器在中国的蓬勃发展。

双离合变速器的专利保护较少，除了控制系统等核心技术外，其他的技术都是公开的，这也是国内众多车企纷纷开发双离合变速器的原因之一。虽然国内配置双离合变速器的车型繁多，但其核心技术多来自上述几家国际汽车配件巨头企业，变速器的结构及原理基本相同，区别仅在于变速器控制系统。因此，受篇幅所限，本项目以德国大众/奥迪公司的0BT型、0AM型和0B5型7速双离合变速器为例，详细介绍双离合变速器的结构、原理和维护等内容。

二、双离合变速器的整体结构与功能

奥迪公司出品的B5型7速双离合变速器主要由双离合器、机械变速器、机械电子控制模块（包括液压控制系统、变速器ECU和换挡机构等）、双离合变速器液压油（以下简称DSG油）等组成，如图4-1所示。

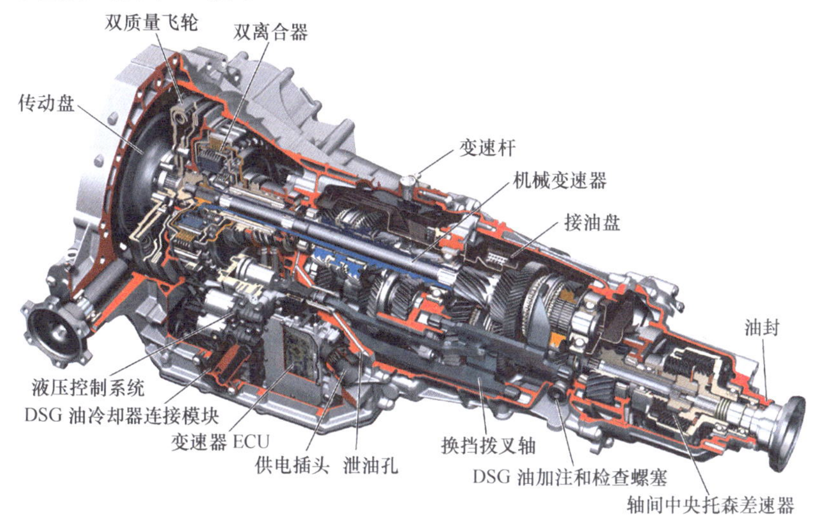

图4-1　奥迪0B5型7速双离合变速器

1. 结构特点

如图4-1与图4-2所示，大众0BT型、0AM型和奥迪0B5型3款7速双离合变速器虽然结构有所不同，但其都是由2个3轴机械变速器、1个内含2套离合器的双离合器总成和1套变速器机械电子控制单元组成的。不同于普通的机械变速器，双离合变速器除了具有双离合器外，还具备同轴的双输入轴系统，而且将7个前进挡分别置于两边各自的从动轴上。

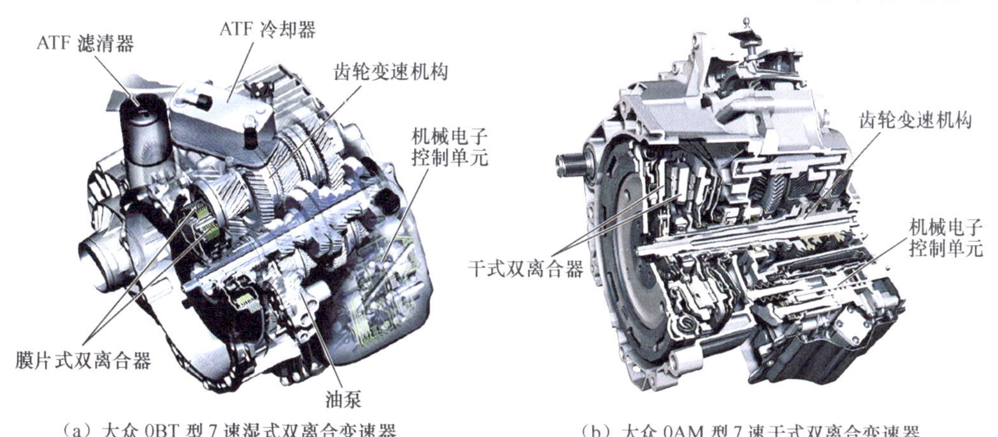

（a）大众0BT型7速湿式双离合变速器　（b）大众0AM型7速干式双离合变速器

图4-2　大众公司0BT型和0AM型7速双离合变速器

2. **工作原理**

双离合变速器其实是由两个相互独立的“离合器 + 变速器”单元组成的。每一个单元在结构上都是一个机械变速器配置一个离合器的组合。变速器的机械电子控制系统根据所选择的挡位，打开、调节或关闭相关的离合器。第 1 挡、3 挡、5 挡、7 挡是通过离合器 K1 选择的；第 2 挡、4 挡、6 挡和倒挡是通过离合器 K2 选择的。一个变速器单元总是啮合在挡位中，不会令动力传输出现间断的状况；而另一个变速器单元准备选择下一个挡位，但是它的离合器仍然处于分离状态。奥迪 Q5 车型配置的 0B5 型变速器机械传动结构如图 4-3 所示。

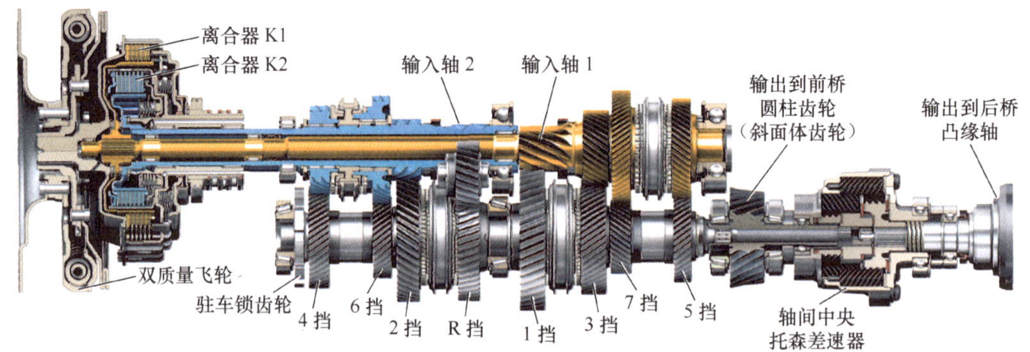

图 4-3 奥迪 0B5 型 7 速湿式双离合变速器机械传动结构

汽车行驶时，在双离合变速器的工作过程中总是有两个挡位是接合的，一个正在工作，另一个则为下一步做好准备。因此，该变速器除了拥有手动变速器的灵活性及自动变速器的舒适性外，它更能提供无间断的动力输出。另外，该变速器在手动控制模式下可以进行跳跃式降挡，如果起始挡位和最终挡位是同一个离合器控制的，则会通过另一离合器控制的挡位转换一下；如果起始挡位和最终挡位不是同一个离合器控制的，则可以直接跳跃降至所定挡位。

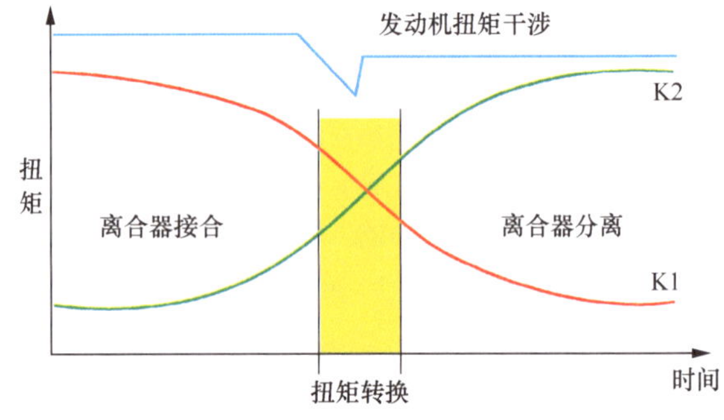

图 4-4 双离合变速器换挡期的交叠图

在变速器电控系统的控制下，离合器 K1、K2 的工作状态是相反的，不会发生两个离合器同时接合的情况。图 4-4 所示为两个离合器工作交叠过程。为提高交叠区换挡的平顺性，控制系统通常会采用发动机扭矩干涉的方式，降低交叠区间的发动机输出扭矩。

由于使用两套离合器并且在换挡之前下一挡位已被预选啮合，因此双离合变速器的换挡速度非常快，只需不到 0.2s 的时间，下一个挡位已经更换完成。在实际驾驶中，双离合变速器给人的体验是在整个换挡过程几乎感觉不到顿挫或推拉，仅仅从仪表板挡位显示上可以反映出挡位在变动。此外，双离合变速器还设有多种驾驶模式，比如运动模式，在电控程序的帮助下，该模式的增挡明显迟缓而减挡则有了很大的改进，换挡时间也调得更短。

3. 双离合器的结构类型

（1）湿式双离合器

湿式双离合器为一大一小两组同轴安装在一起的多片式离合器，分别连接 1 挡、3 挡、5 挡、7 挡齿轮和 2 挡、4 挡、6 挡、倒挡齿轮。“湿式”是指双离合器安装于一个充满 DSG 油的封闭油腔里。这种湿式结构具有更好的调节能力和优异的热容性，因此能够传递比较大的扭矩。

（2）干式双离合器

干式双离合器由两个尺寸相近的离合器片与中间盘同轴相叠安装组成。位于中间盘两侧的两个离合器片分别连接 1 挡、3 挡、5 挡、7 挡齿轮和 2 挡、4 挡、6 挡、倒挡齿轮，两个离合器片分别与中间盘“接合”或“分离”，通过切换离合器片位置来进行扭矩输出。因为它的双离合器不像湿式双离合器那样安装于封闭油腔里，所以，被称为干式双离合器。

与湿式离合器相比，干式离合器具有从动部分转动惯量小、散热性好、结构简单、成本相对较低等优点，同时避免了湿式离合器分离时空转滑磨损失、离合器冷却及控制油液等因素引起的系统效率降低的缺点，进一步提高了燃油经济性。但是，干式离合器自身结构的固有特性使它能够承受的最大扭矩比湿式离合器要低，多配置在较小排量的发动机上，而且还存在着离合器摩擦散热和变速器控制机构的控制难点。近年来随着该类变速器成熟度的大幅提升，其不足正在明显减少。

4. 离合器的控制方式

（1）电液控制式

湿式双离合器控制执行机构采用电动液压泵驱动 DSG 油，将其输送到离合器内的压力室，驱动活塞动作，推动离合器片实现接合与分离动作。而干式双离合器则采用电机液压泵驱动 DSG 油，用集成各种电磁阀的滑阀箱来控制离合器的操作臂和换挡拨叉。

（2）电动控制式

福特 6DCT250 和大众 DQ200 变速器所采用的双离合器模块都是由著名的双离合器生产商 LuK 生产的。由于双离合器是 LuK 公司根据大众公司或者福特公司的需求定制的，所以在结构上会稍有不同，但在工艺上差别不大。

福特公司的 DPS6 型双离合器变速器，使用 4 个电机来控制 2 个离合器操作臂和 4 个换挡拨叉。离合器 C1、离合器 C2 的驱动电机是直接由变速器 ECU 控制的，通过对离合器驱动电机的转动方向（正转、反转）、转速和力度的控制，就能够完成离合器的接合、半接合和完全分离等动作。

5. 双离合变速器扭矩传输路线

干式双离合变速器扭矩传输路线如图 4-5 所示，湿式双离合变速器扭矩传输路线如图 4-6 所示。

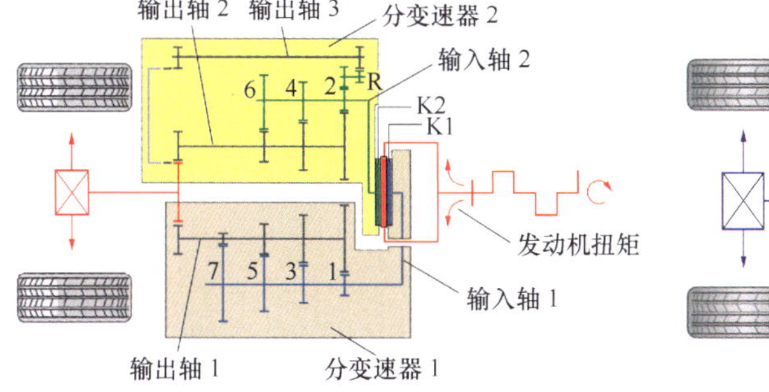

图 4-5　干式双离合变速器扭矩传输路线

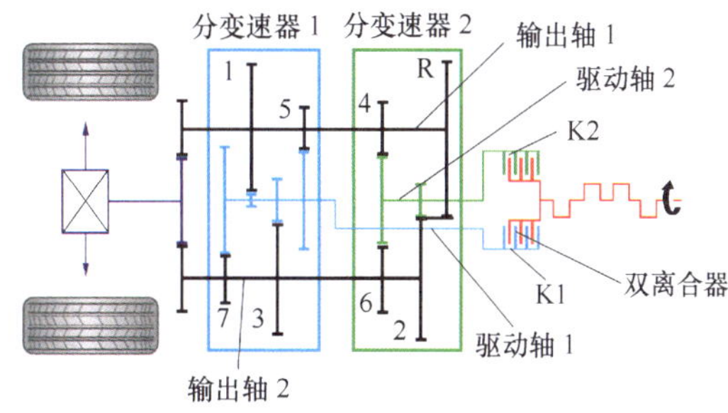

图 4-6　湿式双离合变速器扭矩传输路线

三、变速杆模块

变速杆模块是变速器的操纵机构。驾驶员通过变速杆与变速器电液控制系统建立起一种机械或电子的联系，通过操纵变速杆可选择适当的挡位来控制车辆行驶。双离合变速器变速杆的操作与液力自动变速器车辆相同（见图 4-7）。双离合变速器也可以用 Tiptronic 手动换挡模式换挡。与液力自动变速器车辆一样，变速杆也具有变速杆锁和点火钥匙防拔出锁，变速杆的锁止功能也相同。

通过传动系统 CAN 总线，变速杆与双离合变速器的机械电子控制装置和仪表板内的控制器进行通信。变速杆的位置和所挂入的挡位会显示在仪表板的屏幕中。

图 4-7　变速杆和转向盘上的 Tiptronic 开关

1. 变速杆的挡位含义

P 停车挡：为了从这个位置移出变速杆，必须先打开点火开关并踩下制动踏板。此外还必须按压变速杆上的开锁按钮，才能操作变速杆移动。

R 倒挡：挂入倒挡挡位时必须按压开锁按钮才能操作。

N 空挡：处于这个位置时变速器为空挡。如果变速杆较长时间处于这个位置，必须重新踩下制动踏板才能换到其他挡位。

D 前进挡：这是长期向前行驶挡位。在这个行驶挡位时变速器会自动挂入各前进挡。

S 运动挡：在这个挡位，变速器电控系统按 ECU 中存储的“运动型”特性曲线自动选挡。

“+”和“-”挡：这是“手动 / 自动可自由转换（Tiptronic）”功能挡位。挂入该挡位时，可以通过右侧变速杆槽和转向盘 Tiptronic 开关执行。

Tiptronic 开关（E438 和 E439）位于转向盘右侧和左侧（见图 4-7）。通过该操作开关可以变换高速挡或低速挡。开关信号由转向柱电子装置 ECU J527 通过 CAN 总线传输至双离合变速器机械电子单元 J734。如果在自动模式下操作转向盘上的 Tiptronic 开关，变速器控制系统就会切换到 Tiptronic 模式。如果不再操作转向盘上的 Tiptronic 开关，则定时器设定时间过后变速器控制系统会自动返回到自动模式。

当 Tiptronic 开关信号失灵时，将无法通过转向盘开关实现 Tiptronic 功能。

“手动 / 自动可自由转换（Tiptronic）”功能挡位的工作策略设定如下：

① 达到最高转速时自动换高速挡；

② 低于最低转速时自动换低速挡；

③ 快速深踩加速踏板时（Kick down）强制降挡。

2. 变速杆模块的结构与功能

变速器模块由变速杆、中间传感器、驻车锁开关、变速杆锁、点火钥匙防拔出锁和紧急解锁装置等组成。

（1）变速杆

变速杆 E313 中集成了变速杆传感器系统和变速杆锁电磁铁控制系统（见图 4-8）。变速杆位置由集成在变速杆传感器系统内的霍尔传感器识别。变速杆位置信号和 Tiptronic 信号通过 CAN 总线发送给机械电子单元和组合仪表控制单元。

变速器 ECU 根据上述传感器信号识别变速杆位置，并利用这些信号实现驾驶员意图（D 挡、R 挡、S 挡或 Tiptronic 功能）以及控制起动发动机。如果 ECU 无法识别变速杆位置，则会使两个离合器进入分离状态。

变速杆锁电磁铁 N110 将变速杆锁止在 P 挡和 N 挡。电磁铁由变速杆传感器系统 ECU J587 控制。如果变速杆位于 P 挡位，变速杆 P 挡锁止开关 F319 则将变速杆位于 P 挡的信号传输给转向柱电子装置 ECU J527。ECU 利用这个信号控制点火钥匙防拔出锁。

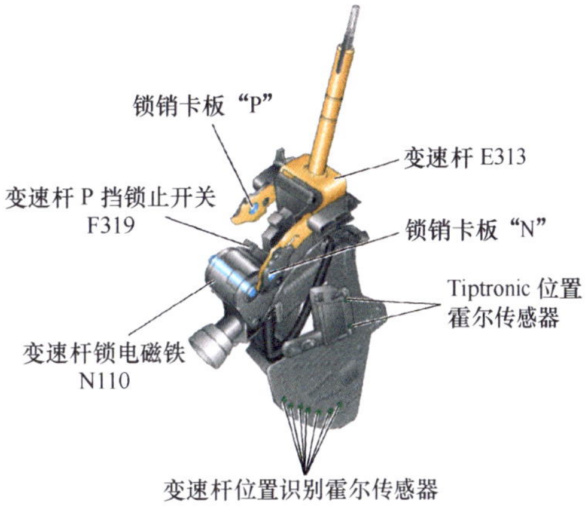

图 4-8 大众 0AM 型变速器变速杆结构

（2）变速杆锁电磁铁

① 变速杆锁电磁铁 N110 用于变速杆在 P 挡位的锁止，如图 4-9（a）所示。如果变速杆位于 P 挡，则锁销位于锁销卡板的“P”位置内，这样可以防止无意间移动变速杆。

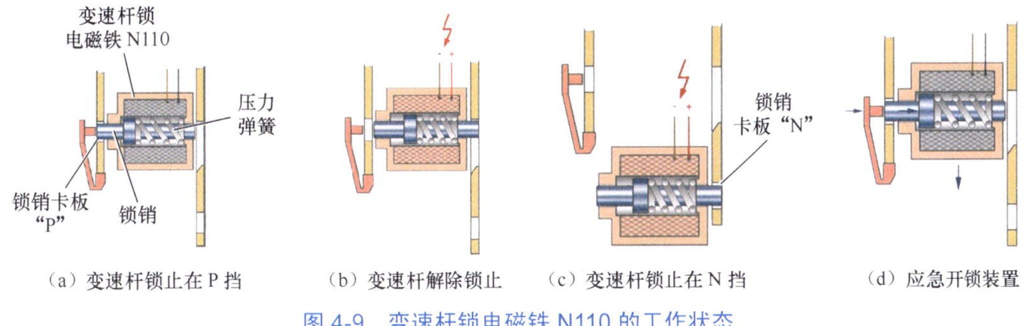

（a）变速杆锁止在 P 挡　（b）变速杆解除锁止　（c）变速杆锁止在 N 挡　（d）应急开锁装置

图 4-9 变速杆锁电磁铁 N110 的工作状态

② 变速杆解除锁止，如图 4-9（b）所示。变速杆锁止在 N 挡时，在打开点火开关且踩下制动踏板后，变速杆传感器系统 ECU J587 为电磁铁 N110 供电，电磁铁解除锁止。此时，驾驶员可将锁销从锁销卡板“P”中拉出，并可以将变速杆移动至行驶挡位。

③ 如图 4-9（c）所示，如果变速杆位于 N 挡的时间超过 2s，则变速器 ECU 为电磁铁供电，会将锁销压入锁销卡板“N”内，从而避免变速杆无意间移至某一行驶挡位。踩下制动踏板后，锁销会松开。

④ 变速杆应急开锁装置，如图 4-9（d）所示。变速杆锁电磁铁 N110 供电失灵时将无法移动变速杆，因为电流中断时变速杆锁止在 P 挡位。此时，可用一个细长的物品以机械方式“压入”锁销，即可使锁销松开并将变速杆置于 N 挡位处“紧急开锁”。此后可以移动车辆。

（3）点火钥匙防拔出锁

点火钥匙防拔出锁能够避免点火钥匙在未挂入驻车锁时回转到拔出位置。该部件采用电子机械方式工作，由转向柱电子装置 ECU J527 控制。转向柱电子装置 ECU J527 识别开关是否打开，点火钥匙防拔出锁电磁铁 N376 未通电，电磁铁内的压力弹簧将锁销压至松开位置，如图 4-10 所示。

① 当变速杆位于停车位置时，开关 F319 将断开，变速杆电子装置会识别出开关 F319 的断开状态。点火钥匙防拔出锁电磁铁 N376 被断电，然后电磁铁内的压缩弹簧会将止动销推到松开位置（见图 4-11），点火开关钥匙就可拔出。

② 变速杆位于前进挡时，变速杆 P 挡锁止开关 F319 闭合。转向柱电子装置 ECU 为点火钥匙防拔出锁电磁铁 N376 供电，电磁铁克服压力弹簧的作用力将锁销推入锁止位置，如图 4-12 所示。

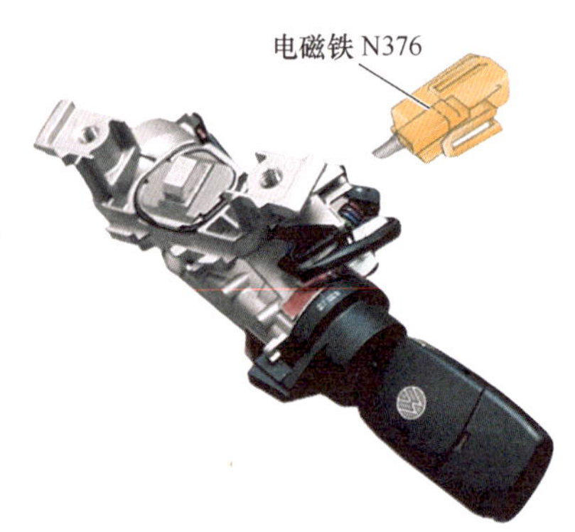

图 4-10　点火钥匙防拔出锁

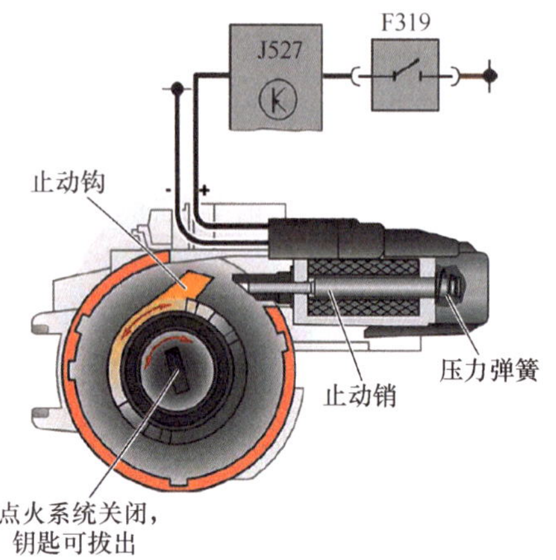

图 4-11　P 挡位时，变速杆锁止开关处于松开状态

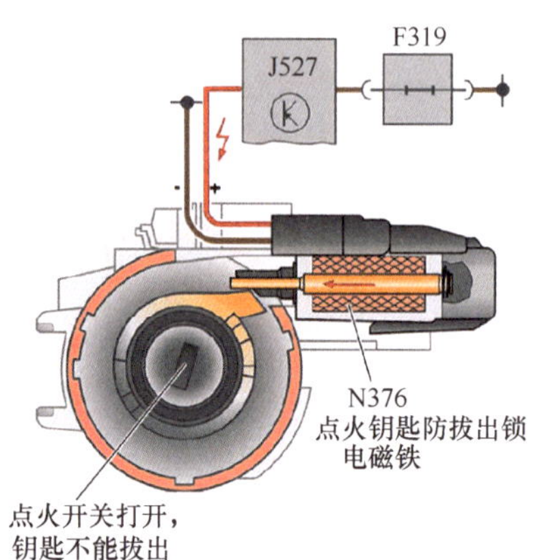

图 4-12　前进挡时，变速杆锁止开关处于锁止状态

③ 处于锁止位置时，锁销能够防止点火钥匙转回和拔出。只有变速杆推入停车挡时，转向柱 ECU 不向电磁铁供电，变速杆 P 挡锁止开关才能打开。随后压力弹簧将锁销压回，因此可以转动和拔出点火钥匙。

（4）中间传感器

中间传感器用于检测“P”和“R”之间的变速杆位置。检测中间位置的目的在于避免误读变速杆位置和由此产生的变速器控制器内的故障。

四、膜片式双离合器

1. 湿式双离合器

大众 0BT 型 7 速变速器的双离合器是一个湿式膜片式双离合器（见图 4-13）。该离合器始终在 DSG 油的油池中运转，由电控液压控制单元进行液压操作。离合器工作时产生的油液热量，通过双离合变速器齿轮油冷却。离合器外壳由护盖密封，护盖通过卡环固定在离合器外壳中（见图 4-14）。在离合器 K1 中有一片附加的摩擦片，在离合器 K2 中有两片摩擦片，它们能增加离合器的总摩擦面积。

（1）湿式双离合器结构

该离合器的每个离合器单元都是由钢膜片和摩擦片组成的（见图 4-15），通过动力啮合，它可以将扭矩传递到离合器 K1 或者离合器 K2 的内膜片体上。这些钢膜片与离合器的内、外膜片体紧密地连接在一起。

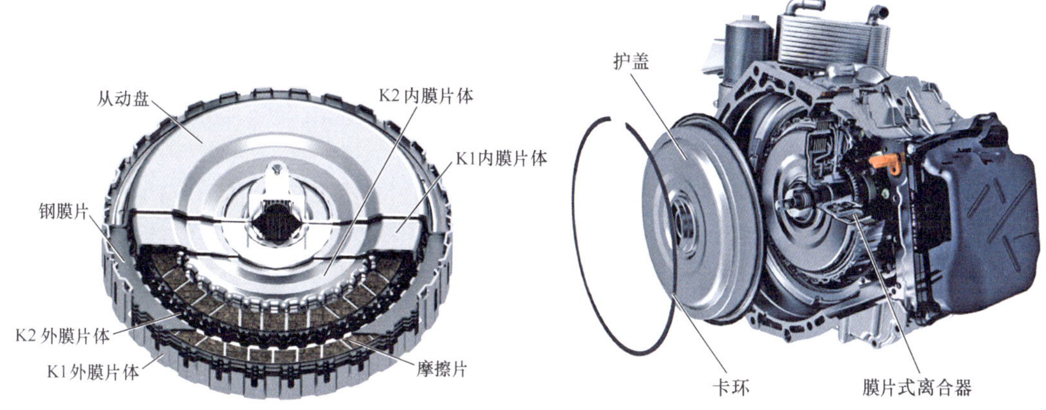

图 4-13　湿式双离合器总成　　图 4-14　湿式双离合器的安装位置

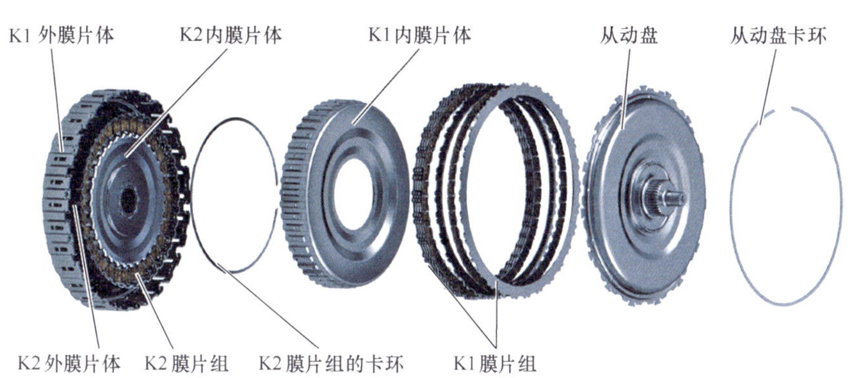

图 4-15　湿式双离合器的部件结构

膜片单元由液压力驱动压合在一起，它将内膜片体传导的扭矩通过啮合齿传递到相应的驱动轴上。离合器 K1 的内膜片体和驱动轴 1 相连，离合器 K2 的内膜片体和驱动轴 2 相连。

（2）双离合器供油

双离合器的供油装置通过离合器主轮毂，借助两个旋转进油口为离合器提供液压工作油液（ATF)：一个旋转进油口为离合器 K1 供油；另一个为离合器 K2 供油（见图 4-16)。4 个断面呈矩形的密封环用于变速器外壳和主轮毂间的径向密封。

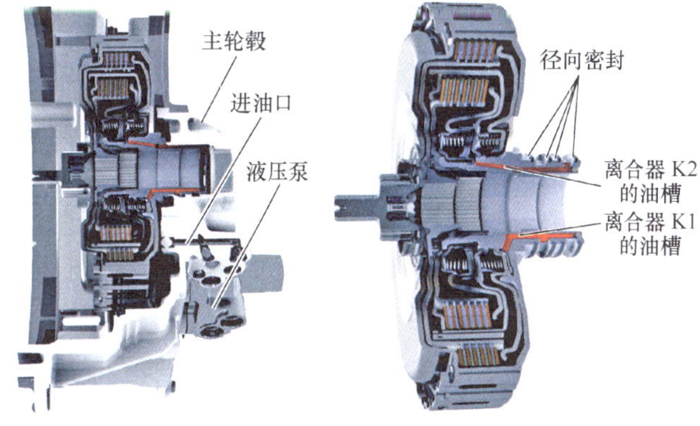

图 4-16　双离合器的供油

（3）离合器 K1

离合器 K1 是外离合器（见图 4-17），它将扭矩传递给负责 1 挡、3 挡、5 挡和 7 挡的驱动轴 1。扭矩通过外膜片体传递至离合器 K1。为了密封离合器，变速器齿轮油被压入到离合器的齿轮油压力室 1（液压油缸）内。这样，活塞 1 运动时，将离合器 K1 的膜片单元挤压在一起。通过内膜片体的膜片单元将扭矩传递到驱动轴 1 上。在离合器分离时，螺旋弹簧 1 将活塞 1 重新压回到起始位置。

（4）离合器 K2

离合器 K2 是内离合器（见图 4-18），它将扭矩传递给负责 2 挡、4 挡、6 挡和倒挡的驱动轴 2。扭矩通过外膜片体传递至离合器 K2。为了密封离合器，变速器齿轮油被压入到齿轮油压力室 2（油缸）内。接着通过驱动轴 2 的膜片单元，活塞 2 实现动力传递。当离合器分离时，螺旋弹簧将活塞 2 重新压到起始位置。

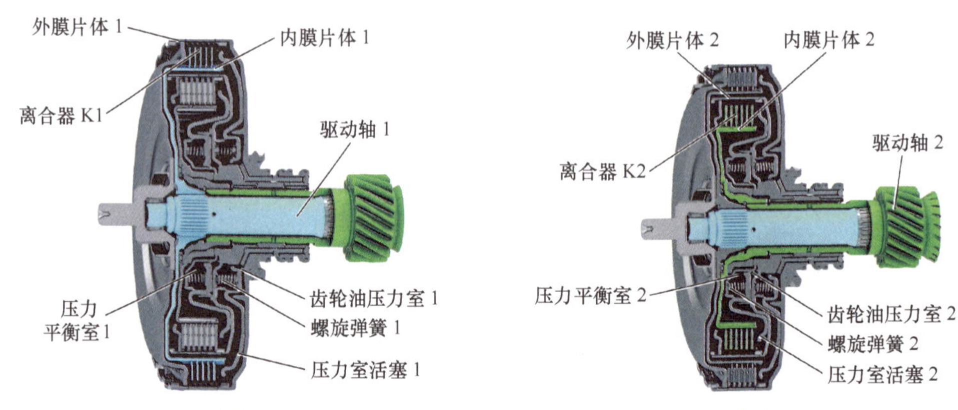

图 4-17　离合器 K1　　图 4-18　离合器 K2

（5）扭矩输入

发动机扭矩通过双惯性飞轮的啮合齿套传递到双离合器的输入轮毂上（见图 4-19）。输入轮毂与从动盘焊接在一起，从动盘与离合器 K1 的外膜片支架紧密地连接在一起，这样发动机扭矩就能传递到双离合器上，如图 4-20 所示。

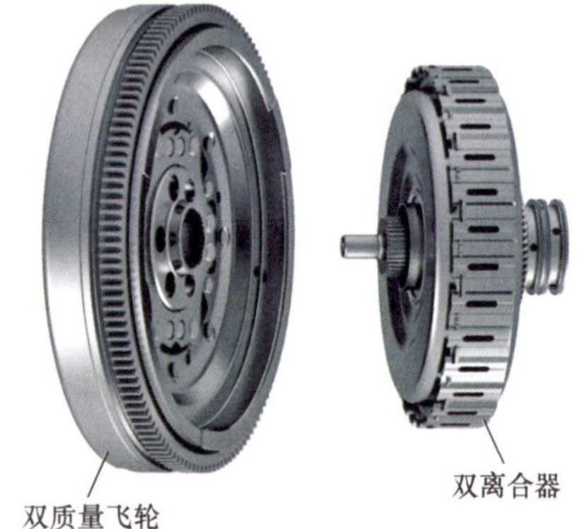

图 4-19　双惯性飞轮与双离合器

2. **干式双离合器**

大众 0AM 型 7 速双离合自动变速器是一款前部横置、干式双离合自动变速器，该变速器是基于大众 02E 型 6 挡湿式双离合自动变速器发展而来的，其最大扭矩为 250N · m，被广泛应用到国内大众合资 1.5L 以下小排量乘用车型上，例如 Polo、Golf、Passat、Touran 和斯柯达等小排量车型。

大众 0AM 型与 0BT 型的机械变速器结构相同，区别在于 0AM 型变速器采用干式双离合器。工作时，发动机扭矩从固定在曲轴上的双质量飞轮传递到双离合器。为此，双质量飞轮上装有内齿套，与双离合器支承环上的花键外齿互相啮合，将扭矩传递至双离合器，如图 4-21 所示。

我们知道，与普通手动变速器配套的膜片弹簧式离合器平时是处于接合状态的，当需要换挡工作时，离合器才会分离。而 0AM 型变速器的干式双离合器的工作状态与手动变速器配置的离合器正好相反，平时是分离的，当需要工作时，离合器才接合。0AM 型变速器的干式双离合器的接合与分离是通过两个拨杆来实现的，拨杆是通过机械电子控制单元的液压来驱动的。干式双离合器总成结构如图 4-22 所示。

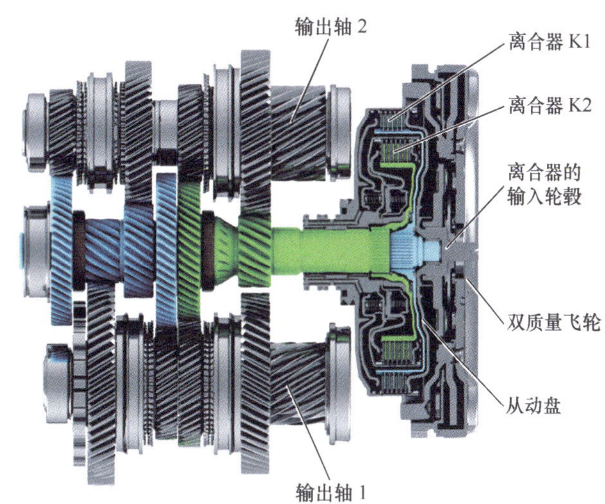

图 4-20　双离合器与机械变速器的关联结构

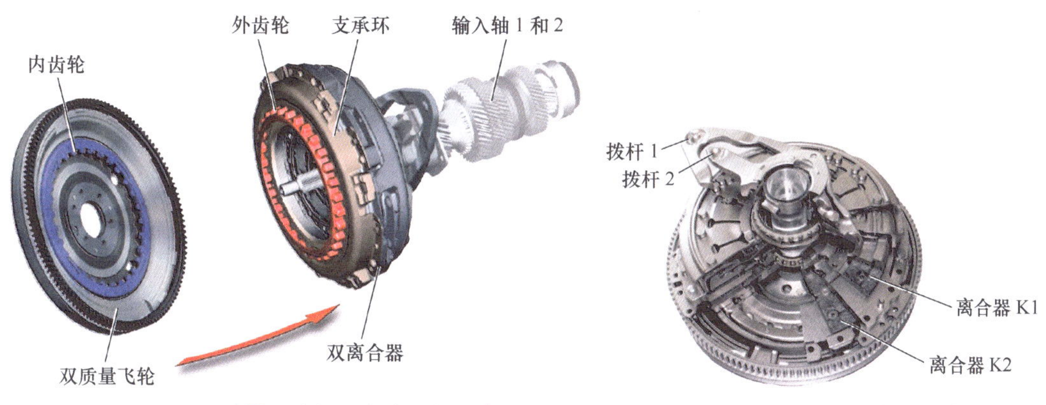

图 4-21　双质量飞轮与双离合器的配合

图 4-22　干式双离合器总成

（1）干式双离合器结构

双离合器安装在变速器壳体内，由两个传统干式离合器接合在一起。离合器 K1 通过花键将扭矩传递给输入轴 1。输入轴 1 将 1 挡和 3 挡的扭矩继续传递给输出轴 1，将 5 挡和 7 挡的扭矩传递给输出轴 2。离合器 K2 通过花键将扭矩传递给输入轴 2。输入轴 2 将 2 挡和 4 挡的扭矩继续传递给输出轴 1，将 6 挡和倒挡的扭矩传递给输出轴 2。此后扭矩通过倒挡中间齿轮 R1 继续传递给输出轴 3 的倒挡齿轮 R2。所有 3 个输出轴都与差速器的主减速器齿轮连接，如图 4-23 所示。

① 双离合器主动轮

变速器工作时，支承环将扭矩传递给双离合器内的主动轮。为此，支承环与主动轮彼此固定连接在一起，主动轮以浮动轮方式支撑在输入轴 2 上。如果操纵了其中一个离合器，则发动机扭矩会通过主动轮传递给相应的离合器从动盘，然后继续传递给相应的输出轴，如图 4-24 所示。

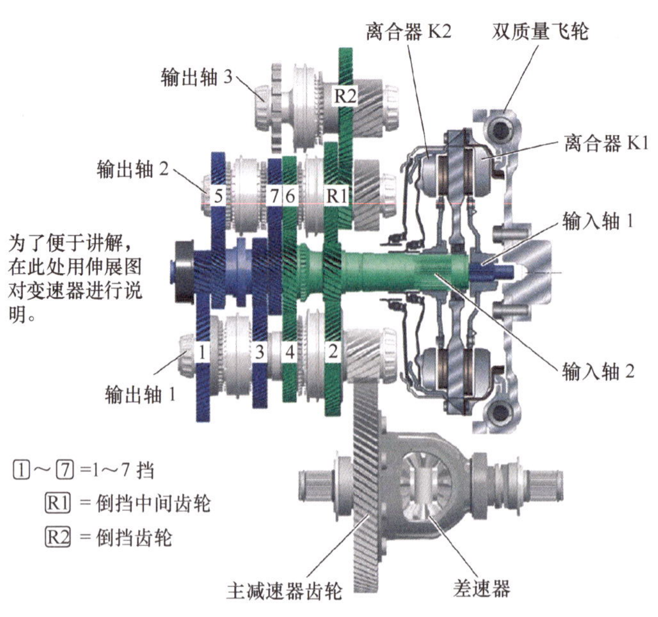

图 4-23　干式双离合器与机械变速器的配合关系

发动机扭矩就从主动轮传递至相应的离合器从动盘，并通向对应的驱动轴，两个独立的干式离合器在各自的齿轮副内独立传递扭矩。离合器可以处于两个位置：

- 发动机停机和怠速运转时，两个离合器均为分离状态；
- 行驶状态时，两个离合器中始终只有一个离合器为接合状态。

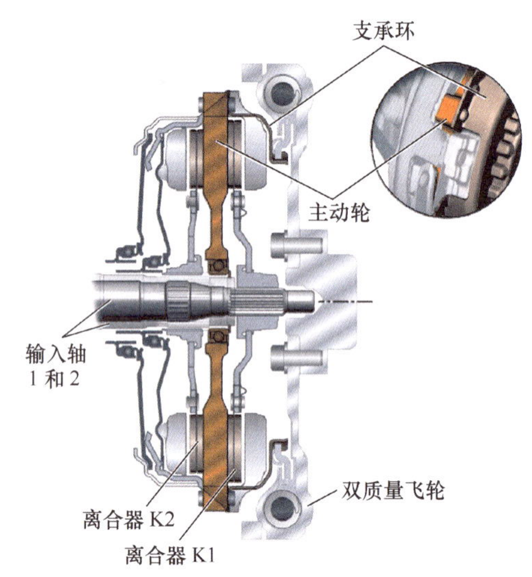

图 4-24　双离合器主动轮的结构与功能

② 离合器 K1

离合器 K1 负责将 1 挡、3 挡、5 挡和 7 挡的扭矩传递到输入轴 1。离合器 K1 处于分离状态，如图 4-25（a）所示。

为使离合器 K1 接合，分离杠杆将分离轴承按压至膜片弹簧上。通过离合器内的几个转换点变换，压缩运动转化为张紧运动（见图 4-25（b））。这样，压盘将离合器从动盘和驱动盘推在一起，扭矩就传递到了驱动轴上。分离杠杆通过液压离合器 K1 操控器控制的齿轮副的离合器操控器电磁阀（N435）来起动。

③ 离合器 K2

离合器 K2 将 2 挡、4 挡、6 挡和倒挡的扭矩传递到驱动轴 2，如图 4-26（a）所示。

为使离合器 K2 接合，电液控制系统驱动分离杠杆动作，将分离轴承按压压盘的膜片弹簧。由于膜片弹簧被离合器壳体所支撑，压盘被压到驱动盘上，发动机扭矩传递到输入轴 2，如图 4-26（b）所示。分离杠杆通过液压离合器 K2 操控器控制的齿轮副的离合器操控器电磁阀（N439）来起动。

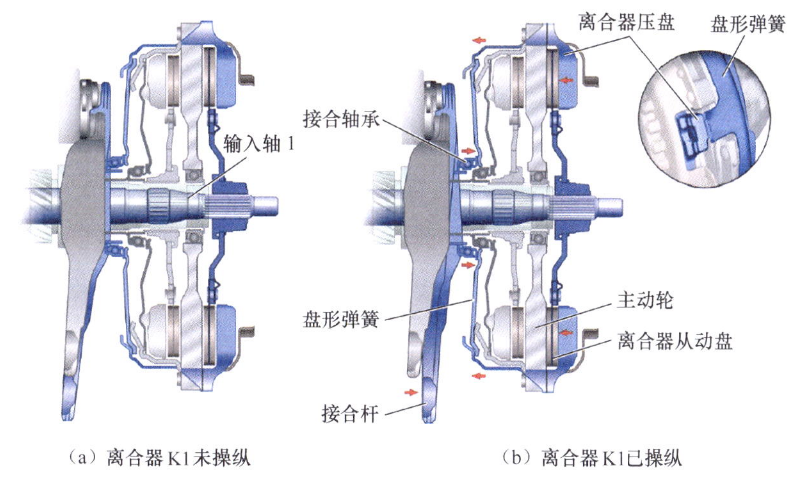

（a）离合器 K1未操纵　　（b）离合器 K1已操纵

图 4-25　离合器 K1 工作状态

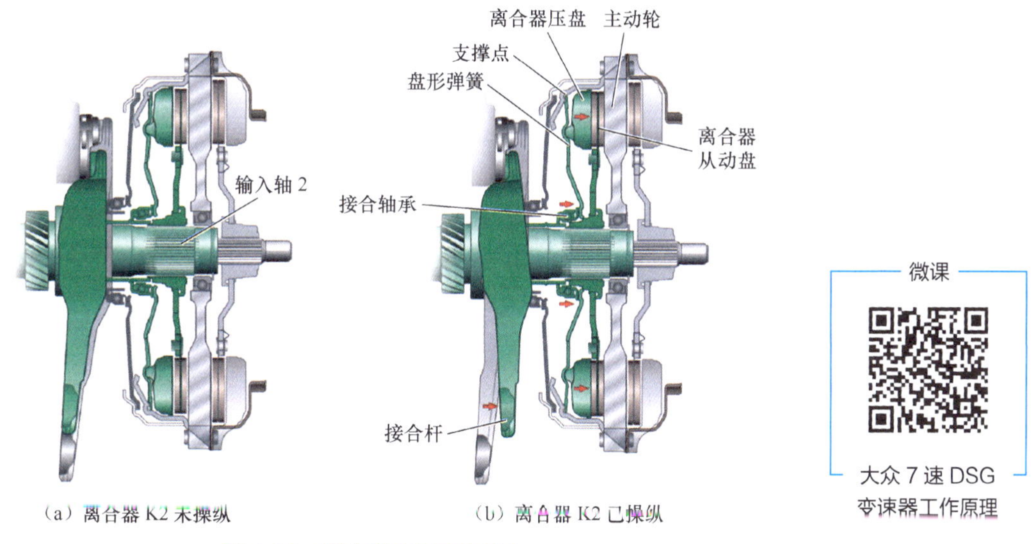

（a）离合器 K2 未操纵　　（b）离合器 K2 已操纵

图 4-26　离合器 K2 工作状态

④ 机械电子控制装置

机械电子控制装置 J743 是变速器的核心控制总成。在该总成中电控单元（ECU）和电子液压式执行单元合并成为一个总成部件（J743），如图 4-27 所示。该总成拥有独立的 DSG 油循环管路，独立于机械变速器的 DSG 油循环管路。

机械电子装置总成 J743 的 ECU 是变速器的控制核心。所有传感器信号和其他控制单元的信号都汇总于此，且所有控制程序都通过它来执行和监测，它产生换挡和启用离合器所需的油液压力。

a. ECU。ECU 内集成了 11 个传感器，只有变速器输入转速传感器 G182 位于 ECU 的外面。ECU 以液压方式控制并调节 8 个电磁阀，用于切换 7 个挡位和启用离合器。当一个挡位啮合时，ECU 获得（匹配）各个离合器的位置和换挡杆的位置，预判断这些元件的下一步操作。

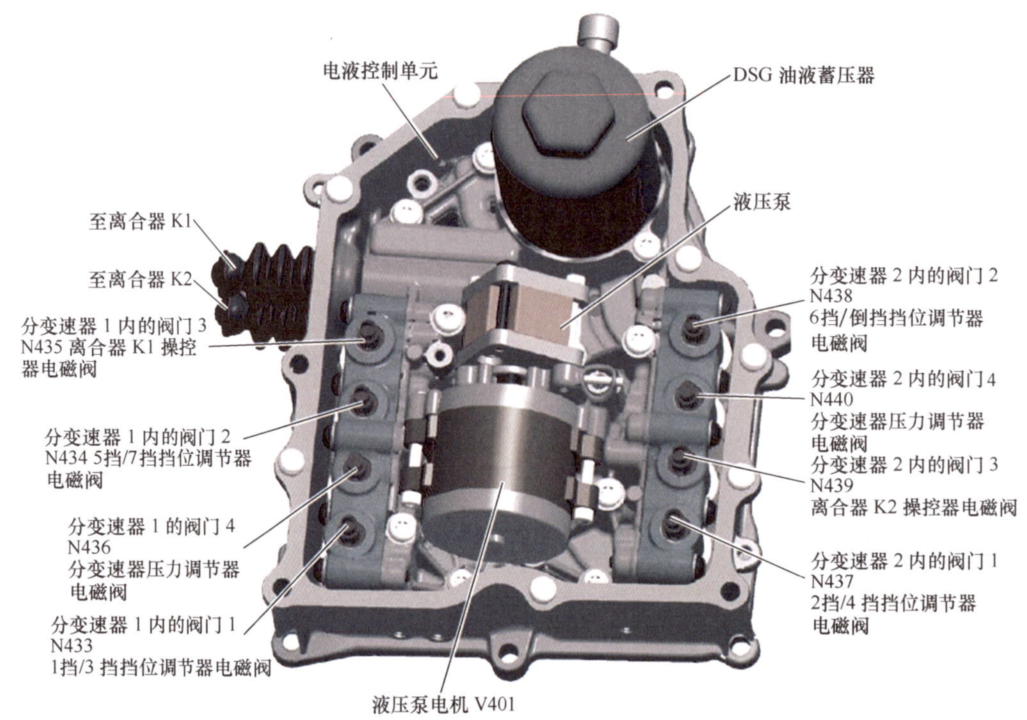

图 4-27　大众 0AM 型 7 速干式双离合变速器机械电子控制总成 J743

b. 离合器操控器电磁阀。离合器操控器电磁阀控制到离合器操控器的油液容量。离合器操控器控制离合器 K1 和 K2。如果没有供给电流，电磁阀和离合器都处于打开状态。

⑤ 离合器操控器

大众 0AM 变速器的离合器 K1 和 K2 都是液压驱动控制的。为实现此要求，机电装置单元为每个离合器配了一个离合器操控器。

a. 操控器结构。如图 4-28 所示，每个离合器操控器中包括一个离合器驱动液压缸和一个离合器操控活塞。离合器操控活塞控制离合器分离杠杆。离合器操控活塞带有一个永久磁铁，便于离合器动态传感器监测活塞的位置。为了防止监测活塞位置的传感器功能削弱，驱动气缸和操控活塞采用无磁性材料制造。

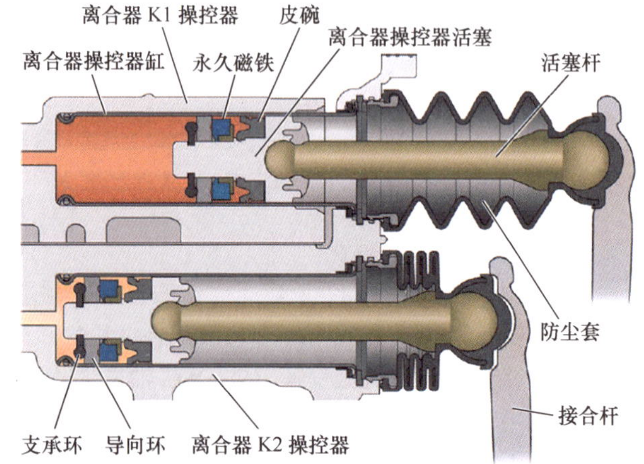

图 4-28　0AM 变速器的离合器操控器结构

为操控离合器，机电装置 ECU 控制的离合器电磁阀分工如下：

- 分变速器 1 内的阀门 3（N435）控制离合器 K1、分变速器 1；
- 分变速器 2 内的阀门 3（N439）控制离合器 K2、分变速器 2。

b. 工作原理，以控制离合器 K1 为例。

未启用离合器时：如图 4-29 所示，离合器操控器活塞位于静止位置。电磁阀（N435）在回流方向一侧打开。来自齿轮副压力调节阀（N436）的油液流回机电装置单元的储油罐里。

启用离合器时：如图 4-30 所示，操纵离合器 K1 时，ECU 控制电磁阀 N435。通过控制打开通向离合器操控器的油通道，ATF 油压到达离合器操控器活塞后方。油液压力推动离合器操控器活塞移动，并操纵离合器 K1 的接合杆，使离合器 K1 接合。ECU 通过离合器行程传感器获得离合器具体位置信号。

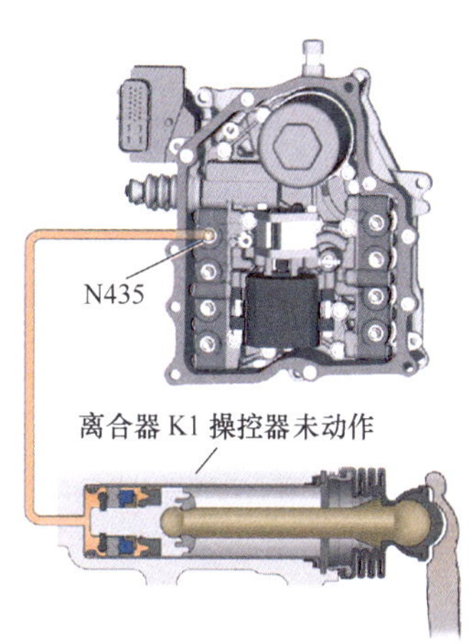

图 4-29　离合器操控器未动作状态

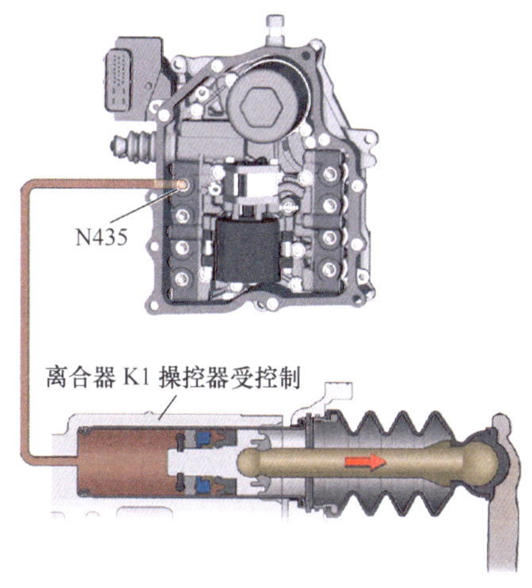

图 4-30　离合器操控器受控动作

离合器操控器电磁阀 N435 通过控制离合器操控器与回流管路之间的油压，实现离合器滑转以及变速器输入转速与输入轴转速之间的转速差。

3. 福特 6DCT250 变速器的干式双离合器

(1) 离合器电动控制结构

福特 6DCT250 变速器的干式双离合器采用电机驱动模式，两个电机控制模块各控制一个离合器（C1，C2），驱动电机由变速器 ECU 控制（见图 4-31）。C1、C2 驱动电机的夹角为 108°，推力环最大推力为 3200N。

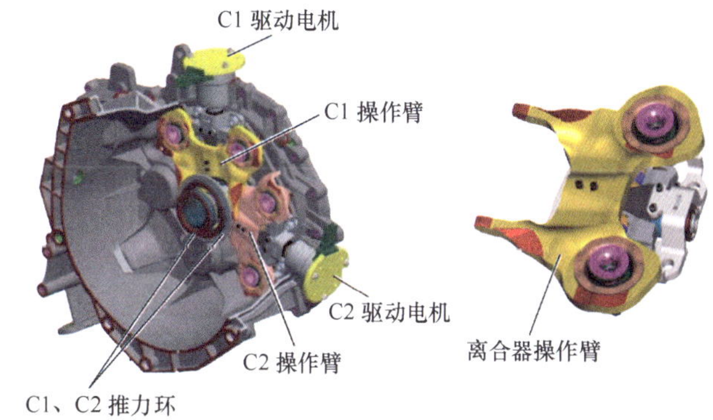

图 4-31　福特 6DCT250 变速器离合器操纵机构

离合器驱动电机控制模块结构如图 4-32 所示。

(2) 离合器的工作过程

我们以离合器 C2 的工作过程为例介绍离合器电动控制过程，如图 4-33 所示。

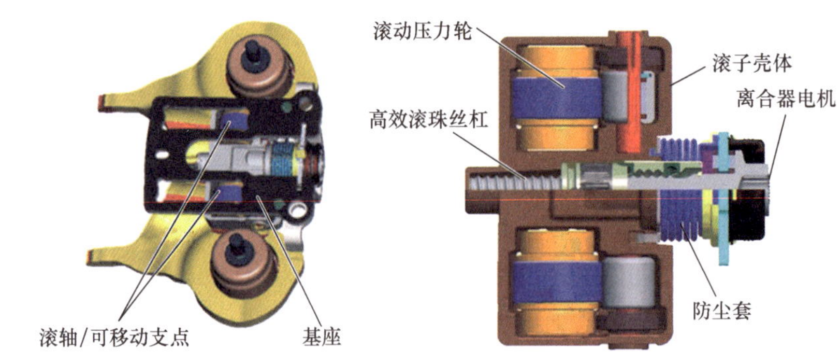

图 4-32　离合器电机控制模块结构

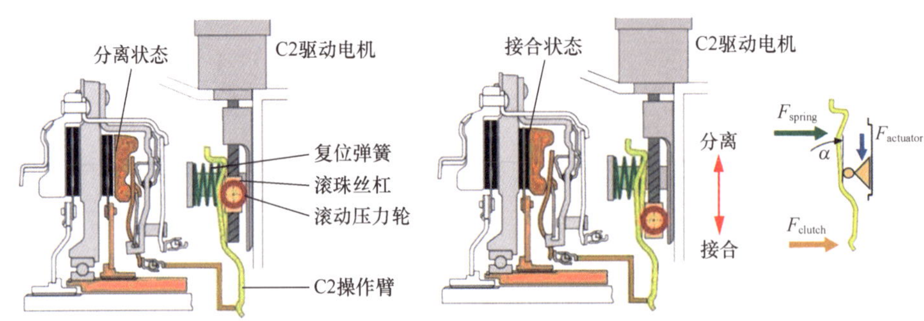

（a）滚动压力轮在操作臂底部，此时没有动力传递　（b）滚动压力轮在操作臂下部，此时有动力传递

图 4-33　福特 DPS6 型变速器的离合器电动控制过程

滚动压力轮在操作臂的外部可以来回滚动。操作臂底部（图 4-33 的上端）凹下去，滚轮在这个位置时离合器压盘是分离的。电机驱动滚珠丝杠旋转，丝杠可带动大螺母正转或者反转。大螺母上面就是滚动压力轮。为了减小传动摩擦阻力，压力轮和大螺母上的轴销是用轴承连接的。因为滚珠丝杠传动角度很小，所以丝杠可以很容易地推动螺母前行，但反过来，螺母推动丝杠转动就需要很大的力度，从丝杠转动到螺母下行是一个力量成倍放大的过程。

当驱动电机带动丝杠转动时，丝杠推动滚动压力轮下移到操作臂下部，操作臂向离合器方向施力，这样离合器 C2 接合，动力从主动盘传递到 C2 从动盘，再传递到第二输入轴。

当滚动压力轮停在中间位置时施加部分压力，让从动盘和主动盘不完全接合，这样就可以形成滑磨状态（转速差），从而实现半联动状态。

当离合器压紧后，没有挡位变换时，电机一个小电流即可把螺母停在当前位置，或者电机本身有锁定装置。

任务二　双离合变速器的机械变速器

大众 0BT 型 7 速双离合变速器是三轴机械变速器（见图 4-34）。驱动轴由两根独立的轴组成，它们构成一个紧凑的单元。在两根驱动轴之间有一个轴向轴承和两个径向轴承。在变速器外壳内，两根驱动轴分别通过一个滚动轴承固定。

该变速器的从动齿轮（常啮合齿轮）和同步器位于两根输出轴上，分别通过两个锥形滚柱轴承将轴固定于变速器外壳内。驻车制动器啮合齿轮作为输出轴 1 的制动齿轮，在变速器外壳内采用了这种机械操作装置，当挂入驻车制动器时，输出轴 1 被锁止。

一、机械变速器结构与功能

1. 驱动轴

驱动轴被作为一个紧凑的单元布置在变速器内（见图 4-35）。驱动轴 2 是中空的，驱动轴 1 穿过中空的驱动轴 2 运转（见图 4-36）。驱动轴 1 与离合器之间通过啮合花键相连，它根据挂入的挡位将发动机扭矩传递给输出轴。每根轴上都装有滚动轴承，通过滚动轴承将驱动轴安装在壳体上。驱动轴 1 支撑在球轴承内，驱动轴 2 由圆柱滚子轴承支撑。为了克服沿轴向的作用力，在两根驱动轴之间装有一个轴向轴承。

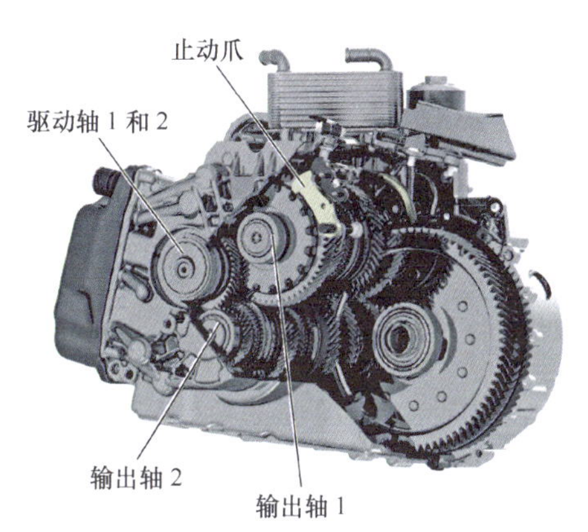

图 4-34　三轴机械变速器

图 4-35　驱动轴装配位置（红色所示）

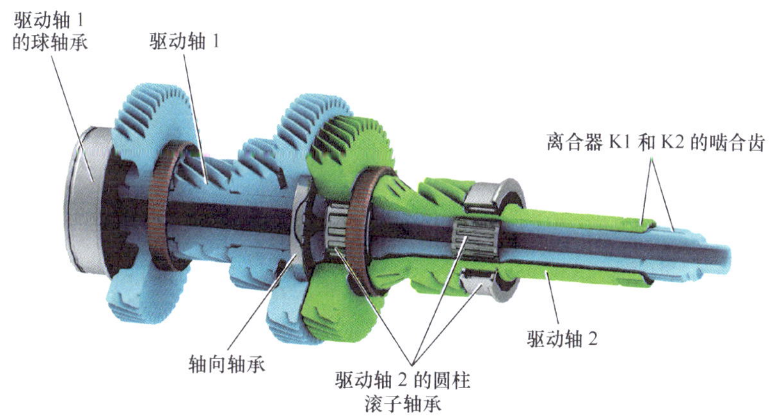

图 4-36　驱动轴 1（蓝色）和驱动轴 2（绿色）的结构

（1）驱动轴 1

驱动轴 1 和离合器 K1 通过啮合花键相连。通过离合器，变速器可以在 1 挡、3 挡、5 挡、7 挡之间切换。为了获取驱动轴的转速，在此轴上装有配置驱动轴转速传感器（G501）的传感器轮。驱动轴 2 由两个径向轴承和一个平面轴向轴承导引，并由它们支撑在驱动轴 1 上，如图 4-37 所示。

（2）驱动轴 2

如图 4-38 所示，驱动轴 2 是空心轴，它与离合器 K2 通过啮合花键相连。通过驱动轴 2，变速器可以实现 2 挡、4 挡、6 挡和倒挡之间的切换。为了获取输出轴的转速，在此轴上装有配置驱动轴转速传感器（G502）的传感器轮。

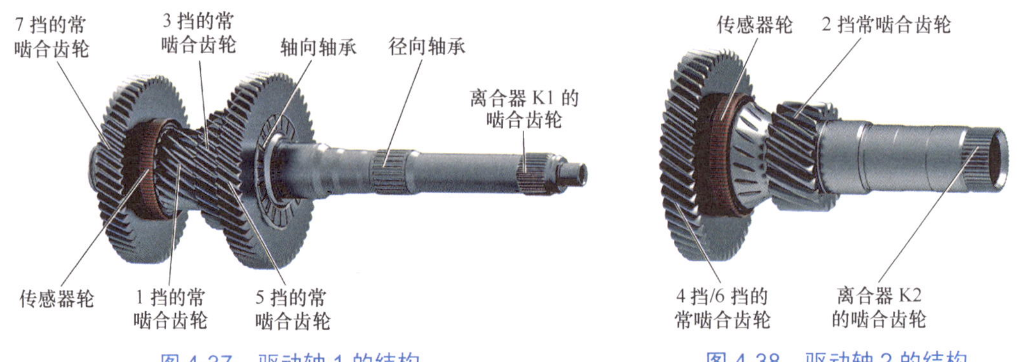

图 4-37　驱动轴 1 的结构　　图 4-38　驱动轴 2 的结构

2. 输出轴

在变速器内有两根输出轴。根据所挂入的挡位，发动机扭矩由驱动轴传递到输出轴上。每一根输出轴上都有常啮合齿轮，借助它可将扭矩通过从动齿轮传递给车轴驱动装置的圆柱齿轮。

（1）输出轴 1

输出轴 1 装配位置如图 4-39 所示。在输出轴 1 上有 1 挡、4 挡、5 挡和倒挡的常啮合齿轮，1 挡和倒挡的同步器（三倍同步器），4 挡、5 挡的同步器（单倍同步器），驻车制动器轮。输出轴 1 的结构如图 4-40 所示。

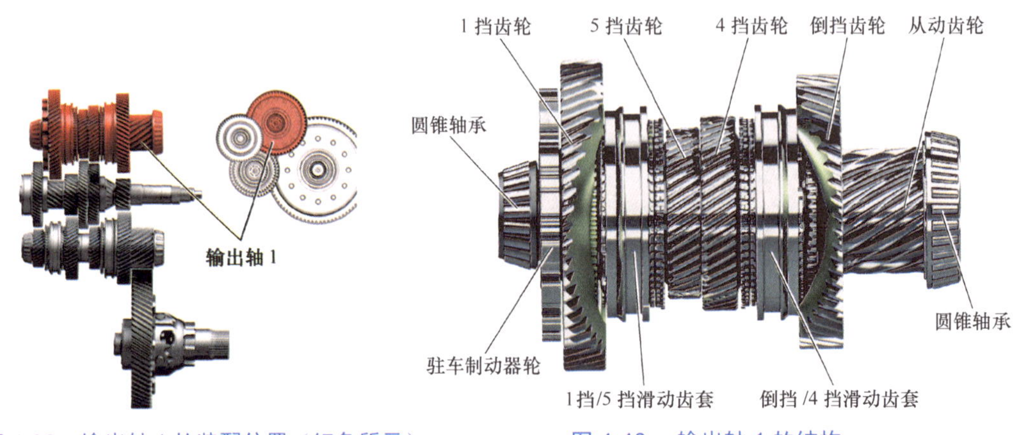

图 4-39　输出轴 1 的装配位置（红色所示）　　图 4-40　输出轴 1 的结构

（2）输出轴 2

输出轴 2 装配位置如图 4-41 所示。在输出轴 2 上有 2 挡、3 挡、6 挡、7 挡的常啮合齿轮，2 挡、3 挡的同步器（三倍同步器），6 挡、7 挡的同步器（单倍同步器）。输出轴 2 的结构如

图 4-42 所示。

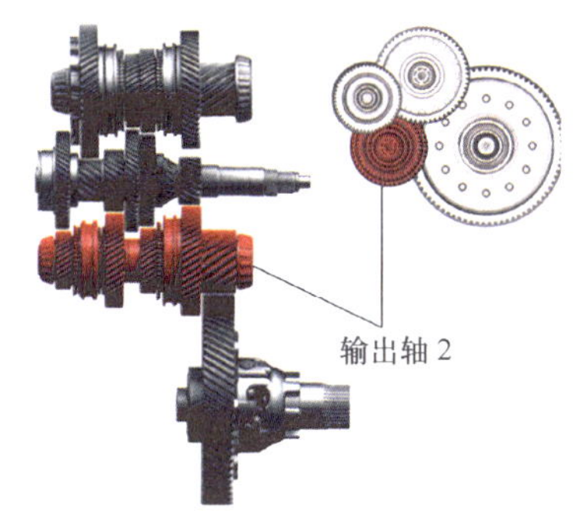

图 4-41　输出轴 2 装配位置（红色所示）

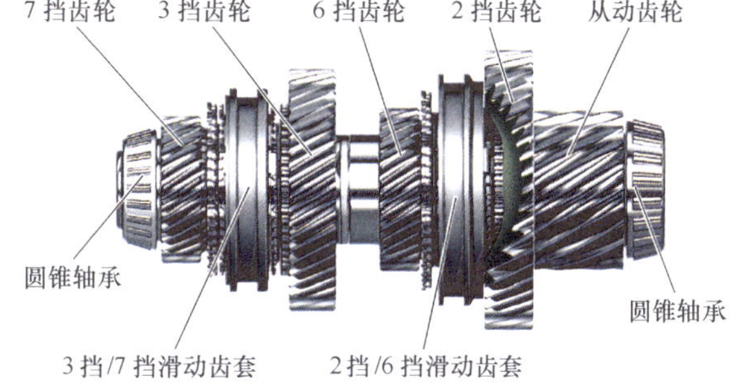

图 4-42　输出轴 2 的结构

3. 轴向张紧连接

这款 7 速双离合变速器中的输出轴应用了轴向张紧连接。为了能够传递较大的发动机扭矩，而不增加轴的材料强度（避免了对变速器总重量的影响），该变速器在常啮合齿轮的轴承内环和驱动轴之间采用预应力配合的连接方式，通过张紧螺栓的拉力使得有效轴径增加，可以传递较大的扭矩。

（1）输出轴 1 的轴向张紧连接

输出轴 1 的轴向张紧连接对外侧锥形滚柱轴承的内环、驻车制动器、所有轴承内环、止推垫片以及同步器均有影响，如图 4-43 所示。这种预紧连接直接作用于从动齿轮处的止推垫片。

（2）输出轴 2 的轴向张紧连接

输出轴 2 的轴向张紧连接对外侧锥形滚柱轴承的内环、位于 3 挡的常啮合齿轮的止推垫片均有影响，如图 4-44 所示。在输出轴 2 上此预紧连接可起到自我支撑的作用。

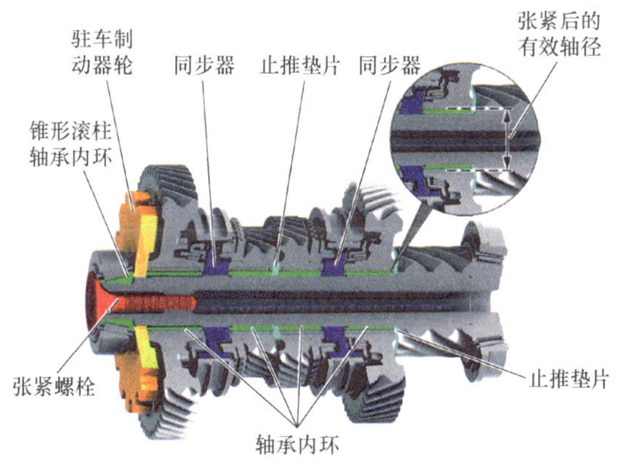

图 4-43　输出轴 1 的轴向张紧连接

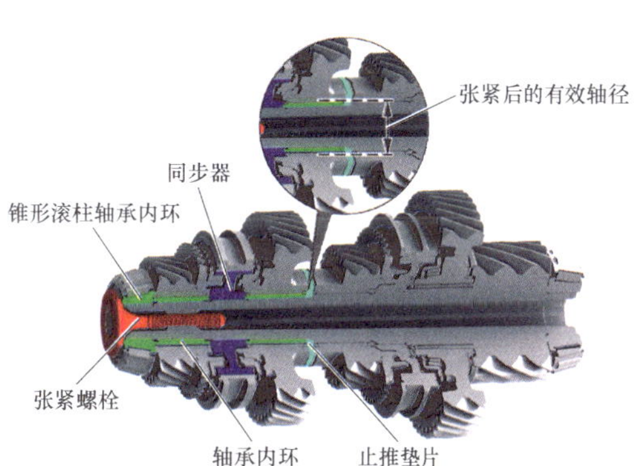

图 4-44　输出轴 2 的轴向张紧连接

4. 同步器

该变速器的同步器原理与普通机械变速器相同，其功能是在要切换到的齿轮和滑动齿套之间建立同步运转的关系。因此，在换挡过程开始时，一个或多个镀层的同步环会被压入到摩擦圆锥体上。产生的摩擦用于调整齿轮的转速，由此实现同步转速换挡。该变速器同步器的所有摩擦面均进行过碳涂层处理。

（1）同步器结构

该变速器采用的为惯性锁环式同步器，2 挡、4 挡和倒挡同步器结构如图 4-45 所示。

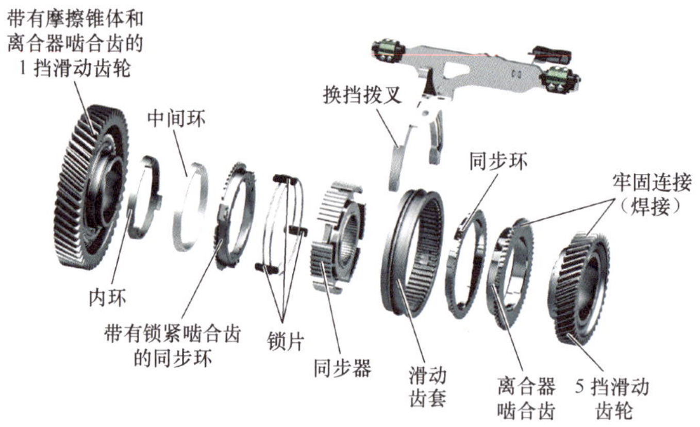

图 4-45　2 挡、4 挡和倒挡同步器的结构

（2）单倍同步器和三倍同步器的区别

① 单倍同步器。换挡机构的 4 挡、5 挡、6 挡和 7 挡采用的是单倍锥体系统，如图 4-46（a）所示。在换挡时，该系统转速差较小，因此转速调整更快。

图 4-46　单倍同步器和三倍同步器的结构

② 三倍同步器。需要同步的常啮合齿轮之间的转速是低挡位大于高挡位。为了实现对

低挡位的不同常啮合齿轮间的巨大转速差的更快调整，在低挡位上安装有大直径以及大质量的齿轮。在同步时，必须克服齿轮的巨大惯性。因此，1 挡、2 挡、3 挡和倒挡都配备有三倍同步器，如图 4-46（b）所示。相对于单倍锥体系统，它拥有一个面积明显加大的摩擦面。由于有一个更大的热传导面，同步器效率得以提高。

5. 减速器与差速器

机械变速器的两根输出轴将扭矩传递给减速器的驱动齿轮，驱动齿轮又通过驱动轴和差速器将扭矩传递给车轮。驱动轴内的内花键与半轴连接，而不是采用传统的螺栓与凸缘连接的方式。

在该款变速器中采用了带有轴锥齿轮的差速器（见图 4-47）。轴锥齿轮上装有密封件，通过装在轴锥齿轮上的两个橡胶金属护盖密封件，可以避免油液从外侧进入到差速器内的现象发生。注意如果金属橡胶密封件损坏，则变速器将不再密封，需要更换变速器。

图 4-47 差速器

6. 驻车制动器

在发动机熄火时，两个离合器 K1 和 K2 处于分离状态。为了安全停车以及防止在没有操作驻车制动器的情况下发生不必要的溜车，这款 7 速双离合变速器如同自动变速器一样配有驻车制动器（或称驻车锁），如图 4-48 所示。

（1）驻车制动器结构

工作时，驾驶员操纵变速杆至 P 挡位，通过位于变速杆和变速器上的驻车制动器的手柄之间的拉绳将止动爪插入。拉绳仅用于操作驻车制动器，拉绳通过一个支座和导向板固定在变速器上（见图 4-49）。

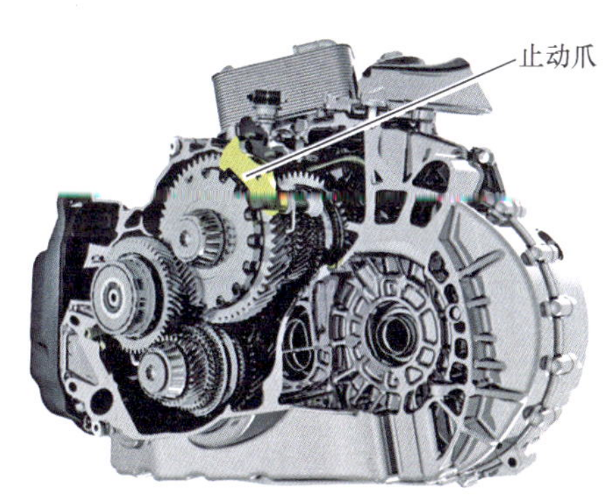

图 4-48 驻车制动器装配位置

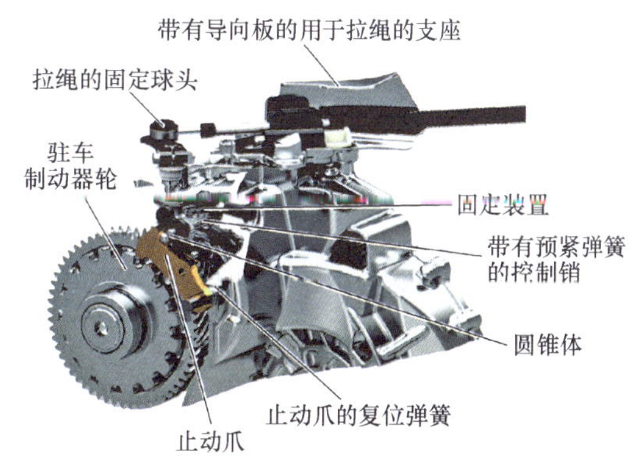

图 4-49 驻车制动器结构

（2）驻车制动器的工作原理

① 在未操纵驻车制动器时（变速杆位置在 R 挡位、N 挡位、D 挡位、S 挡位）。控制销的圆锥体插入支承板，并卡止在止动爪处。通过复位弹簧，止动爪停留在未操纵的位置（见图 4-50）。

② 变速杆推到 P 挡位置时，通过拉绳操纵驻车制动器，控制销的圆锥体会对着支承板

和止动爪而被压下。因为支承板固定不动，所以止动爪向下运动。如果它碰到驻车制动器轮的一个轮齿，则预紧弹簧会被拉紧。固定装置会将控制销固定在该位置，如图 4-51 所示。

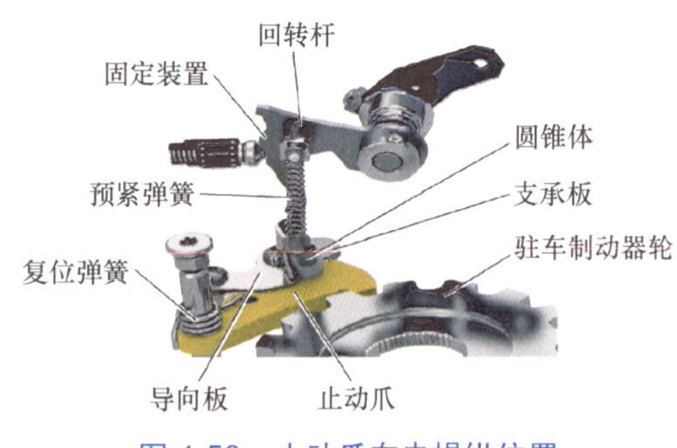

图 4-50　止动爪在未操纵位置

③ 操纵驻车制动器（变速杆在 P 挡位置），如图 4-52 所示，止动爪进入卡入预备位置。如果车辆继续移动，则驻车制动器轮也会一起转动。因为控制销已被预紧，所以它会自动将止动爪压入驻车制动器轮的下一个齿槽中。

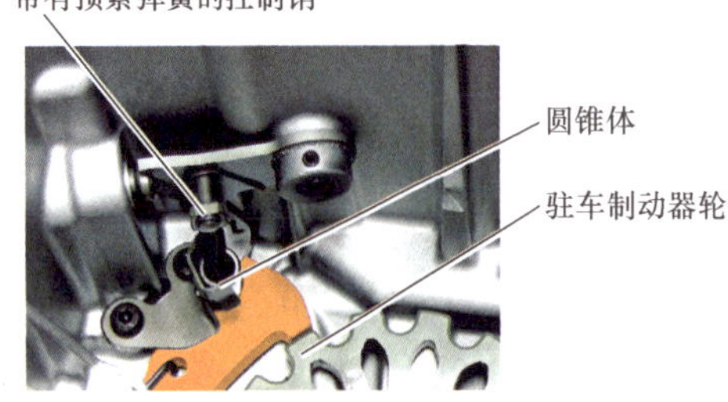

图 4-51　驻车制动器处于制动状态位置但未卡入齿槽

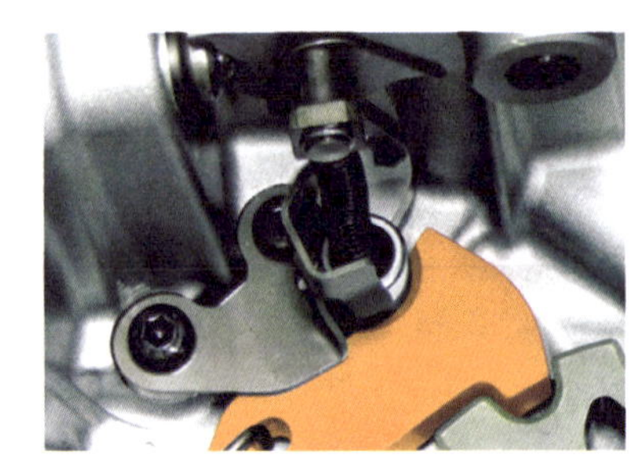
图 4-52　驻车制动器止动爪卡入锁止位

出于安全考虑，根据如下条件设计止动爪和驻车制动器轮轮齿的造型、端面角度以及止动爪的压入力。当行驶速度在约 5km/h 以上时，止动爪不卡入锁止位置。如果在较高速度时无意地操纵驻车制动器，止动爪会在划过驻车制动器轮的轮齿时发出很大的响声。

7. **挡位动力传递路线**

① 1 挡。参与动力传递的零部件有分变速器 1、离合器 K1、驱动轴 1、输出轴 1、1 挡的常啮合齿轮和车桥驱动装置，其动力传递路线如图 4-53 所示。

② 2 挡。参与动力传递的零部件有分变速器 2、离合器 K2、驱动轴 2、输出轴 2、2 挡的常啮合齿轮和车桥驱动装置，其动力传递路线如图 4-54 所示。

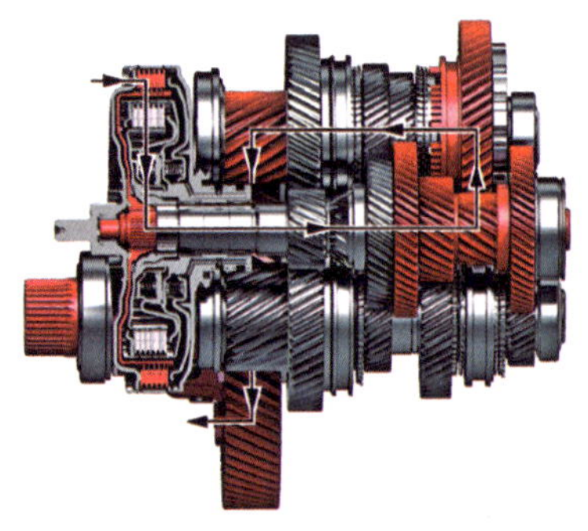
图 4-53　1 挡动力传递线路

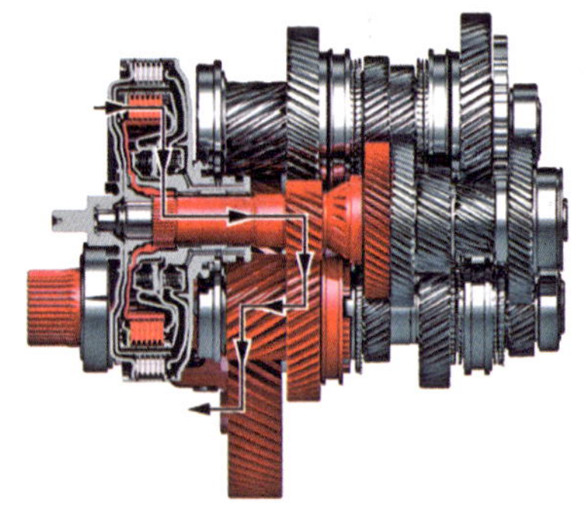
图 4-54　2 挡动力传递线路

③ 3 挡。参与动力传递的零部件有分变速器 1、离合器 K1、驱动轴 1、输出轴 2、3 挡的常啮合齿轮和车桥驱动装置，其动力传递路线如图 4-55 所示。

④ 4 挡。参与动力传递的零部件有分变速器 2、离合器 K2、驱动轴 2、输出轴 1、4 挡的常啮合齿轮和车桥驱动装置，其动力传递路线如图 4-56 所示。

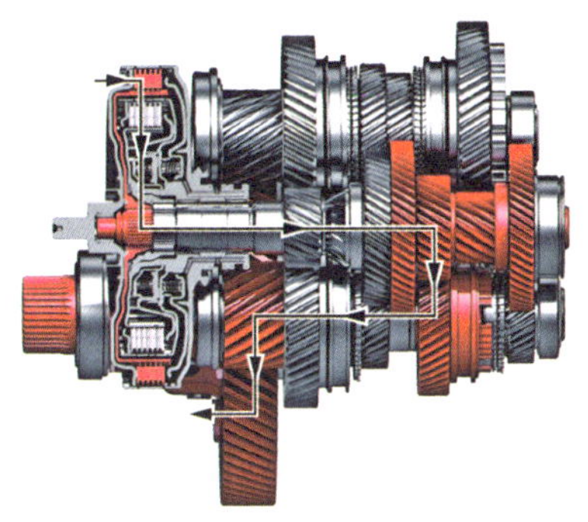

图 4-55　3 挡动力传递线路

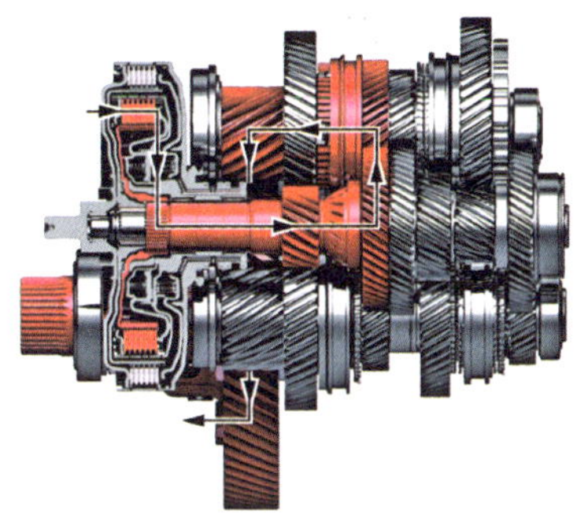

图 4-56　4 挡动力传递线路

⑤ 5 挡。参与动力传递的零部件有分变速器 1、离合器 K1、驱动轴 1、输出轴 1、5 挡的常啮合齿轮和车桥驱动装置，其动力传递路线如图 4-57 所示。

⑥ 6 挡。参与动力传递的零部件有分变速器 2、离合器 K2、驱动轴 2、输出轴 2、6 挡的常啮合齿轮和车桥驱动装置，其动力传递路线如图 4-58 所示。

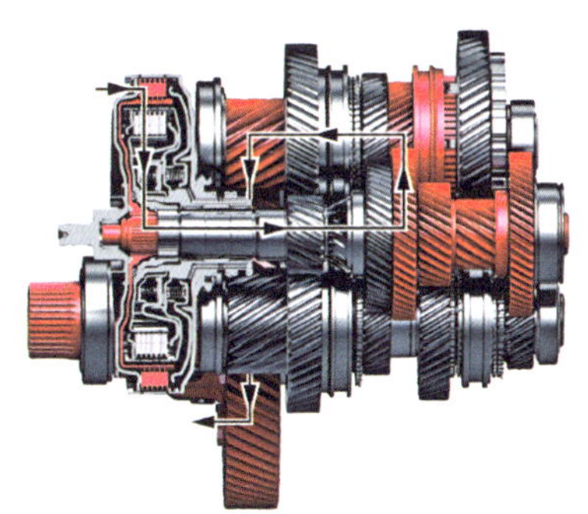

图 4-57　5 挡动力传递线路

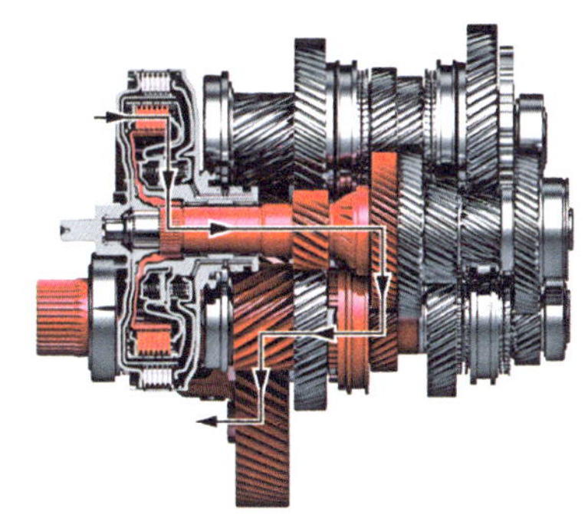

图 4-58　6 挡动力传递线路

⑦ 7 挡。参与动力传递的零部件有分变速器 1、离合器 K1、驱动轴 1、输出轴 2、7 挡的常啮合齿轮和车桥驱动装置，其动力传递路线如图 4-59 所示。

⑧ 倒挡。参与动力传递的零部件有分变速器 2、离合器 K2、驱动轴 2、输出轴 2、2 挡的常啮合齿轮、输出轴 1 倒挡的常啮合齿轮和车桥驱动装置，其动力传递路线如图 4-60 所示。在挂入倒挡后，发动机扭矩会通过离合器 K2 和驱动轴 2，经过 2 挡上未换挡的常啮合齿轮传递到倒挡上已换挡的常啮合齿轮，然后由此传递到车桥驱动装置上，如图 4-61 所示。

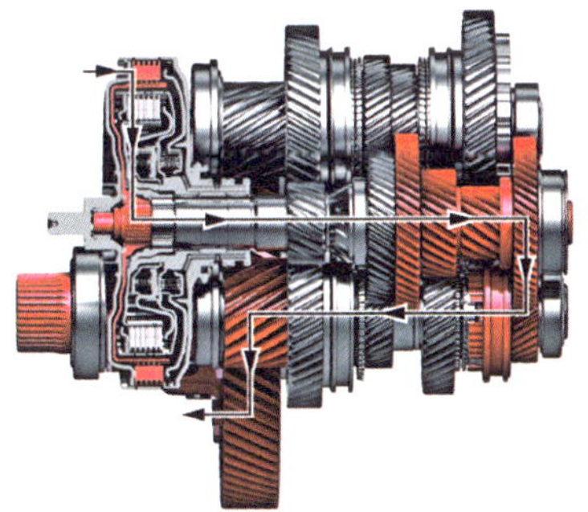

图 4-59　7 挡动力传递线路

图 4-60 倒挡动力传递线路

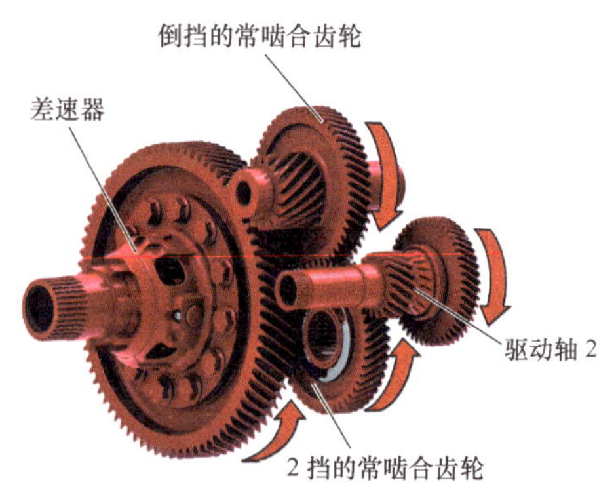

图 4-61 倒挡动力传递的反方向线路

输出轴 2 挡齿轮具有双功能，除了传递 2 挡的动力之外，还要承担已取消的倒挡齿轮轴反向转动的任务。在挂入倒挡时通过还未换挡的 2 挡来改变变速器内的转动方向。2 挡的常啮合齿轮和倒挡的常啮合齿轮一直处于啮合状态，如图 4-62 所示。

在切换到倒挡时，由于常啮合齿轮是斜齿啮合齿，所以它在输出轴 2 挡上产生了轴向力。因此，采用附加的轴向轴承来支撑 2 挡的同步器和常啮合齿轮，如图 4-63 所示。

图 4-62 2 挡齿轮与倒挡齿轮处于常啮合状态

图 4-63 输出轴 2 挡齿轮附加的轴向轴承

二、湿式双离合变速器机械电子控制装置

机械电子控制装置 J743 是变速器的中央控制单元（见图 4-64）。它位于变速器外壳内，由电动液压控制单元、变速器换挡控制器两部分组成。电动液压控制单元和变速器换挡控制器构成一个单元组合，二者由密封件和机械电子控制装置护盖彼此间连接在一起。

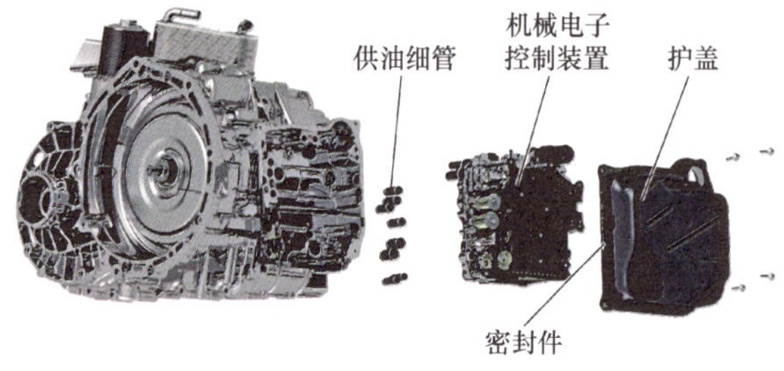

图 4-64 机械电子控制装置

1. 机械电子控制装置的结构

机械电子控制装置 J743 以液压方式控制主压力，两个分变速器内的压力，经压力调节阀流往 8 个挡位调节器的液体流量，换挡阀、两个离合器的压力流量和冷却油流量，以及受负载影响的润滑情况。机械电子控制装置的控制器能够在挂入挡位时识别出离合器的状态以

及挡位调节器的位置。

在机械电子控制装置中安装有变速器控制器，所有传感器信号可在其中汇总。变速器内的所有操作都是由它来指导和监控的。该装置整合了变速器大部分传感器，换挡执行元件直接位于机械电子控制装置旁，装置通过一个中央插头接口与车辆动力 CAN 网络系统连接，负责提供车辆相关的必要的电子信息。控制器通过接触片与电磁阀相连接，工作安全简便。另外，该控制器通过紧凑的结构，将各个插头和连接导线的数量降至最低，由此带来更高的电气可靠性和更轻的重量。

车辆行驶时，变速器的机械电子控制装置上较大机械负荷会产生较高的热能。温度传感器能够实时监控机械电子控制装置的温度，并且在温度达到临界值时实施相应的冷却措施。该装置配置的 10 个以上不同直径的供油细管，确保将油液从机械电子控制装置导入变速器以及从变速器导入机械电子控制装置。

2. 机械电子控制装置的控制器

控制器是机械电子控制装置的指令中心。它收集、分析和传递全部信息，为变速器内外的执行元件生成输出信号，并通过动力 CAN 数据总线实现与外围设备的通信。在该变速器控制器上设有用于监控变速器工作状态的多个传感器（见图 4-65），其中有 2 个用来获取分变速器转速的转速传感器、4 个用来获取挡位调节器位置的行程传感器、2 个用来检测分变速器压力的油压传感器、2 个用来检测 DSG 油温和控制器温度的温度传感器。此外，通过一个与控制器连接的插头在膜片式离合器上装有一个用于检测变速器输入转速和 DSG 油温的组合传感器。为了监控 DSG 油温，在变速器控制器上设有 2 个温度传感器（G93/G510），它们直接测量受温度影响较大的部件的温度。

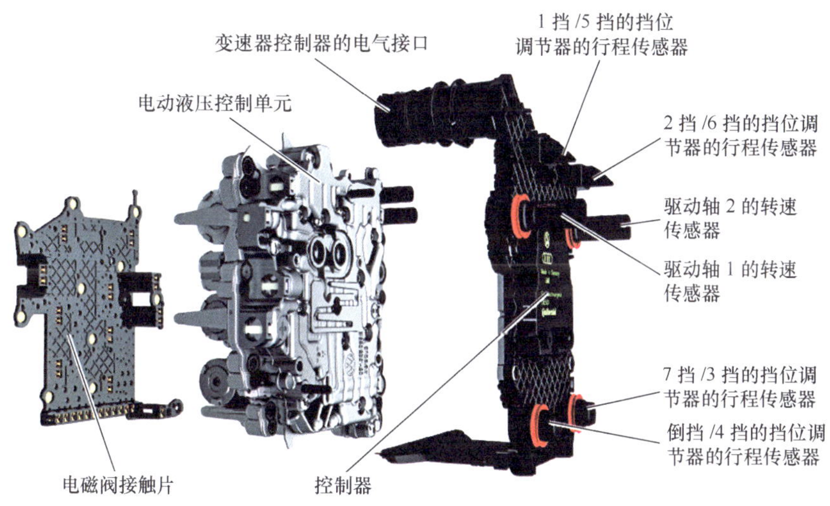

图 4-65　用于监控变速器工作状态的各种传感器及其位置

变速器内形成两个不同（主变速器和电控箱）的油位，由设在 7 挡、4 挡、3 挡和倒挡的挡位调节器行程传感器上的密封件，以及驱动轴 1 的转速传感器和驱动轴 2 的转速传感器上的密封件构成。当密封件缺失或者损坏时，无法满足工作油液储存的条件，将导致变速器无法正常工作。

3. **电动液压控制单元**

电动液压控制单元通过电磁阀来调节变速器内的换挡过程、离合过程和离合器的冷却过程。机械电子控制装置的控制器通过与导体电路相连的接触片来控制电磁阀。这些接触片插在电磁阀触点上，由于其结构紧凑而不再使用导线。

所有电磁阀、压力调节阀以及液压节流阀均位于电动液压控制单元内（见图 4-66）。限压阀能够防止过大的压力损坏变速器。

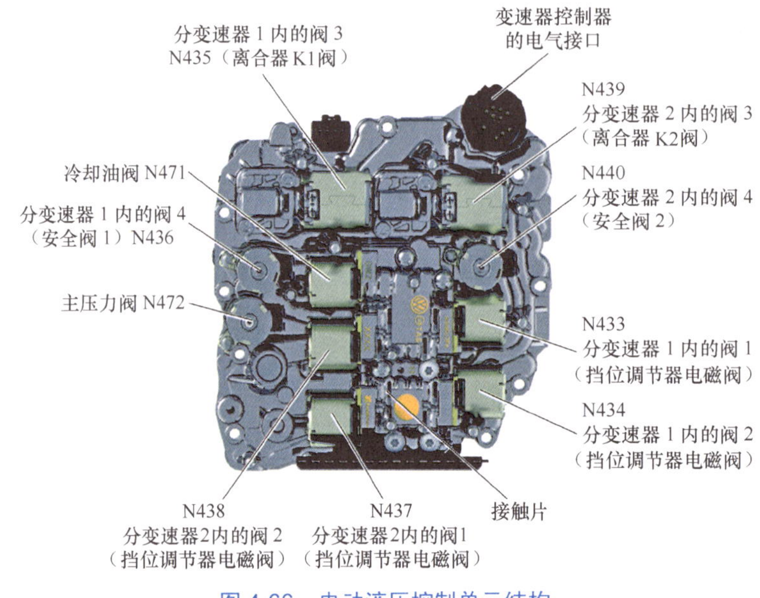

图 4-66　电动液压控制单元结构

三、干式双离合变速器机械电子控制装置

大众 7 速 0AM 型干式双离合变速器的机械电子控制装置与 0BT 型干式双离合变速器基本相同，区别在于其对双离合器的控制与驱动方式。总成 J743 通过法兰安装在变速器上，构成一个独立单元（见图 4-67），它有独立于机械变速器的机油循环回路。

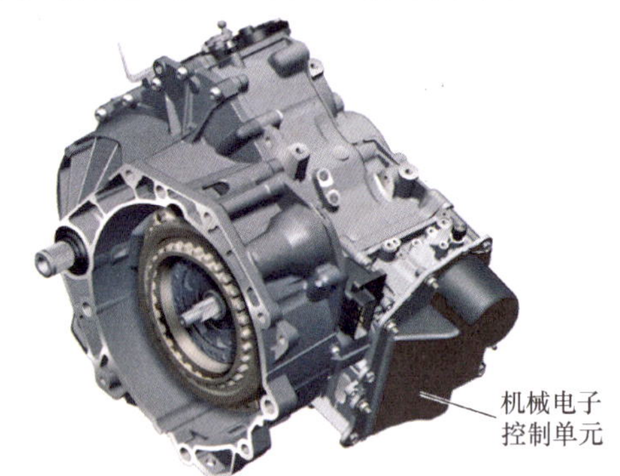

图 4-67　0AM 型干式双离合变速器的机械电子控制单元安装位置

机械电子控制装置中的 ECU 是变速器的中央控制单元。ECU 中汇集了所有传感器信号和其他控制单元的信号，ECU 引导和监控其他所有单元的运行。ECU 中集成了 11 个传感器，只有变速器输入转速传感器 G182 位于该 ECU 外。ECU 以液压方式控制并调节 8 个电磁阀，用以切换 7 个挡位和操纵离合器。机械电子控制装置的传感器布局结构如图 4-68 与图 4-69 所示。

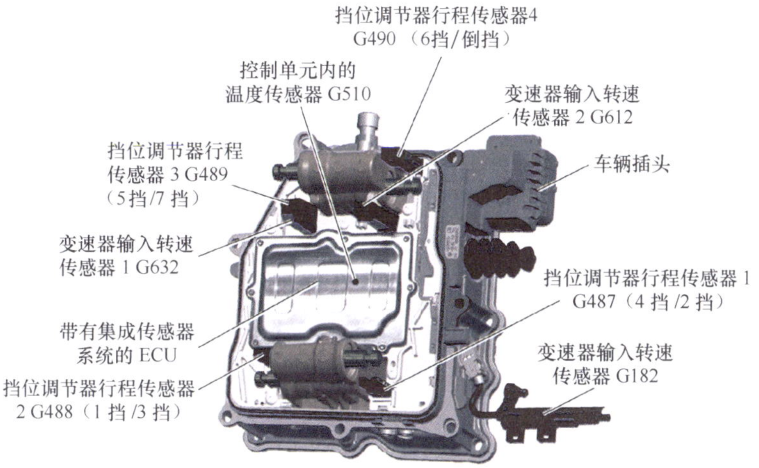

挡位调节器行程传感器4
G490（6挡/倒挡）
控制单元内的
温度传感器 G510
变速器输入转速
传感器 2 G612
挡位调节器行程
传感器 3 G489
（5挡/7 挡）
车辆插头
变速器输入转速
传感器 1 G632
挡位调节器行程传感器 1
G487（4 挡 /2 挡）
带有集成传感器
系统的 ECU
变速器输入转速
传感器 G182
挡位调节器行程传感器
2 G488（1 挡 /3 挡）

图 4-68　机械电子控制装置的传感器布置 1

变速器液压压力
传感器 G270
离合器 K1 行程传感器 1 G617
离合器 K2 行程传感器 2 G618

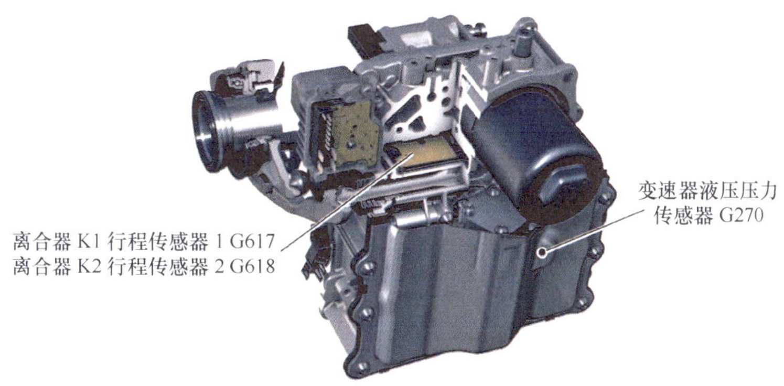

图 4-69　机械电子控制装置的传感器布置 2

任务三　双离合变速器的液压系统

双离合变速器液压控制系统主要接收电控系统的控制指令，并对离合器和变速器的换挡机构进行操纵。液压控制系统由双离合器控制部分、换挡控制部分和冷却部分等组成。

一、湿式双离合变速器液压系统

大众 0BT 型 7 速湿式双离合变速器有一个共用的液压系统（见图 4-70），用于所有的变速器。该液压控制系统的功能：操作双离合器和挡位调节器活塞；给双离合器、齿轮、轴和轴承以及同步器润滑和冷却；通过冷却器（流动着发动机冷却液）控制油液温度不超过 135℃；油路中设置的滤清器，用来吸附 DSG 油液中的污物和金属屑。

1. 变速器油位

机械电子控制装置安装在其储油室的油池里。所有电磁阀均在油池中一起工作，以此来确保液压系统中的空气被全部排出，并保证机械电子控制装置总是在相同的物理条件下工作。由于在机械电子控制装置和机械变速器内的油室是分开的，借助两个独立的放油螺栓可产生两个不同的油位。

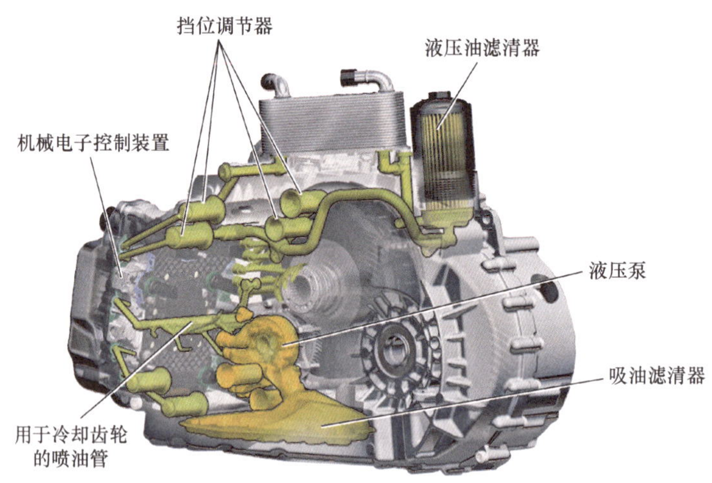

图 4-70　0BT 型 7 速湿式双离合变速器共用的液压系统

在发动机处于无扭矩输出状态时，机械电子控制装置的储油室处于填满状态（见图 4-71）。通过换挡过程，机械电子控制装置内和机械变速器壳体内的油位发生互换。

驱动轴转速传感器 G501 和 G502 的密封件及挡位调节器行程传感器 G488 和 G490 的密封件，用于密封机械电子控制装置和变速器主壳体之间的变速器外壳。如果挡位调节器的行程传感器 G488 和 G490 没有密封件，DSG 油就会通过开口进入到主壳体内。储油室内的 DSG 油的容积大约为 1.2L。

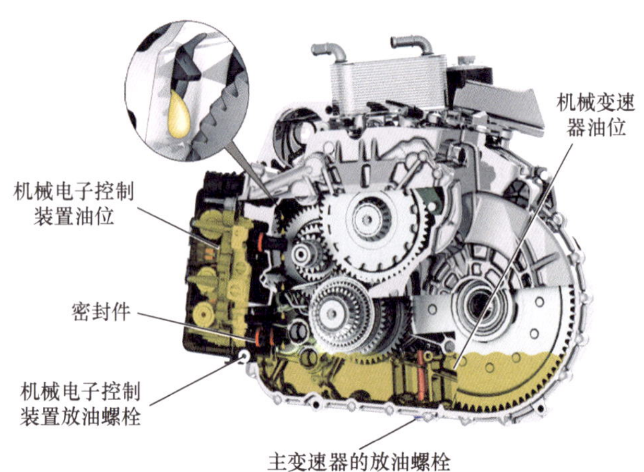

图 4-71　变速器内的 DSG 油液位状态

在发动机运转时，机械电子控制装置的储油室又会自行填满。DSG 油会通过电磁阀上限定的未密封处和回油孔流入机械电子控制装置的储油室。

2. **液压泵**

该液压泵为新月形膜片泵（见图 4-72），它通过传动齿轮直接由离合器驱动。液压泵泵出的液压油用于膜片式离合器 K1 和 K2、离合器冷却装置、换挡液压系统和机械变速器的润滑装置，其最大供给量为 100L/min。根据发动机转速和发动机负载，液压泵的工作压力可在 0.5 ～ 2MPa（在全工作压力时，功率消耗最大为 3kW）。

3. **换挡机构**

大众 0BT 型 7 速双离合变速器采用每个拨叉配两个液压缸来实现换挡动作与控制，换挡机构由换挡拨叉、液压缸、自锁装置、行程传感器和磁铁等组成，如图 4-73 所示。

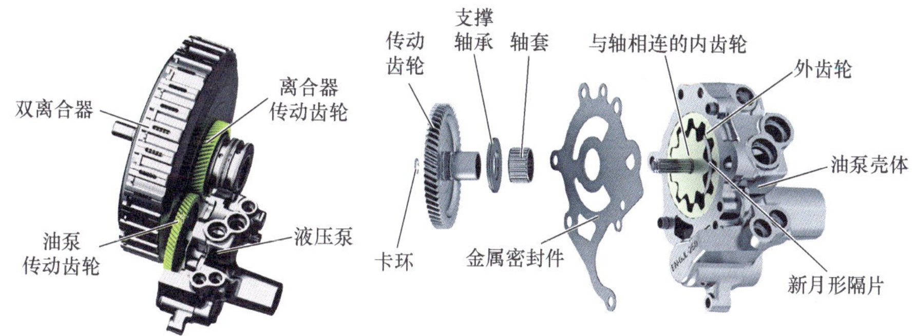

图 4-72　变速器液压泵结构

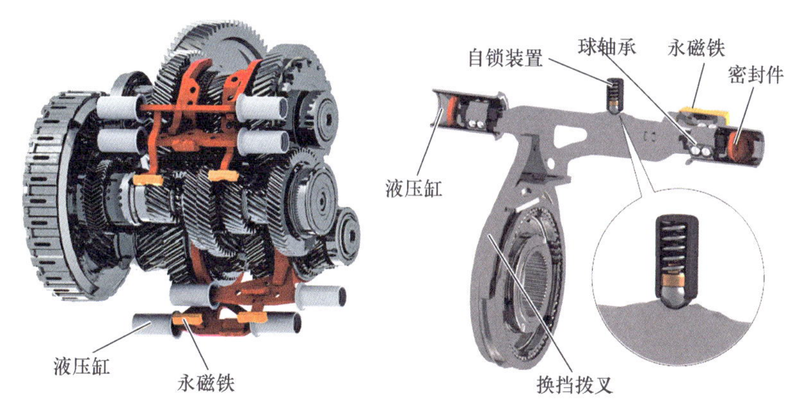

图 4-73　换挡机构

换挡拨叉在两端的液压缸内用滚珠轴承支撑。驱动换挡动作的压力油通过变速器内的孔进入到换挡液压缸内。为了换挡，双离合变速器的压力油液从机械电子控制装置被导入液压缸。因为第二个液压缸没有压力，换挡拨叉可以移动并且控制滑动齿套动作，由此挂入挡位。

在双离合变速器中，根据发动机转速和扭矩来预选下一个更高或者更低的挡位，换挡过程零部件几乎无磨损。挡位调节器将首先达到同步点，在同步成功后完成换挡过程。一个标准换挡过程大约在 200ms 内完成。

如果换挡成功，那么换挡拨叉会切换到无压状态。通过换挡啮合齿的后销和换挡拨叉上的自锁装置保持住挡位。如果未操纵换挡拨叉，那么它会通过布置在变速器壳体内的一个固定装置固定在中间位置（空挡）。在每一个换挡拨叉上有一块永磁铁，它在盖罩下方，可防止来自变速器的铁屑的干扰。通过永磁铁，机械电子控制装置内的行程传感器可以获取各个换挡拨叉的准确位置。例如，在行驶阶段 N 挡和在停止状态的汽车上预选 1 挡和 R 挡的位置识别。

4. 变速器循环回路

液压系统循环回路结构如图 4-74 所示。

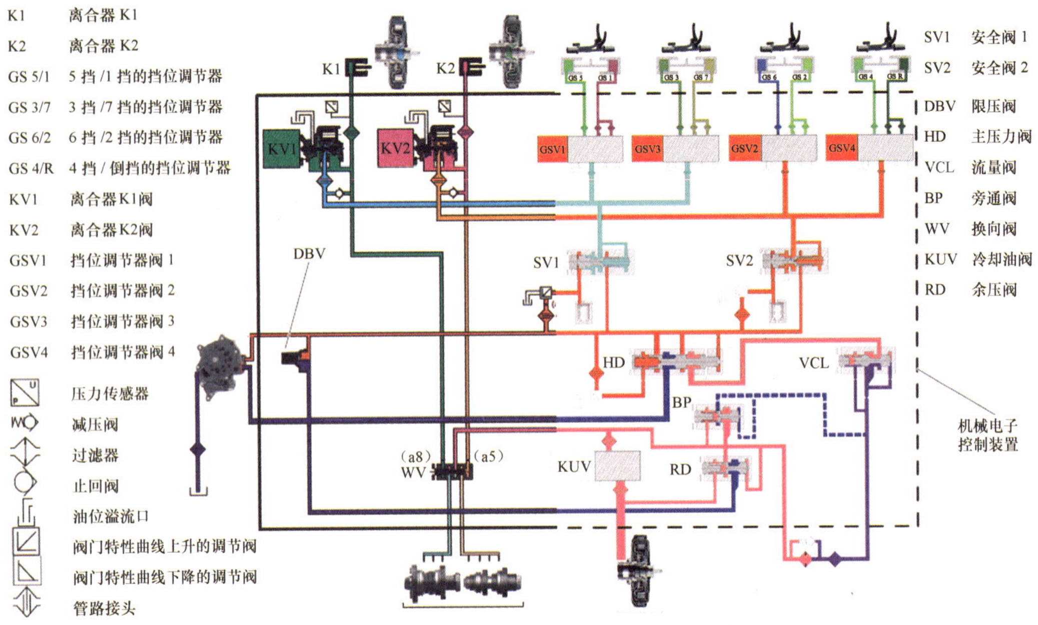

图 4-74　液压系统循环回路结构

（1）主压力回路

液压泵从 DSG 油底壳中吸取 DSG 油液，然后在压力的作用下将它输送至主压力阀。它的最大工作压力为 2MPa。为保障液压循环系统安全，在液压泵和主压力阀之间设有限压阀。当压力为 3.2MPa 时此阀门开启，将油液导回液压泵。主压力阀调节机械电子控制装置内的压力。压向安全阀 1 和 2 的压力由它控制，并且负责为流量阀提供用于离合器冷却的油液。主压力回路如图 4-75 所示。

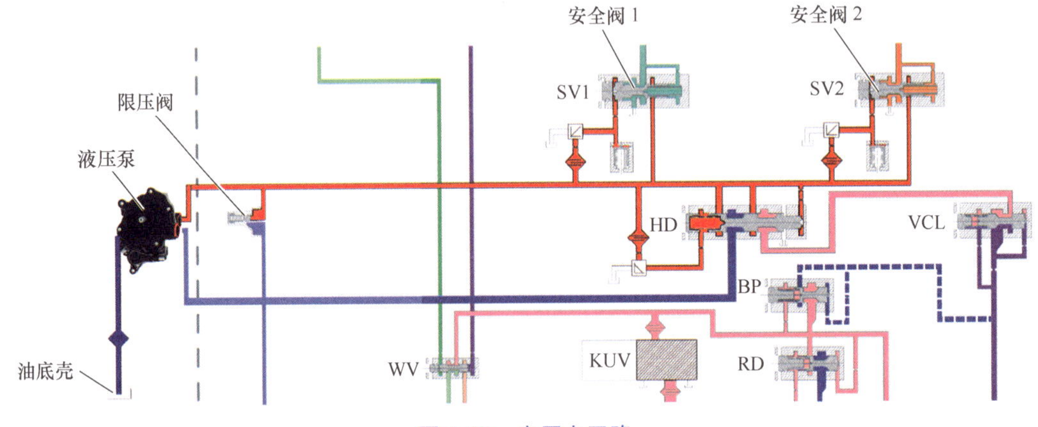

图 4-75　主压力回路

（2）分变速器压力回路

如图 4-76 所示，两个分变速器内的油压分别由其回路上的安全阀控制。例如，安全阀 1 调节分变速器 1 的工作压力，同时它还负责为离合器 K1 的离合器阀和 1 挡 /5 挡的挡位调节器阀以及 3 挡 /7 挡的挡位调节器阀供油。另外，这些离合器阀还可用于交替控制变速器轴润滑的换向阀。换向阀内的滑阀会根据被操纵的离合器而滑动。在换向阀内相应打开的孔用于向分变速器 1 或者分变速器 2 供应用以润滑齿轮的 DSG 油。

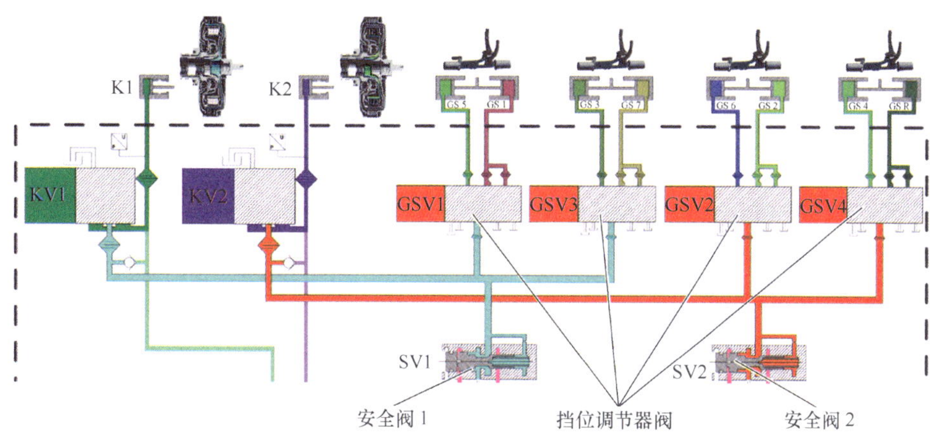

图 4-76　分变速器压力回路

（3）离合器冷却回路

如图 4-77 所示，在变速器工作时，对双离合器进行的滑差控制必然产生大量的滑磨热量，使油液温度升高。如果该热量不能及时排除，将使离合器、变速器的性能和寿命受到影响，因此必须通过冷却回路进行散热。

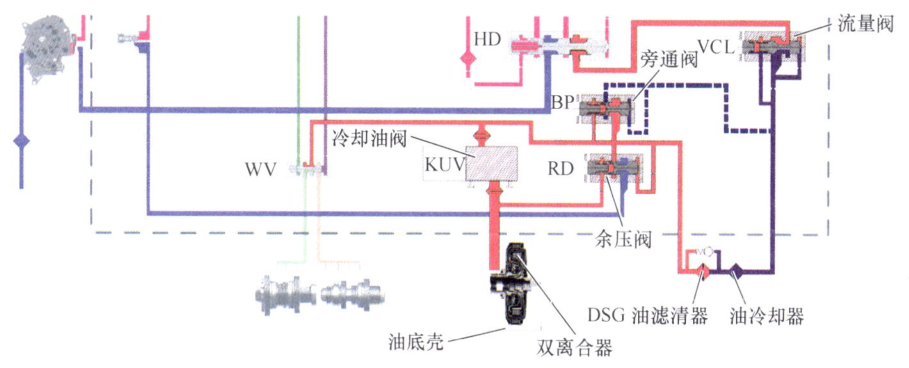

图 4-77　离合器冷却回路

设在油路上的流量阀用于调整和限定冷却液油量。为了冷却离合器，根据离合器温度会有最高 35L/min 的 DSG 油液进入到油液冷却器中。这些被冷却的 DSG 油液通过滤清器进入到冷却油阀中，离合器冷却的 DSG 油的油量由冷却油阀控制。DSG 油液通过进油管道经主轮毂进入离合器。在 DSG 油液流经离合器后，通过油路开口流回到油底壳中。

余压阀将油液余压控制在 0.3MPa，用以冷却离合器。为了保证变速器正常工作，旁通阀可在滤清器或冷却器堵塞时润滑变速器和冷却离合器。当车外温度低于 -20℃时，在发动机起动后暖机运行阶段，DSG 油液的黏度较大，DSG 油液会首先通过旁通阀进入到主回路。

（4）流过双离合器的 DSG 油液

冷却后的 DSG 油液通过主轮毂内的孔流入到双离合器内，在离心力的作用下通过供油槽和排油口向外挤压（见图 4-78）。离合器的温度传感器 G509 获取油温信息。

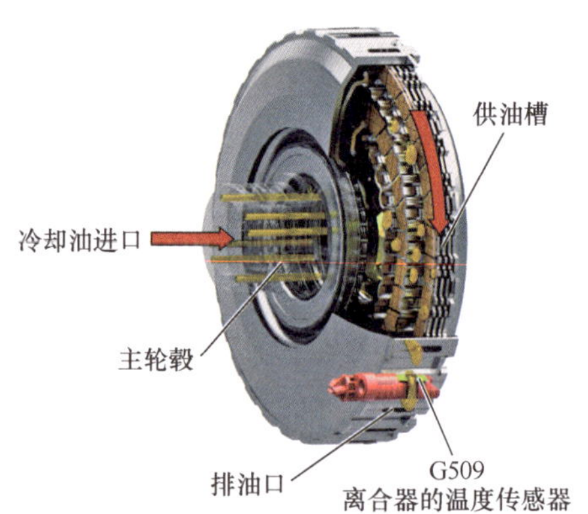

图 4-78　流过双离合器的 DSG 油液

（5）液压系统润滑回路

液压系统的润滑回路如图 4-79 所示。

主变速器内的轴和滑动齿轮的润滑，根据负载情况通过一个独立的喷油管来实现，如图 4-80 所示。

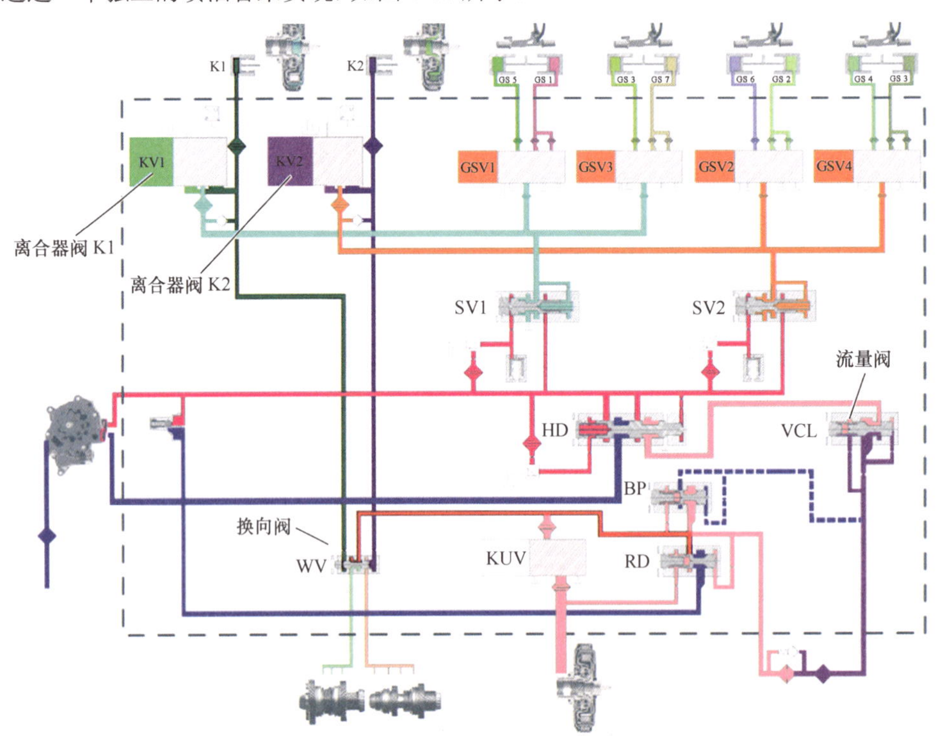

图 4-79　液压系统的润滑回路

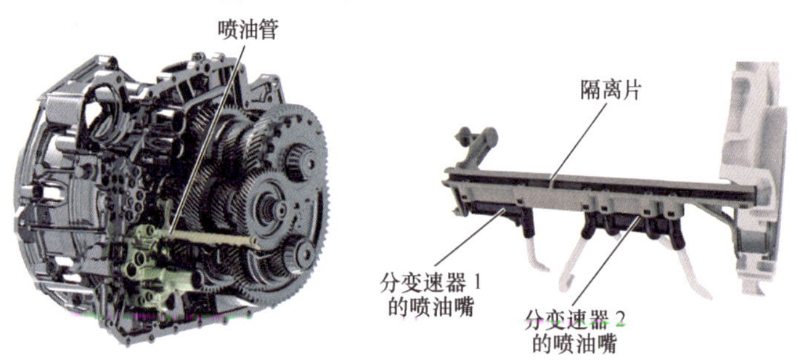

图 4-80　润滑变速器轴和齿轮的喷油装置

变速器润滑的途径如下。

① 始终润滑离合器闭合并且有动力传递的分变速器。

② 在挂入 1 挡、3 挡、5 挡或 7 挡时，润滑驱动轴 1 和分变速器 1。

③ 在挂入 2 挡、4 挡、6 挡和倒挡时，润滑驱动轴 2 和分变速器 2。

④ 由 2 个离合器阀交替控制对处于接合状态的离合器进行润滑。

⑤ 由流量阀向换向阀提供用于齿轮装置润滑的 DSG 油液。

二、干式双离合变速器液压系统

1. 电子液压控制单元

大众 0AM 型双离合变速器的电液控制单元集成在机械电子模块中（见图 4-27），它能够产生换挡和操纵离合器所需的油压。DSG 油的油压由串联了液压泵的液压泵电机产生。DSG 油蓄压器确保始终有足够的油压供给电磁阀。

2. 变速器循环回路

双离合变速器有机械变速器润滑油循环回路和机械电子模块油循环回路两个彼此独立的液压油循环回路（见图 4-81），每个油循环回路都采用专门针对需求定制的液压油。

机械电子模块油循环回路
机械变速器润滑油循环回路

图 4-81　干式双离合变速器的两个循环回路

（1）机械变速器润滑油循环回路

机械变速器及其轴和齿轮的润滑油供给与普通手动变速器齿轮油相同，对此不做赘述。

（2）机械电子模块油循环回路

机械电子单元的液压油（DSG 专用液压油）供给与机械变速器齿轮润滑油循环回路是分开的。油泵输送规定压力的 DSG 油，以实现机械电子单元液压组件的功能。

3. DSG 油循环回路

变速器 DSG 油控制循环回路，如图 4-82 所示。

4. 液压泵

液压泵单元安装在机械电子模块内，该部件由液压泵和电机组成。液压泵电机机械电子模块的 ECU 根据压力需求控制液压油压力，电机通过插接式联轴器驱动液压泵，如图 4-83 所示。

液压泵采用齿轮泵结构。液压泵抽吸液压油，在泵壳壁与齿隙之间从抽吸侧输送至压力侧，然后以大约 7MPa 的压力将液压油压入油循环回路。

5. 液压压力传感器和限压阀

液压泵将加压的液压油经过滤清器送往限压阀、蓄压器和液压压力传感器 G270 方向（见图 4-82）。限压阀和液压压力传感器上的液压油压力达到大约 7MPa 时，ECU 关闭电机和液压泵。旁通阀能够保证滤清器通道堵塞时的系统功能。

6. 蓄压器

DSG 油蓄压器是按照气压存储器形式设计的（见图 4-27），它在液压泵关闭时为液压系统提供油压，其存储容量为 0.2L。

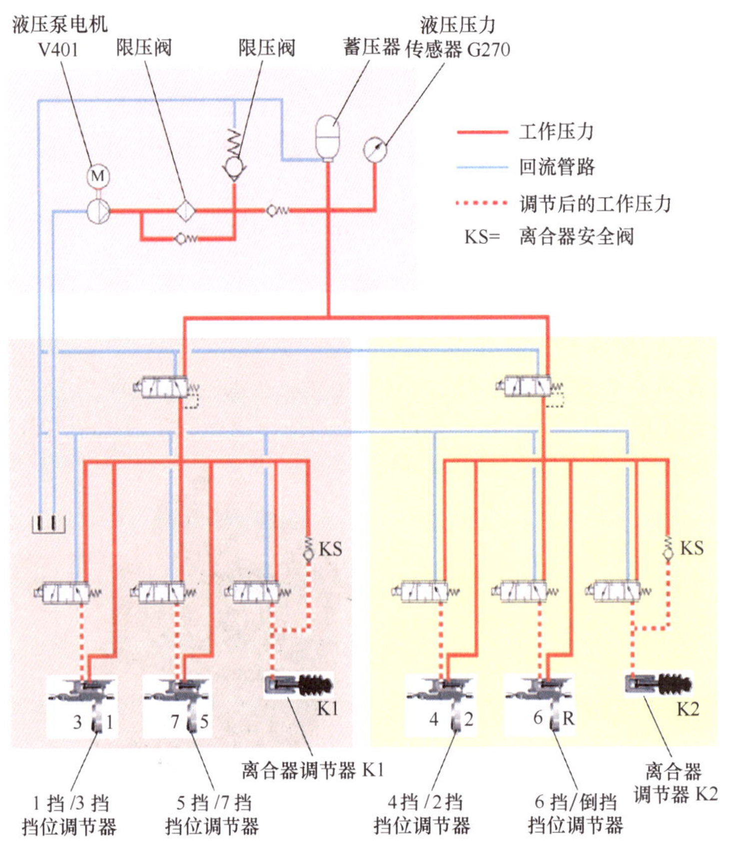

图 4-82 变速器 DSG 油循环回路

7. 循环回路中的电磁阀

（1）分变速器压力调节电磁阀

分变速器压力调节电磁阀调节分变速器 1 和 2 的油压（见图 4-27）。如果某个分变速器出现故障，压力调节电磁阀可以关闭相应的分变速器。

（2）挡位调节器电磁阀

挡位调节器电磁阀调节挡位调节器的油量（见图 4-27）。每个挡位调节器都可以换到两个挡位。如果未换挡，则油压使挡位调节器保持在空挡。变速杆位于位置“P”且点火开关关闭时，则挡位调节器挂入 1 挡和倒挡。

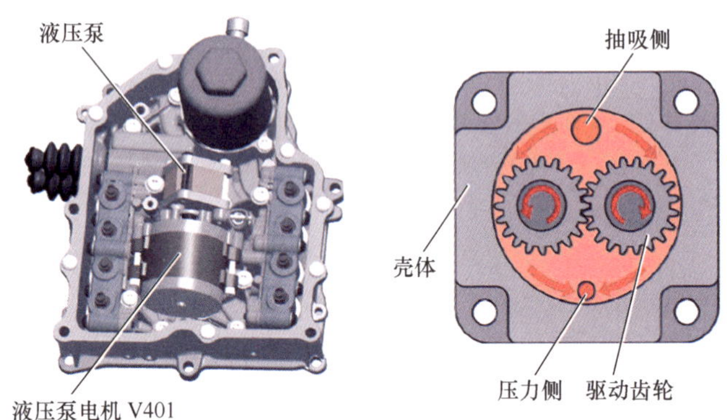

图 4-83 液压泵结构原理

（3）离合器调节器电磁阀

离合器调节器电磁阀调控离合器调节器的油量（见图 4-27）。离合器调节器用于操纵离合器 K1 和 K2，断电时电磁阀打开且离合器分离（无动力传递）。

8. **换挡机构**

与传统手动变速器一样，该自动变速器通过换挡拨叉换挡。每个换挡拨叉分别换到两个挡位，换挡拨叉两侧支撑在变速器壳体内，如图 4-84 所示。

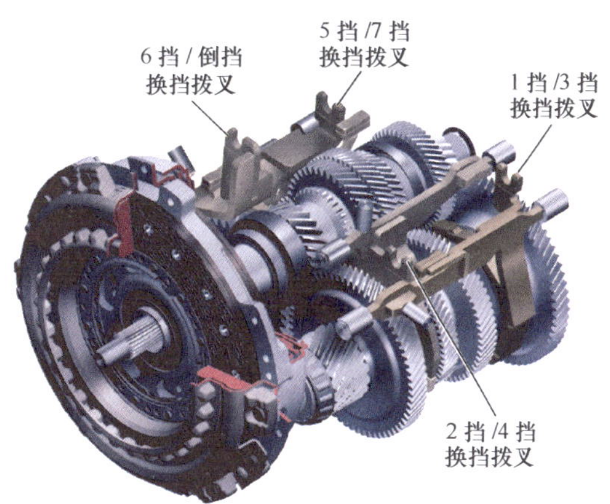

图 4-84 换挡机构的结构

（1）挡位调节器活塞与换挡拨叉

换挡过程中，换挡拨叉的移动通过集成在机械电子模块内的挡位调节器实现。挡位调节器活塞与换挡拨叉连接。换挡时换挡拨叉活塞在油压作用下移动。移动时活塞带动换挡拨叉和啮合齿套，啮合齿套操纵同步器轮毂并挂入挡位，如图 4-85 所示。

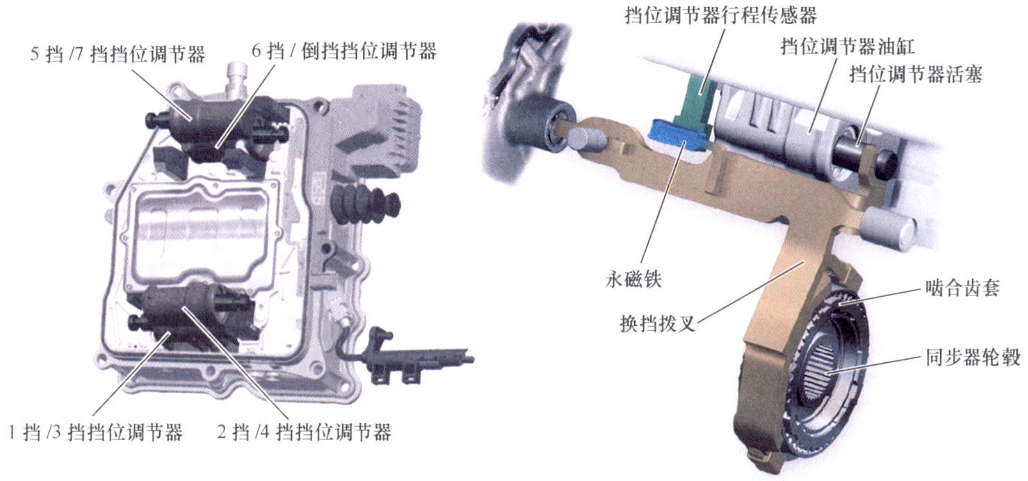

图 4-85 挡位调节器活塞与换挡拨叉

变速器电控系统通过永久磁铁和挡位调节器行程传感器，监测换挡拨叉的最新位置。

（2）换挡过程

该变速器换挡拨叉的操纵也以液压方式进行。换挡时机械电子模块的 ECU 控制相应的挡位调节器电磁阀。下面以换入 1 挡为例，介绍换挡过程。

① 初始位置。如图 4-86 所示，起始位置 1 挡 /3 挡挡位调节器电磁阀 N433 通过控制油压使挡位调节器活塞保持在空挡“N”。这时没有换到挡位，分变速器 1 内的阀门 4（N436）控制分变速器 1 内的油压。

② 换入 1 挡。换入 1 挡时，挡位调节器电磁阀提高左侧活塞室内的油压，因此将挡位调节器活塞向右压。由于换挡拨叉和啮合齿套与挡位调节器活塞连接，因此也向右移动。啮合齿套移动，挂入 1 挡，如图 4-87 所示。

9. **福特干式双离合变速器 6DCT250**

福特 6DCT250 双离合变速器的换挡拨叉是由两个步进电机控制的，每个电机控制两个拨叉，如图 4-88 所示。

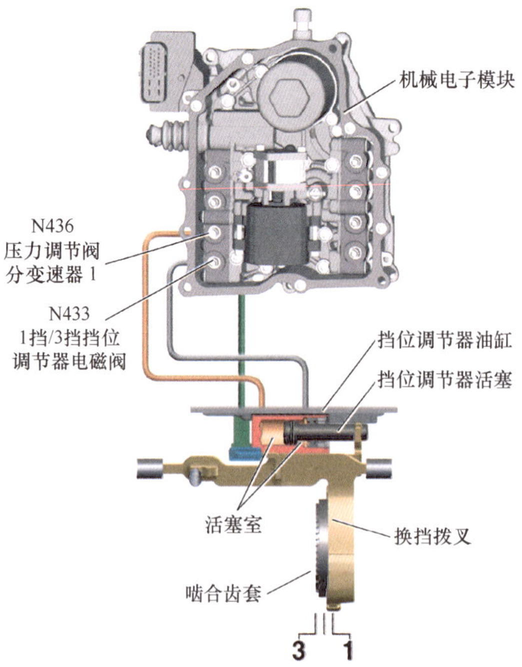

图 4-86　初始位置（N 挡）

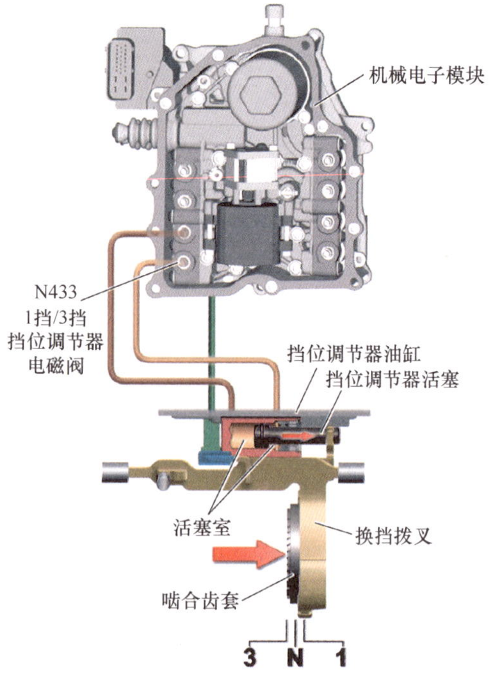

图 4-87　换入 1 挡

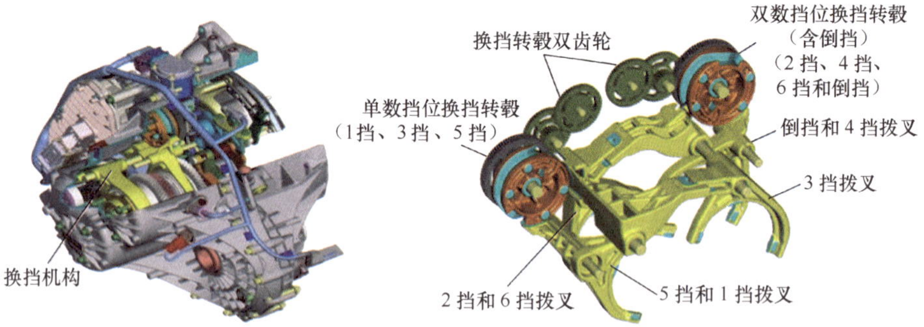

图 4-88　福特 6DCT250 双离合变速器电动换挡机构

换挡转毂里面的滑道控制换挡滑动键的直线往复运动。转毂采用圆柱凸轮机构，这里的凸轮实际上就是凹进去的导向滑道，它的几何形状决定换挡拨叉可以运动的位置。换挡转毂与换挡拨叉的结构如图 4-89 所示。

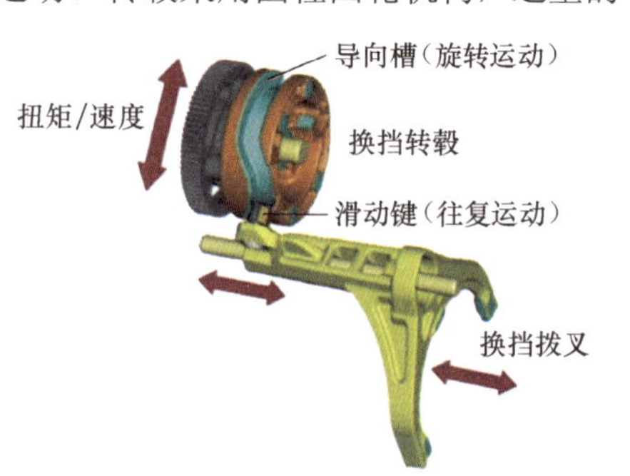

图 4-89　换挡转毂与换挡拨叉的结构

换挡转毂由步进电机驱动，按脉冲信号动作，脉冲信号来自变速器 ECU。换挡转毂将步进电机的旋转运动通过其导向槽的几何形状转换成滑动键的往复运动，完成换挡动作。每个换挡转毂带动 2 个滑动键，驱动 2 个换挡拨叉，完成 3 个挡位的切换。

任务四　双离合变速器的电控系统

一、湿式双离合变速器电控系统

大众 0BT 型湿式双离合变速器的电控系统由控制单元（ECU）、传感器和执行元件等组成，系统结构如图 4-90 所示。

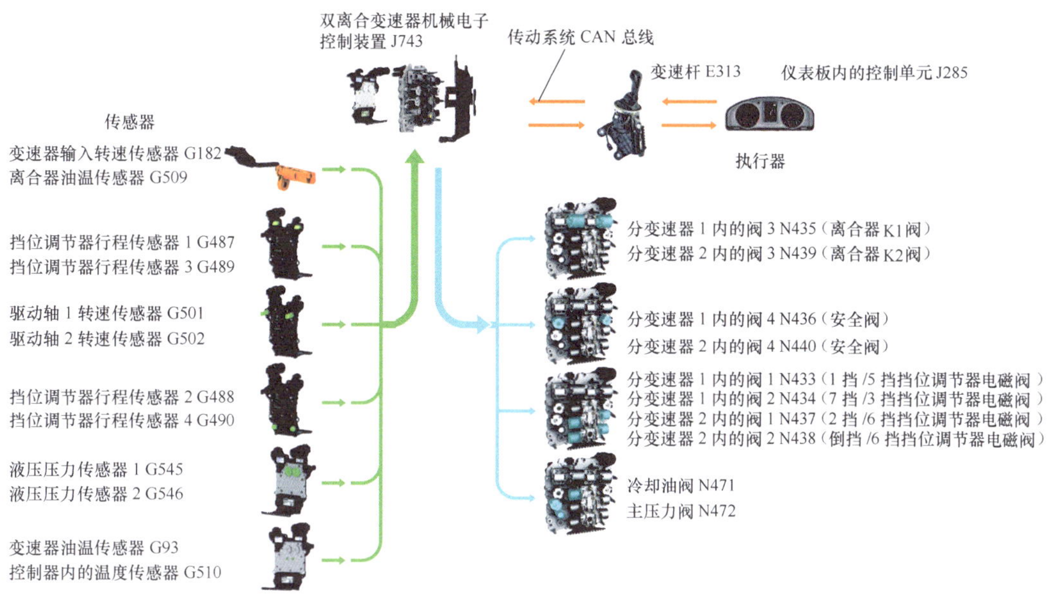

图 4-90　大众 0BT 双离合变速器电控系统结构

1. 传感器

（1）变速器输入转速传感器

变速器输入转速传感器 G182 为霍尔式传感器，位于变速器壳体内。在此传感器外壳上还装有离合器油温传感器 G509。这 2 个传感器组合在一起的混合传感器通过电路与机械电子控制装置相连。它通过探测双离合器的外侧，获得变速器输入转速（变速器输入转速与发动机转速相同），如图 4-91 所示。

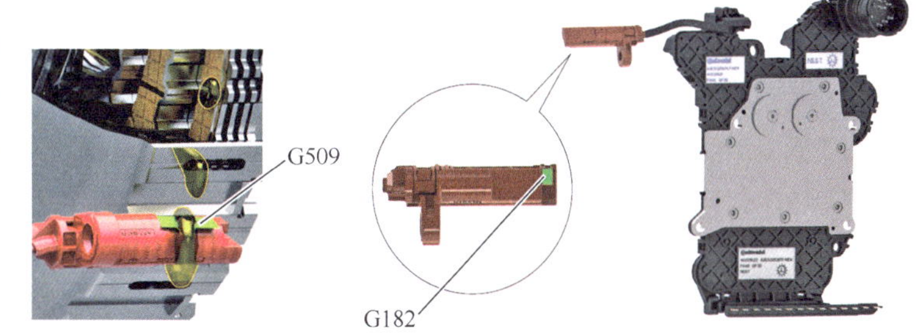

图 4-91　变速器输入转速传感器 G182 与离合器油温传感器 G509

变速器输入转速的信号用于计算膜片式离合器的转差率。为了完成该项计算，控制器还需要采集驱动轴 1 转速传感器（G501）的信号与驱动轴 2 转速传感器（G502）的信号。变速器 ECU 会根据离合器的转差率精准控制离合器的分离和接合。当该信号发生故障时，变速器 ECU 使用发动机转速传感器的信息作为替代信号。

（2）驱动轴 1 转速传感器和驱动轴 2 转速传感器

驱动轴 1 转速传感器 G501 和驱动轴 2 转速传感器 G502 均为霍尔式传感器，均位于变速器 ECU 上（见图 4-92）。驱动轴 1 转速传感器 G501 用于检测驱动轴 1 的转速，驱动轴 2 转速传感器 G502 用于检测驱动轴 2 的转速。为了识别出转速，每个传感器都会扫描位于相应轴上的传感器轮（见图 4-93）。传感器轮由板材制成，在该板材上涂有橡胶金属薄层，该薄层构成带有 N 极和 S 极的旋转小磁铁，在各个磁铁之间存在空隙。

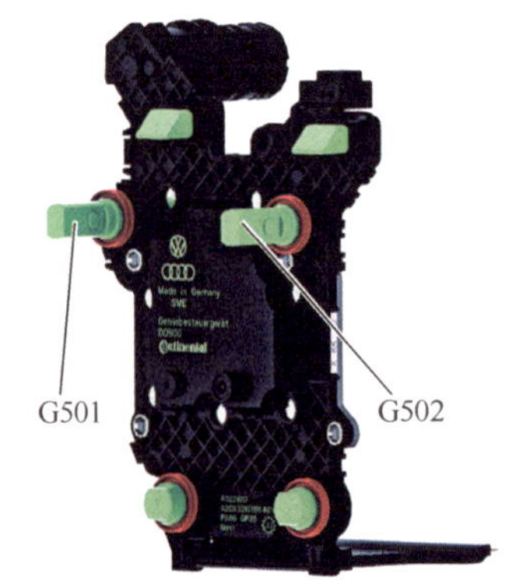

图 4-92　转速传感器 G501 和 G502

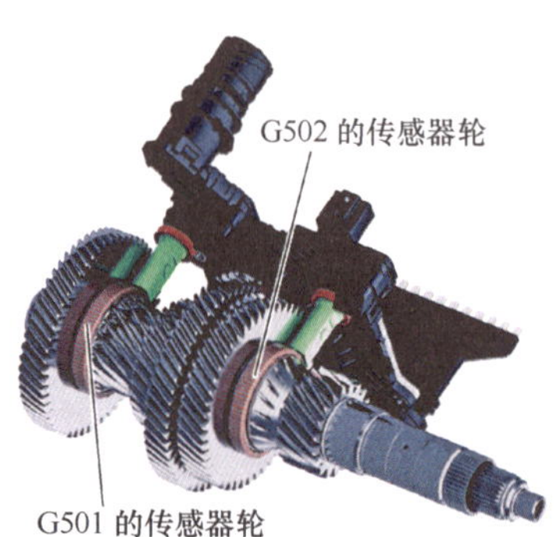

图 4-93　驱动轴的传感器轮

通过变速器输入转速的信号，ECU 可计算出膜片式离合器 K1 和 K2 的输出转速，从而得出离合器的转差率。借助该转差率，ECU 可以识别出膜片式离合器的分离和接合状态。此外，该信号也被用于检查所切换到的挡位。

如果该信号出现异常，那么相应的分变速器会停止工作。如果负责分变速器 1 的传感器 G501 出现故障，那么变速器只能以 2 挡、4 挡、6 挡和倒挡行驶；如果负责分变速器 2 的传感器 G502 出现故障，那么变速器只能以 1 挡、3 挡、5 挡和 7 挡行驶。

（3）挡位调节器的行程传感器

挡位调节器的行程传感器 1 ～ 4（G487、G488、G489、G490）位于变速器 ECU 上，如图 4-94 所示，它们均为霍尔式传感器。它们与位于换挡拨叉上的磁铁共同作用产生信号，控制器根据这个信号识别出挡位调节器 / 换挡拨叉的位置。其中，传感器 G487 用于 1 挡 /5 挡换挡，传感器 G488 用于 3 挡 /7 挡换挡，传感器 G489 用于 4 挡 / 倒挡换挡，传感器 G490 用于 2 挡 /6 挡换挡。每个行程传感器或者传感器中的每一个都可检测挡位调节器 / 换挡拨叉的位置，并据此在两个挡位之间做出选择。

根据挡位调节器的行程传感器提供的信号确定变速器换挡机构的准确位置，变速器 ECU 会给用于换挡的挡位调节器施加油压。如果行程传感器不能提供任何信号，那么相应的分变速器就会停止工作，汽车就不能以相应变速器的挡位行驶。传感器 G487 和 G488 用于检测分变速器 1 内的 1 挡、3 挡、5 挡和 7 挡；传感器 G489 和 G490 用于检测分变速器 2 内的 2 挡、4 挡、6 挡和倒挡。

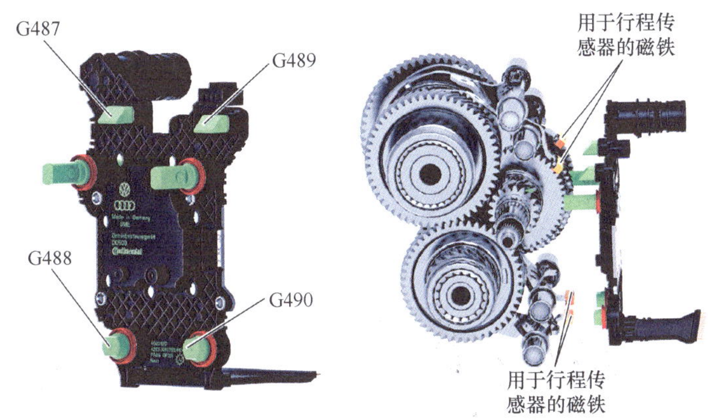

图 4-94 挡位调节器的行程传感器 1 ～ 4（G487、G488、G489、G490）

（4）液压压力传感器

液压压力传感器 1（G545）和液压压力传感器 2（G546）位于变速器 ECU 内（见图 4-95）。作用在膜片式离合器 K1 上的压力同样也作用在传感器 1（G545）上。膜片式离合器 K2 的压力作用在传感器 2（G546）上。根据这 2 个传感器信号，变速器 ECU 识别出作用于每个膜片式离合器上的液压压力。

变速器 ECU 需要准确的液压压力，以调整膜片式离合器。如果压力信号出现故障，或者没有压力产生，那么相应的分变速器就会停止工作。如果传感器 G545 出现故障，那么只能以 2 挡、4 挡、6 挡和倒挡行驶。如果传感器 G546 出现故障，那么只能以 1 挡、3 挡、5 挡和 7 挡行驶。

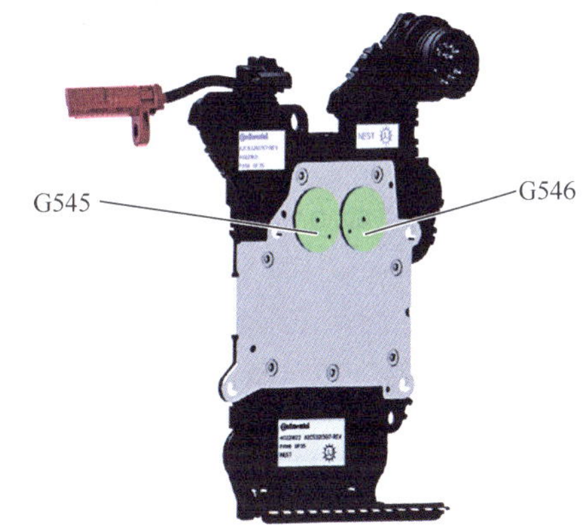

图 4-95 液压压力传感器 G545 和 G546

（5）离合器油温传感器

离合器油温传感器 G509 位于变速器输入转速传感器 G182 的外壳内（见图 4-91），它用于测量从膜片式离合器流出来的 DSG 油液的温度。因为膜片式双离合器中的 DSG 油液能够承受较大的热负荷，所以变速器内的最高油液温度会出现在该处。该传感器能够快速、准确地测量油液温度，它能在 -55 ～ +180℃的温度范围内工作。

离合器油温传感器 G509 用于离合器油温的监控。ECU 会根据温度传感器 G509 的信号调节离合器冷却油油量，并且采取相应措施对变速器进行热保护。当 DSG 油温超过 150℃时，电控系统会降低发动机扭矩，以降低离合器油液温度，同时会激活仪表板内的第一报警等级，仪表板发出短暂的闪烁报警提示和警报声。当 DSG 油温超过 170℃时，第二报警等级将被激活，仪表板发出持续的闪烁报警提示和持续的警报声。此外，在激活第二报警等级时，变速器电控系统还会在 ECU 内保存一条油液温度过高的故障记忆。在 DSG 油温过高时，离合器将处于不工作的保护状态。

当该信号出现故障时，变速器 ECU 采用 DSG 油温传感器 G93 和 ECU 内温度传感器 G510 的信号作为替代信号。

（6）DSG 油温传感器和 ECU 内的温度传感器

DSG 油温传感器 G93 和 ECU 内的油温传感器 G510 装在变速器 ECU 内的印制电路板上（见图 4-96）。DSG 油液会通过油槽流过变速器 ECU 的铝板。这两个 DSG 油温传感器 G93 和 G510 获取铝板的温度，并由此得出双离合器的油温。过高的油温会导致电子装置的功能受到影响，通过传感器的测量可以尽早采取降低油温的措施，并且避免机械电子控制装置过热失效。

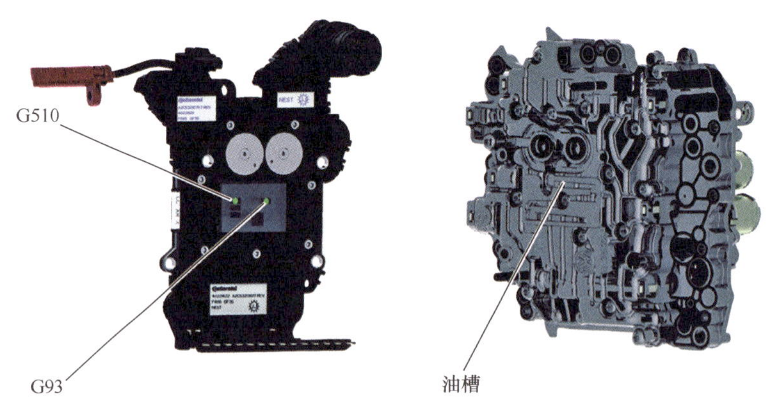

图 4-96　DSG 油温传感器 G93 和控制器内的温度传感器 G510

两个传感器的信号用于检测机械电子控制装置的温度。除此以外，根据传感器信号来启动热循环切换方案。两个传感器通过互相检测来确定其正常状态。

当传感器 G93 出现故障时，变速器 ECU 采用 ECU 内的温度传感器 G510 的信号作为替代信号。当传感器 G510 出现故障时，变速器 ECU 采用 DSG 油温传感器 G93 的信号作为替代信号。当 DSG 油温高于 138℃时，机械电子控制装置会降低发动机的扭矩，以保护 ECU。当油温过高时，离合器将处于不工作的保护状态。

2. 执行元件

（1）主压力阀

主压力阀 N472 装在机械电子控制装置的电动液压控制单元内（见图 4-90），它是一个调整阀，通过此阀可以调节机械电子控制装置的液压系统内的主压力，该主压力参数用于离合器当前压力的调控。离合器油液压力还受到发动机扭矩的影响，机械电子控制装置的温度和发动机转速是调节主压力的校正量。变速器 ECU 不断地调整液压系统的主压力，使其与当前工作条件和扭矩要求相匹配。

如果主压力阀出现故障，那么就会使液压系统一直以最大主压力工作。出现这种状况的前提条件是电磁阀特征为特性曲线下降，因此会油耗增加，换挡时产生噪声。

（2）分变速器内的离合器阀

分变速器内的阀 3（离合器阀 N435）和分变速器 2 内的阀 3（离合器阀 N439）均为调整阀，装在机械电子控制装置的电动液压控制单元内（见图 4-90），它们用于离合器的压力控制。其中，离合器阀 N435 用于控制离合器 K1，离合器阀 N439 用于控制离合器 K2。计算离合器压力的基础是发动机当前扭矩值。变速器 ECU 调节离合器压力，使其与离合器的当前摩擦值相匹配。

如果离合器阀出现故障，那么相应的分变速器停止工作：如果离合器阀 N435 出现故障，那么分变速器 1 停止工作，此时只能以 2 挡、4 挡、6 挡和倒挡行驶；如果离合器阀 N439 出现故障，那么分变速器 2 停止工作，此时只能以 1 挡、3 挡、5 挡和 7 挡行驶。故障会显示在仪表板中。

（3）冷却油阀

冷却油阀 N471 为调整阀，位于电动液压控制单元内（见图 4-90）。液压滑阀控制离合器冷却油油量。控制器采用离合器油温传感器 G509 的信号控制此阀。如果冷却油阀不再受控，那么最大的冷却油油量会流经离合器。在外界温度较低的情况下，换挡时会产生障碍并导致行驶油耗增加。

（4）分变速器 1 和 2 内的挡位调节器电磁阀

分变速器 1 和 2 内的挡位调节器电磁阀 1 和 2（N433、N434、N437 和 N438），共计 4 个挡位调节器电磁阀都安装在机械电子控制装置的电动液压控制单元内（见图 4-90）。每一个挡位调节器都各自有一个电磁阀，电磁阀为相应的挡位调节器负责所有的换挡过程。所有的挡位调节器均为比例阀，工作时，根据所需的分变速器压力，通过多个开口度控制各自的挡位调节器电磁阀。挡位调节器的多样控制带来了快速舒适的换挡过程。

各挡位调节器阀的功能如下：

- 电磁阀 1 N433 控制用于 1 挡、5 挡的换挡油压；
- 电磁阀 2 N434 控制用于 3 挡、7 挡的换挡油压；
- 电磁阀 3 N437 控制用于 2 挡、6 挡的换挡油压；
- 电磁阀 4 N438 控制用于 4 挡、倒挡的换挡油压。

如果电磁阀出现故障，那么挡位调节器位于其中的相应分变速器会停止工作：当电磁阀 N433 或者 N434 出现故障时，分变速器 1 停止工作，只能以 2 挡、4 挡、6 挡和倒挡行驶；当电磁阀 N437 或者 N438 出现故障时，则分变速器 2 停止工作，只能以 1 挡、3 挡、5 挡和 7 挡行驶。

（5）分变速器内的安全阀

分变速器 1 和 2 内的安全阀 N436 和 N440 均为比例阀，装在机械电子控制装置的 ECU 内（见图 4-90）。它们根据发动机扭矩在相应的分变速器内调节必要的液压系统压力。当分变速器内存在与安全相关的故障时，它们会将相应的分变速器切换到无压状态。

如果压力调节阀出现故障，那么相应的分变速器就会停止工作：当压力调节阀 N436 出现故障时，分变速器 1 停止工作，并且它只能以 2 挡、4 挡、6 挡和倒挡行驶；当压力调节阀 N440 出现故障时，那么分变速器 2 停止工作，并且它只能以 1 挡、3 挡、5 挡和 7 挡行驶。

3. 行驶功能管理

该变速器电控系统的行驶功能管理内容与前面介绍过的 6 速液力自动变速器类似，详见项目三的介绍，这里不再赘述。

为了避免在牵引车辆时损坏变速器，只能以不超过 50km/h 的速度牵引车辆最多行驶 50km。由于变速器内的润滑油回路无法使用，当行驶距离超过 50km 时会导致变速器损坏。

在大众 0BT 型 7 速双离合变速器内，当发动机静止时，会挂入 1 挡和倒挡，并且两个离合器处于分离状态。这样在牵引运行情况下，当速度超过 50km/h 时，由于挡位传动比的原因，会在变速器内产生超出极限值的直接导致变速器损坏的高转速。

二、干式双离合变速器电控系统

大众0AM型7速干式双离合变速器的电控系统结构，如图4-97所示。

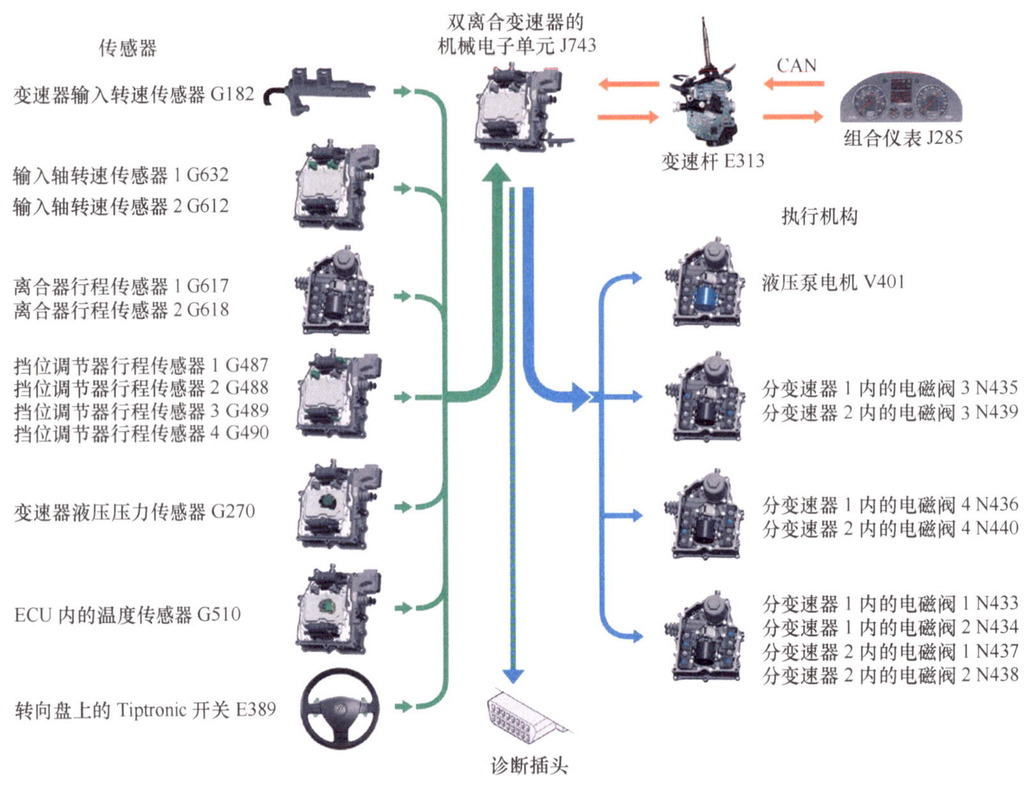

图4-97　0AM型7速干式双离合变速器的电控系统结构

1. 传感器

（1）离合器行程传感器

离合器行程传感器1（G617）和离合器行程传感器2（G618）位于机械电子单元内的离合器调节器上方（见图4-98）。ECU控制离合器调节器时需要根据该传感器信号，可靠精确地获知离合器的当前操纵状态。因此，采用非接触式传感器获取离合器行程。非接触式传感器获取位置信息能够提高传感器功能的可靠性，能够避免磨损和振动造成的测量值误差。

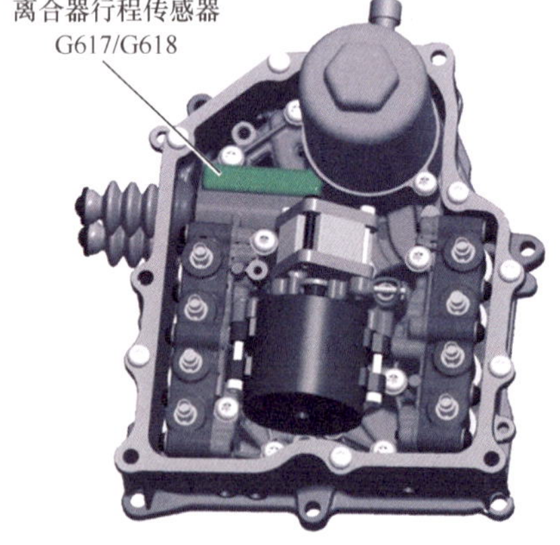

图4-98　离合器行程传感器

如果离合器行程传感器1（G617）失灵，则关闭分变速器1，变速器将无法换到1挡、3挡、5挡和7挡。如果离合器行程传感器2（G618）失灵，则关闭分变速器2，变速器将无法换到2挡、4挡、6挡和倒挡。

（2）变速器输入转速传感器G182

变速器输入转速传感器G182插在变速器壳体上，如图4-99所示。该传感器采用霍尔原理工作，以电子方式探测起动机齿圈，从而获取变速器输入转速。变速器输入转速与发动机转速相同。

变速器 ECU 需要变速器输入转速信号来进行离合器的控制和离合器滑转率的计算。为此将变速器输入转速传感器 G182 信号与输入轴转速传感器 G612 和 G632 的信号进行对比。

当该传感器信号缺失时，ECU 将发动机转速信号作为替代信号，这个替代信号由发动机 ECU 通过 CAN 总线提供。

（3）输入轴转速传感器

输入轴转速传感器 1（G632）和输入轴转速传感器 2（G612）均安装在机械电子单元内，如图 4-100 所示。传感器 G632 探测位于输入轴 1 上的脉冲信号，ECU 根据该信号计算输入轴 1 的转速。

图 4-99　变速器输入转速传感器

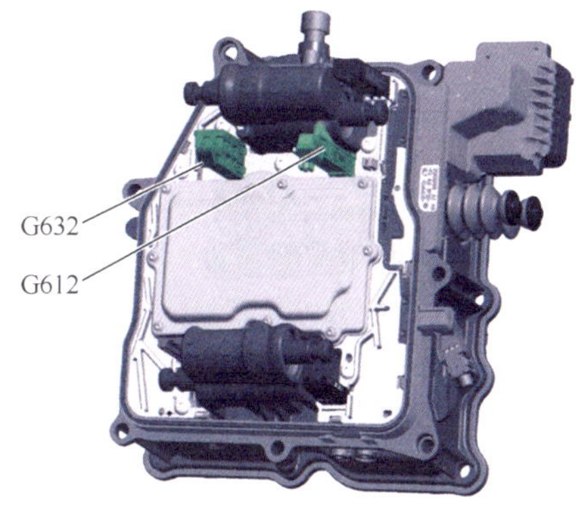

图 4-100　输入轴转速传感器

变速器 ECU 将输入轴 1 和 2 的转速信号用于控制离合器和计算离合器滑转率。如果传感器 G632 失灵，则关闭分变速器 1，变速器只能换到 2 挡、4 挡、6 挡和倒挡；如果传感器 G612 失灵，则关闭分变速器 2，变速器只能换到 1 挡、3 挡、5 挡和 7 挡。

（4）ECU 内的温度传感器

温度传感器 G510 直接安装在机械电子单元的 ECU 内，如图 4-101 所示。该 ECU 始终受高温液压油冲刷和加热，过热会影响 ECU 的功能。传感器直接测量危险部件的温度，这样能够尽早采取降低油温的措施并避免过度加温。

图 4-101　ECU 内的温度传感器

ECU 内的温度传感器信号用于检测机械电子单元温度。当温度达到 139℃以上时，ECU 会采取降低发动机扭矩的措施。当该传感器信号缺失时，ECU 采用内部存在的替代值。

（5）变速器液压压力传感器

变速器液压压力传感器 G270 集成在机械电子单元的液压油循环回路内，如图 4-102 所示。该传感器采用膜片压力传感器结构。

变速器 ECU 将该传感器信号用于液压泵电机 V401 的控制。液压泵输出液压油压力约为 6MPa 时，系统根据压力传感器信号关闭液压泵电机，大约在压力降至 4MPa 时会再次接通。当该传感器信号缺失时，液压泵电机会一直运转。液压泵输出的最大液压压力受限压阀限定。

（6）挡位调节器行程传感器

挡位调节器行程传感器 1 ～ 4（G487 ～ G490）位于机械电子单元内，如图 4-103 所示。行程传感器结合换挡拨叉上的磁铁产生信号，ECU 根据该信号识别挡位调节器的准确位置。

图 4-102　变速器液压压力传感器

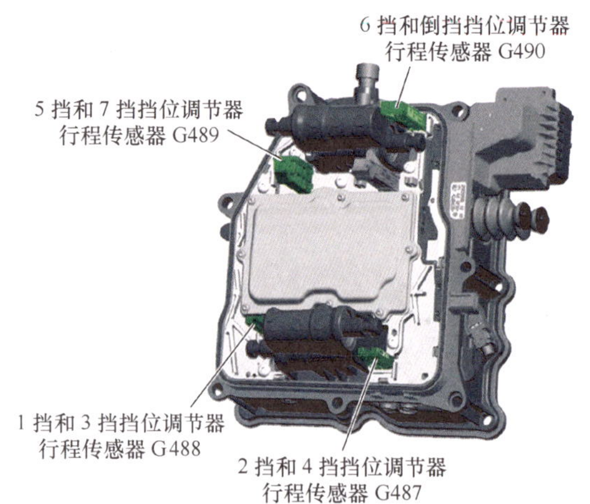

图 4-103　挡位调节器行程传感器

ECU 需要判定挡位调节器的准确位置，用来控制挡位调节器进行换挡。行程传感器失灵时，ECU 无法识别相应挡位调节器的位置。因此，ECU 无法识别是否通过挡位调节器和换挡拨叉换到了某一挡位。为了避免造成变速器损坏，在这种情况下 ECU 会关闭失灵行程传感器对应的分变速器。

2. 执行元件

（1）离合器调节器电磁阀

分变速器 1 内的电磁阀 3（N435）和分变速器 2 内的电磁阀 3（N439）安装在机械电子单元的液压模块内（见图 4-97）。电磁阀由变速器 ECU 控制，变速器电控系统通过电磁阀对操纵离合器的油量进行调节。其中，电磁阀 N435 调节离合器 K1 的油量，电磁阀 N439 调节离合器 K2 的油量。如果某一电磁阀失灵，则关闭相应的分变速器。

（2）分变速器压力调节电磁阀

分变速器内的电磁阀 4（N436）和分变速器 2 内的电磁阀 4（N440）安装在机械电子单元的液压模块内（见图 4-97）。分变速器 1 内的电磁阀 4 调节分变速器 1 中挡位调节器和离合器调节器的液压油压力，变速器通过分变速器 1 可换到 1 挡、3 挡、5 挡和 7 挡。分变速器 2 内的电磁阀 4 调节分变速器 2 中挡位调节器和离合器调节器的液压油压力，变速器通过分变速器 2 可以切换到 2 挡、4 挡、6 挡和倒挡。

如果某一电磁阀失灵，变速器电控系统将关闭相应的分变速器，此时汽车只能以另一个分变速器的挡位行驶。

（3）挡位调节器电磁阀

分变速器 1 内的电磁阀 1（N433）、分变速器 1 内的电磁阀 2（N434）、分变速器 2 内的电磁阀 1（N437）和分变速器 2 内的电磁阀 2（N438）均安装在机械电子单元的液压模块内（见图 4-97）。变速器 ECU 通过电磁阀调节挡位调节器的油量，以便进行换挡。如果某一电磁阀失灵，则关闭相应的分变速器。

挡位调节器电磁阀的对应关系：

- 1 挡和 3 挡，N433，分变速器 1；
- 5 挡和 7 挡，N434，分变速器 1；
- 4 挡和 2 挡，N437，分变速器 2；
- 6 挡和 2 挡，N438，分变速器 2。

（4）液压泵电机

液压泵电机 V401 集成在机械电子单元的液压模块内。该电机由变速器 ECU 根据液压回路系统中的液压压力按需控制。液压回路系统中液压压力达到 6MPa 时，ECU 就会关闭电机，压力降到 4MPa 时重新接通。如果无法控制电机，则液压压力下降，在压盘弹簧力的作用下离合器自动分离。

任务五　双离合变速器的维护

双离合变速器在国内大规模商用已近 20 年，虽然其技术理念比较先进，但其技术成熟度欠佳，社会反应褒贬不一。通过对其维修情况的统计分析表明，该类型变速器的故障多出自其早期产品的设计和生产缺陷，以及对国内路况的适应性不足等方面。随着生产厂家对其多年的改进完善，这种变速器已经进化得比较完善、可靠、耐用，能够满足正常使用需求。

一、常见故障处置

由双离合变速器结构原理可知，双离合变速器是 ECU 控制的智能变速器，其机械传动部分磨损极小。常见的故障现象主要有密封失效漏油、起步抖动和过热保护等。早期双离合变速器出现的故障，多发生在双离合器和电液控系统，经过生产厂家的不断改进和完善，这些故障已基本消除。

1. 变速器漏油

检查发动机下护板有渗油痕迹，拆除护板后发现变速器后端壳（电控箱总成）处和变速器下部有油迹存在。如果存在上述现象，一般的分析结果为电控箱内的 DSG 油渗出、电控箱“口”形密封圈漏油或变速器前油封漏油。

（1）离合器分泵漏油

检查变速器壳体是否有机械损伤或油迹，如果拆下离合器分泵罩，有油渍从离合器分泵渗出，说明离合器分泵出现密封塞损坏故障，油液缺失会引起控制系统工作异常进而实施了保护，使变速杆挡位显示全部变红报警。发生这种故障时，只能整体更换机械电子单元。

（2）变速器与电控箱间漏油

对于变速器渗油现象，变速器总成因加工质量问题出现漏油的概率较小，主要表现为电控箱与变速器箱座的“口”形密封圈存在材质密封不良故障，此时观察到油渍为淡黄色，在处理完后，一定要对变速器相关紧固螺栓进行校验，同时怠速 15 min 试车，观察变速器有无渗漏。即使电控箱壳体密封圈（与电控箱一体，不能单独更换）出现了故障，也只能更换电液控制箱总成。

（3）机械变速器前油封漏油

当发现发动机护板出现油迹时，通过发动机拆检和发动机机油量检查，很容易发现机械变速器前油封漏油故障。该作业可单独更换该油封，但变速器需整体从车体上拆装，因此，工作量较大。

2．过热保护和起步抖动

从双离合变速器的电控策略来看，在道路拥堵的城市里变速器会频繁地进行挡位切换，使得双离合器频繁地接合与分离，并形成不同的摩擦过程，从而导致变速器的温度急剧升高和离合器片异常磨损。在极端情况下，电控系统会启动一些备用保护程序功能（断开离合器动力传递功能），所以就会导致一些行驶故障现象的出现。

目前很多生产厂家对早期生产的车型均进行了召回处理，通过对该型变速器采用升级电控系统软件、更换双离合器总成、更换电子液压模块总成以及更换变速器总成等方式来解决过热保护和起步抖动故障。后期生产的该类型变速器已做改进，起步抖动和过热保护现象已很少发生。

由于双离合器是该类变速器最为核心的控制技术之一，保证其良好的散热是减少故障的关键，因此，遇到拥挤的交通环境，驾驶员可人工控制降低双离合器的工作负荷。例如，驾驶员可将挡位换成运动模式或者手动模式，人为控制挡位完成跟车行驶，避免电控系统的频繁换挡操作。而在路口红灯停车等候时，可换成 N 挡，松开行车制动、拉驻车制动，尽量减少双离合器过度工作。

二、检测仪检测

1．出现故障时 ECU 的反应类型

如果变速器中的一个部件发生故障，则 ECU 做出反应，启用替代功能。为了保护变速器，ECU 故障反应分为 4 种。

第一级：故障比较轻微，通过替代程序即可继续行驶，且不影响行驶安全性。驾驶员未从仪表板选挡范围显示器上接收到任何相关信号，显示器正常显示变速挡位。驾驶员只能凭感觉察觉到行驶性能发生了变化。

第二级：仪表板选挡范围显示器中的某些变速挡位闪烁。这是在向驾驶员发出信号，目前无法选择该挡位。例如，倒车行驶时，变速杆位于 R 挡，汽车向后行驶。在这种情况下，如果挂入 D 挡，则选挡范围显示器中的字母“D”将闪烁。此时，为了避免损坏变速器，ECU 将阻止挂入 1 挡。只有在汽车静止时才挂入该挡位。如果要对此进行试验，请谨慎操作。

第三级：选挡范围显示器完全亮起并闪烁。提醒驾驶员必须注意行车状态。例如，DSG 油温度过高。可能的原因如下：高负荷挂车运行模式、汽车前部的附加装备“冷却空气不足”等。

第四级：无法识别挂入的变速杆位置，选挡范围显示器闪烁。驾驶员能很明显地感觉到行驶性能和换挡性能发生变化，无法倒车行驶。出现这种“严重故障”时，离合器功能被关闭，必须维修变速器。

2．故障查询的特殊说明

（1）变速杆位置显示无 R 挡

当变速杆位置显示的所有部分同时亮起时，这表明变速器处于紧急运行状态，无法倒车行驶。

（2）Tiptronic 功能失效，无法正常换挡

检查变速器上部变速杆拉索底座上的防松垫片。该垫片（图 4-104 中 B 处）不允许重复

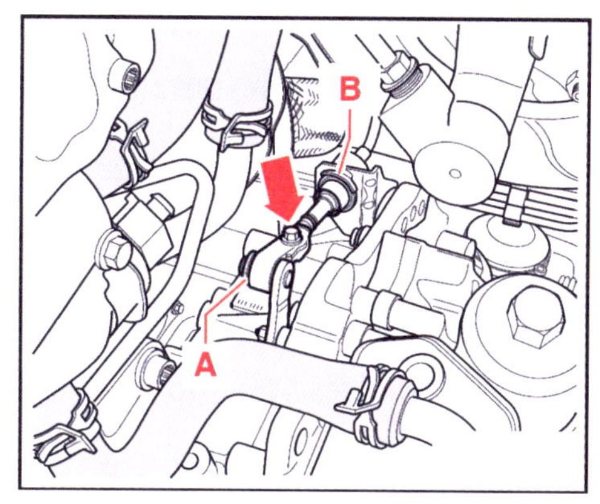

图 4-104　变速杆拉索的调整螺栓与垫片

使用。图中箭头指向拉索的调整螺栓，由于“内应力”损失，该防松垫片丢失会导致 Tiptronic 功能失效，无法正常换挡。

（3）“驱动力”不足，可能 DSG 油过少

确定出现“驱动力”不足情况时，须检查并加注 DSG 油。DSG 油泄漏时，所有其他操作情况都是无效的。

（4）ECU 未存储任何故障

ECU 未存储任何故障时，寻找故障原因主要取决于技师的判断。经验表明，由其他部件或动力总成引起的故障经常会被归结于变速器“故障”。例如，由于发动机动力不足引起的换挡困难。只有在排除这种错误的情况下，才可能准确使用大众汽车测试仪进行故障诊断。

（5）ECU 存有故障

首先了解 ECU 存储的故障所代表的信息，大众汽车检测仪的“引导型故障查询”功能具有“引导型故障查询”功能，正确操作检测仪，即可通过“引导型故障查询”功能，查找到许多故障原因。

（6）存有“与变速器无关的”故障

例如，变速器中 ECU 存有故障，显示“ABS 信号缺失”信息，而且另一个 ECU 也显示“ABS 信号缺失”信息。此时不应再怀疑变速器 ECU 存在故障。

该条记录信息表明，变速器 ECU（也可能还有其他 ECU）在等待通过总线传输的信号，但未获得。在这种情况下，更有可能是 ABS ECU 存在故障。切勿不加考虑地拆卸双离合变速器机械电子单元 J743。在这个示例中，故障位于 ABS。

3. 使用检测仪检测

大众公司的“车辆诊断、测量和信息系统 VAS 5051A/B 和 VAS 5052 检测仪”提供“引导型故障查询”和“引导型功能”2 种运行模式，其中最重要的是以下 3 个功能。

（1）匹配安装信息

双离合变速器的机械电子单元通过数据总线上的信号识别车辆上的其他控制单元。按下“匹配安装信息”按键，则机械电子单元接收指令，删除所有的通信对象。在下一次打开点火钥匙时重新识别所有的“正在工作的通信对象”。

在下列操作后必须执行匹配安装信息功能：

- 安装了一个新的变速杆之后；
- 安装其他控制单元后，例如发动机、ABS 或网关；
- 对转向盘拨片进行作业后；
- 安装机械电子单元后；
- 安装变速器后。

（2）读取必须申报的测量值

使用检测仪在与厂家技术服务中心或相关的进口商联网前，必须读取对双离合变速器的测量值。在检测仪的诊断协议中储存测量值，这样所有必要的变速器数据就可以用于故障分析。

（3）“J743 机械电子单元实施基本测量”功能

VAS 5051A/B 和 VAS 5052 检测仪的“J743 机械电子单元实施基本测量”功能是机械电子单元 J743 在此学习变速器重要设置的项目。按下检测仪该功能按键，机械电子单元 J743 会重新学习变速器控制的重要调节设置，或者复原到程序设定的原点。尤其是离合器接合杆和挡位调节器的同步点和“顶点”设置。

只有在下列情况下，方可按下“J743 机械电子单元实施基本测量”按键：

- 在“引导型故障查询”中对此提出要求；
- 处理了一个故障记录之后；
- 安装了另一个变速器之后；
- 安装了双离合器之后；
- 安装了一个机械电子单元之后。

操作步骤如下。

① 连接车辆诊断、测量和信息系统 VAS 5051B 检测仪。

② 在车辆诊断、测量和信息系统 VAS 5051B 中选择“引导型故障查询”功能。

③ 通过“跳转”按钮选择“功能 / 部件选择”，并依次选择以下菜单项：

- 驱动；
- 7 速双离合器变速器 0AM；
- 具有自诊断功能的系统；
- 双离合变速器电气部件；
- J743 双离合变速器机械电子单元；
- 对 J743 机械电子单元进行基本测量。

（4）“引导型故障查询”功能

在双离合变速器的“引导型故障查询”检测计划中，可以检测传感器、执行机构和机械电子单元的运行状态。检测传感器和执行机构时，请注意 VAS 5051 A/B 和 VAS 5052 中的有关说明。

三、更换大众 02E 型湿式双离合变速器油（DSG 油）和滤清器

专为双离合变速器设计使用的 DSG 油，其质量对变速器功能具有决定性作用。因此，DSG 油中不得混入任何添加剂，也不要加注其他品质的油。从变速器放出来的 DSG 油不允许再次加注。

DSG 油不仅可以润滑、清洁变速器，还能够作为压力介质来实现挡位调节器的功能。此外，DSG 油还能密封阀门，并在换挡时辅助同步器环。DSG 油可以储存和传递热量，并减少噪声。为了达到双离合变速器的高性能，维护时必须一起更换 DSG 油和滤清器。

1. 更换 DSG 油滤清器的条件

（1）不需每次更换滤清器的条件

在下列情况下不必更换滤清器：

① 已更换 DSG 油冷却器或其 O 形圈，且 DSG 油中未混入冷却液；

② 已更换换挡轴密封圈；

③ 已更换法兰轴或插接轴密封圈；

④ 已更换不密封的机械电子单元、多片式离合器或 DSG 油泵的盖板；

⑤ 已更换变速器输入转速传感器 G182 和 DSG 油温传感器 G509。

（2）必须更换 DSG 油滤清器的条件

在下列情况下必须更换滤清器：

① 已达到持续行驶 60000 km 的保养周期；

② DSG 油中混入了冷却液；

③ DSG 油中存在金属碎屑；

④ 离合器烧毁或机械损坏。

2. 通过对 DSG 油油位的检查进行故障分析

在正常使用情况下，DSG 油几乎不会消耗。只有事先从变速器中排出 DSG 油，DSG 油才可能减少。因此，可以通过检查 DSG 油油位和漏油情况进行故障判断。

首先观察变速器中的 DSG 油从何处泄漏，然后针对泄漏进行维修，接着加注新 DSG 油，并重新调至正确的 DSG 油油位。注意仅靠加注 DSG 油并不能排除故障，这样做对故障查询判断并无帮助，而且会造成安全假象。

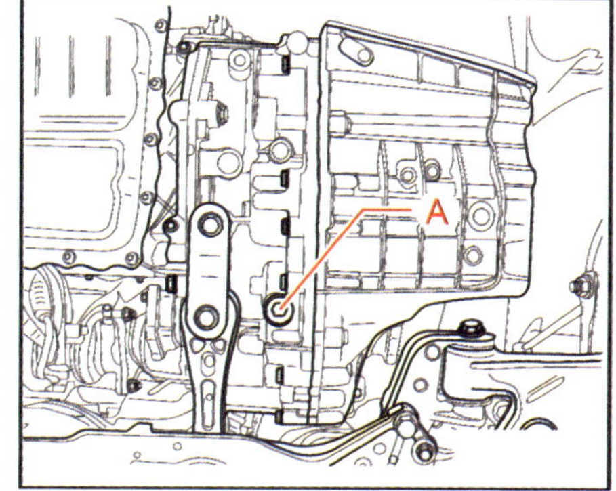

图 4-105　DSG 油油位检查螺栓

通过 DSG 油油位检查螺栓（见图 4-105 中 A 处）可以放出 DSG 油和调整 DSG 油油位。该螺栓后方有一根塑料溢流管（ϕ8mm 内六角，拧紧力矩：3N · m）。该溢流管的长度决定了变速器中的 DSG 油的油位。

3. 更换 DSG 油和滤清器

（1）作业前提条件

① 发动机处于关闭状态。

② 汽车处于水平位置，所有升降台的定位架处于同一高度。

③ 必要时，拆卸隔音垫。

④ 将变速器挂入 P 挡。

⑤ 已连接汽车“诊断系统、测量和信息系统 VAS 5051B”检测仪。

⑥ 在开始操作前，DSG 油温度不允许超过 35℃。

（2）更换 DSG 油和滤清器

① 连接 VAS 测试仪，并在“功能导航”中识别汽车信息。

② 选择“双离合变速器”功能。

③ 选择“检查油位”功能。

④ 如果更换 DSG 油和滤清器的机具设备温度高于 50℃，则必须冷却变速器。

⑤ 发动机处于关闭状态（不要起动）。只有在需要时才起动发动机，目前本工作过程尚不需要。

⑥ 用扳手松开滤清器壳，通过旋转滤清器壳体约 7 圈，松开滤清器壳体。

⑦ 等待 10s，使滤清器壳体中的 DSG 油流回变速器。

⑧ 取下滤清器壳体（见图 4-106）。

⑨ 向下插入带凸肩（见图 4-106 中箭头处）的新滤清器，用 20N · m 的力矩拧紧壳体。

⑩ 擦去溢出的 DSG 油。

⑪ 举升汽车。

⑫ 拆卸隔音垫。

⑬ 将废油接收和抽吸装置 VAG 1782 或收集盘 VAG 1306 置于变速器下方。

⑭ 拆卸摆动支承附近的 DSG 油油位检查螺栓（见图 4-105 中箭头处）。

⑮ 拆卸该 DSG 油位油管。

⑯ 大约会放出 5L DSG 油。

⑰ 用 3N · m 的力矩重新拧入溢流管。

⑱ 用力将 DSG 油加注转接头 VAS 6262 的 A 端（见图 4-107 中 A 处）拧入检查螺栓的检查孔。

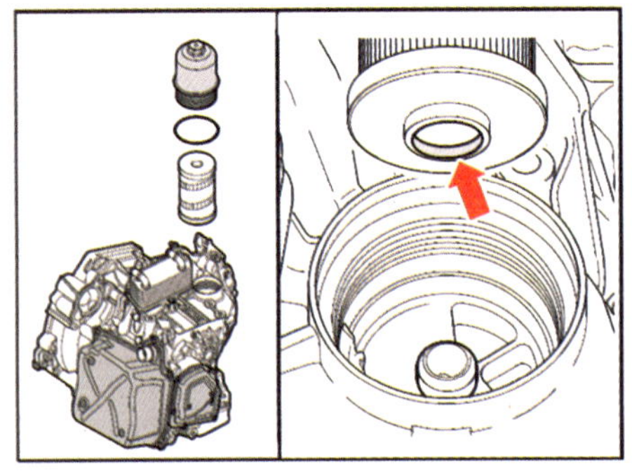

图 4-106　更换滤清器

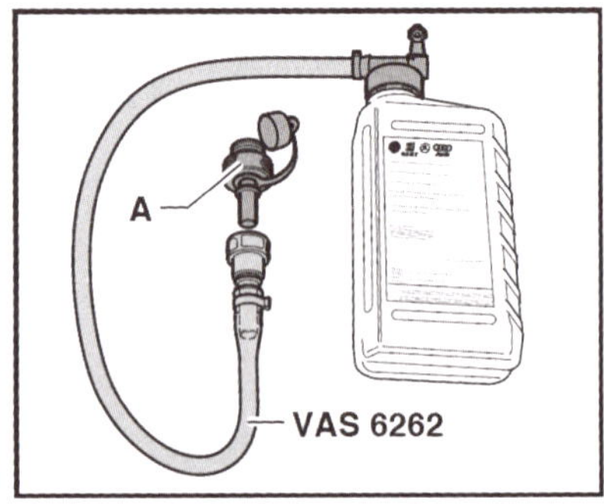

图 4-107　DSG 油加注转接头

⑲ 在打开前要晃动 DSG 油罐，使油液混合均匀。

⑳ 加注 5.5L DSG 油。更换油瓶时可以关闭阀门或将 DSG 油加注适配接头 VAS 6262 固定在高于变速器的位置上。

㉑ 继续切换“汽车诊断系统、测量和信息系统 VAS 5051B”检测仪，直至显示“DSG 油温度”。

㉒ 起动发动机。

㉓ 踩下制动踏板，然后逐个挂挡，每个挡位保持约 3s。将变速杆重新置于“P”挡位置。不要关闭发动机。

（3）调整 DSG 油油位。

当 DSG 油温度为 35 ～ 45℃时，可以调整 DSG 油油位。

① 在发动机运转的情况下，脱开 DSG 油加注转接头 VAS 6262 的快速接头。

② 排出多余的 DSG 油。

③ 一旦排尽多余的 DSG 油（开始滴 DSG 油时），则旋出 DSG 油加注适配接头 VAS 6262，并安装带新密封圈的螺栓（拧紧力矩：45N · m）。

④ 关闭发动机。

⑤ 装隔音垫。

四、更换 0AM 型干式双离合变速器油

大众 0AM 型干式双离合变速器有两个供油系统。一个供油系统用于机械变速器的润

滑，使用的是普通齿轮油；另一个供油系统用于双离合变速器机械电子单元 J743，使用的是 DSG 专用油。两种油液都是原厂添加的，不得向其中掺入任何“添加剂”。排出的 DSG 油不允许重新添加。

DSG 油是一种长效液压油，无须更换。在变速器中也无须检查油位。因此，变速器内也无油位检查装置。如果液压系统油泄漏，则应检查其是从何处漏出的。

加注 DSG 油的步骤如下。

① 如果变速器未拆下，则必须拆下起动机来加注 DSG 油；

② 拆下机械电子单元 J743 的加油孔螺塞（见图 4-108 中箭头处）；

③ 请通过加油孔添加 DSG 油。注意不要漏出，必须在机械电子单元中足量添加 1L 的 DSG 油。添加的 DSG 油不要过多或过少，否则可能造成功能故障。

④ 重新安装新的加油孔螺塞，如图 4-109 所示。

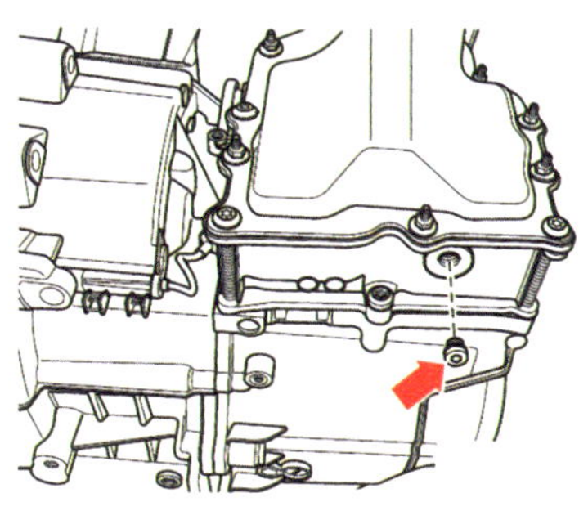

图 4-108 DSG 油的加注位置

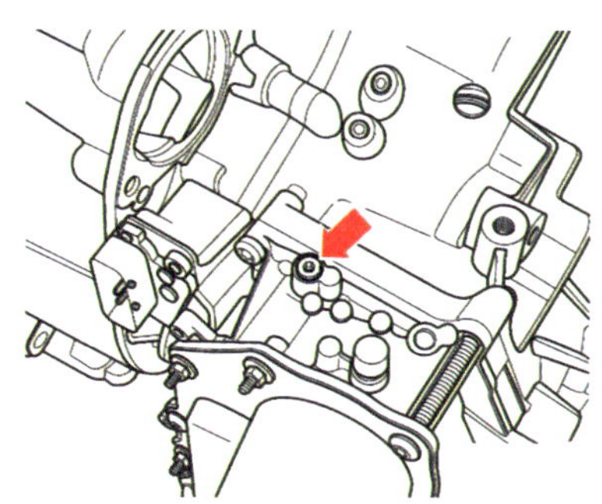

图 4-109 装复新的加油孔螺塞

项目小结

1．双离合变速器是一种基于手动变速器和普通自动变速器的典型自动变速器，其除了拥有手动变速器的灵活性和普通自动变速器的舒适性外，还能提供无间断的动力输出。该变速器最早应用在 20 世纪 80 年代的部分赛车上，时至今日这项技术已经有 30 余年的商用历史，在技术方面已经非常成熟。双离合变速器可以看成是未来的一种趋势，其高传动效率特性，可以更好地让发动机动力传递到驱动车轮，实现提高车辆性能并降低油耗的双赢效果。

2．双离合变速器由两个 2 轴或 3 轴机械变速器、一个内含 2 套离合器的离合器总成、一套变速器电控液压控制单元和控制软件系统组成。有别于普通的机械变速器，双离合变速器除了具有双离合器外，还具备同轴的双输入轴结构。在传动过程中的能耗损失非常小，极大地提高了车辆燃油经济性。

3．发动机的扭矩通过飞轮传递到电动液压控制或电动控制的双离合器上，双离合器可根据选择来操纵偶数挡或者奇数挡。奇数挡（1 挡，3 挡，5 挡，7 挡）组成的分变速器 1 可通过输入轴 1 由离合器 K1 来驱动；偶数挡（2 挡，4 挡，6 挡）和倒挡组成的分变速器 2 可通过输入轴 2 由离合器 K2 来驱动。

4．双离合器有“湿式”和“干式”两种形式，其动作操控也有电液控制和电机控制两种方式。

5. 湿式双离合器安装于一个充满液压油的封闭油腔里，其双离合器为一大一小两组同轴安装在一起的多片式离合器，分别连接 1 挡、3 挡、5 挡、7 挡齿轮和 2 挡、4 挡、6 挡、倒挡齿轮。这种“湿式”结构具有更好的调节能力和优异的热容性，因此能够传递比较大的扭矩。

6. 干式双离合器由 2 个尺寸相近的离合器片与中间盘同轴相叠安装组成。位于中间盘两侧的两个离合器片分别连接 1 挡、3 挡、5 挡、7 挡齿轮和 2 挡、4 挡、6 挡、倒挡齿轮，两个离合器片分别与中间盘“接合”或“分离”，通过切换离合器片位置来进行扭矩输出。因为它的双离合器不像湿式双离合器那样安装于封闭油腔里，所以，被称为干式双离合器。干式双离合器结构简单，因而效率更高。但是，干式双离合器自身结构的固有特性使它能够承受的最大扭矩比湿式双离合器要低。

7. 双离合变速器的换挡过程：变速杆在 P 挡或 N 挡时，变速器已同时挂入 1 挡和倒挡，这样就不会出现起步延迟现象，汽车可根据驾驶员的意愿来决定是倒车还是前行。当驾驶员想向前起步时，其将变速杆推至位置 D 以 1 挡起步，当车速超过了约 15km/h 时，分变速器 2 内就挂上了 2 挡（先前挂入的是 R 挡）。如果达到了 1 ～ 2 挡的升挡换挡点，那么离合器 K1 就会快速地脱开，而与此同时离合器 K2 会飞快地接合（因此不会出现牵引力中断）。为了改善换挡舒适性并保护离合器，在换挡过程（重叠）中发动机扭矩会降低。整个换挡过程在不到 0.01s 中就结束了。现在在分变速器 1 内挂入的是 3 挡（预选的）。再往下的 2 挡 /3 挡直至 6 挡 /7 挡的换挡过程就都是重复上述过程了。

项目五 无级变速器

培养目标

关键能力——熟悉无级变速器（CVT）的构造与工作原理。

核心内容——了解无级变速器的维护技能和工艺过程。

职业行为习惯的养成——以企业工作方式参与实训课程，学习无级变速器的新维修方式和方法，注重职业行为习惯的养成。

项目描述

具有 100 多年历史的无级自动变速器（简称无级变速器），有别于其他有级自动变速器，它的变速比不是间断的值，而是一系列连续的值，从而实现了良好的经济性、动力性和驾驶平顺性，而且降低了排放和成本。无级自动变速器具有重量轻、体积小、零件少等优点，与液力自动变速器比较具有较高的运行效率，油耗较低。但其缺点是传动带承受过载能力较低，只能用于中、小排量的汽车。

项目导航

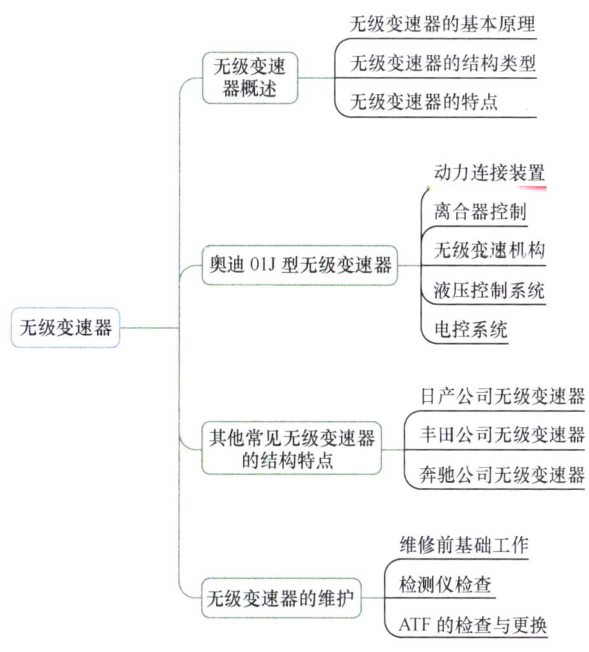

任务一 无级变速器概述

早在 1958 年，荷兰人 Van Doorne 将第一套无级变速器（Continuously Variable Transmission，CVT）装到一辆仅 600cc（0.6L）发动机的小汽车上，拉开了人类对无级变速器实用化的序幕。近年来随着汽车电控技术的普及应用，无级变速器的性能得到迅速提升，促进了无级变速器的大规模商用与普及，该类变速器现已逐渐成为小型中、低排量乘用车变速器的主流配置。

一、无级变速器的基本原理

无级变速器（简称 CVT）与其他类型变速器相比，省去了复杂而笨重的齿轮组合，以两组金属带轮通过改变驱动轮与从动轮的接触半径完成传动比的变换。该带轮系统可以在最高挡位和最低挡位之间提供无限的可变性，而没有运转不连续的感觉或换挡过程，使得汽车在行驶过程中能平稳地自动换挡，没有车速突变的感觉。CVT 所具有的传动比连续改变的特性，使汽车获得传动系统与发动机工况的最佳匹配，提高了车辆行驶的燃油经济性和动力性。

1. 无级变速器的基本结构

CVT 的结构包括动力连接装置（液力变矩器、前进挡离合器、倒挡制动器和起步离合器）、无级变速机构（主动带轮组、从动带轮组、传动带）、行星齿轮机构、中间齿轮组和电液控制模块等，如图 5-1 所示。

2. 无级变速器的工作原理

CVT 的变速机构里，传统变速器的齿轮被一对带轮和一条钢制传动带所取代，每个带轮其实是由两个锥形盘组成的 V 形结构。主动带轮组和从动带轮组都由可动盘和固定盘组成，工作缸侧的带轮为可动盘，可以在轴上滑动，另一侧带轮固定。可动盘与固定盘都是锥面结构，它们的锥面实现 V 形槽与 V 形传动带啮合。锥形带轮可在液压缸的推力作用下收紧或张开，挤压钢质传动带，以此来调节 V 形槽的宽度。当锥形带轮向内侧移动收紧时，钢质传动链在锥盘的挤压下向圆心以外的方向（离心方向）运动，相反会向圆心以内运动，如图 5-2 所示。

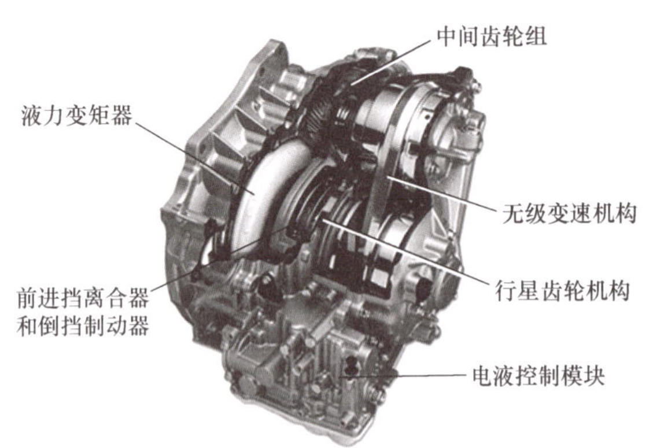

图 5-1 CVT 的基本结构

图 5-2 CVT 的变速传动原理

在车辆行驶时，发动机轴连接 CVT 的小直径主动带轮，通过钢制传动带带动大直径从动带轮，最后经减速器、差速器将动力传递给车轮，驱动汽车行驶，实现动力传输的持续和顺畅。

二、无级变速器的结构类型

1. 动力连接装置的类型

相对于液力自动变速器而言，CVT 的动力传递路线比较简单。在带挡停车、起步、坡道行驶、爬行功能控制方面，不同动力连接装置的 CVT 有所不同。常见的 CVT 配置了液力变矩器，上述功能可由液力变矩器来完成；没有装备液力变矩器的 CVT，由前进挡离合器和倒挡制动器完成以上功能；部分 CVT 采用专门的起步离合器来完成上述功能。

（1）配置液力变矩器的 CVT

配置液力变矩器的 CVT，其动力传递路线：飞轮→变矩器→无级变速带轮机构→行星齿轮机构→前进挡离合器和倒挡制动器→中间齿轮机构→差速器→驱动轮。例如，奔驰 B200 车型配置的 722.8 型 CVT，采用了带锁止离合器的液力变矩器，如图 5-3 所示。

（2）采用前进挡离合器和倒挡制动器结构的 CVT

未装备液力变矩器的 CVT，其动力连接装置为前进挡离合器和倒挡制动器，其动力传递路线：飞轮→前进挡离合器和倒挡制动器→行星齿轮机构→无级变速链轮机构→中间齿轮机构→减速器→差速器→驱动轮。例如，大众 01J 型 CVT 的传动结构，如图 5-4 所示。

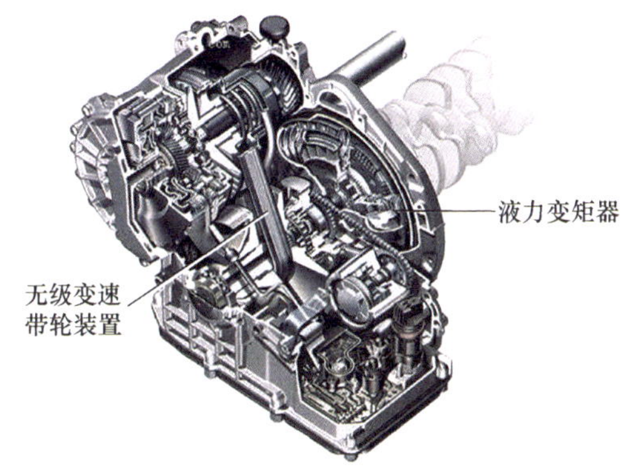

图 5-3　奔驰 722.8 型 CVT 结构

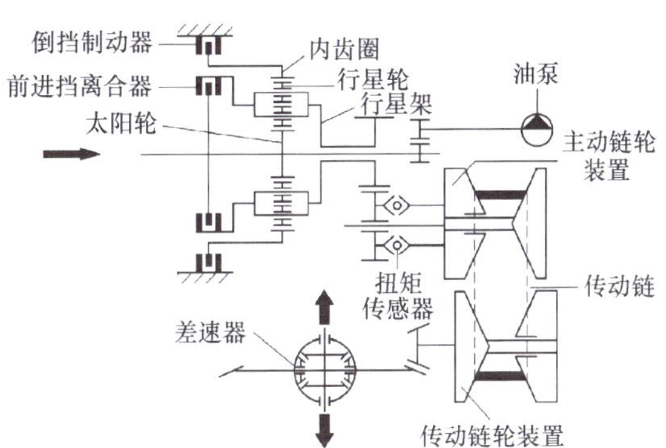

图 5-4　大众 01J 型 CVT 传动结构简图

（3）采用起步离合器的 CVT

广汽本田飞度车型配置的 CVT，没有配置液力变矩器，相较大众 01J 型 CVT，多配置了一个起步离合器，如图 5-5 所示。飞度 CVT 的动力传递路线：飞轮→行星齿轮机构→前进挡离合器和倒挡制动器→无级变速机构→起步离合器→中间齿轮组→减速器→差速器→驱动轮。

（4）带有副变速器的 CVT

日产的 CVT 7 型和丰田 10 速“双通道”CVT 均采用了带副变速器的传动结构（见图 5-6），其动力传递路线：发动机→液力变矩器→中间齿轮组→无级变速带轮机构→副变速器→差速器→驱动轮。

2. 传动带的类型

CVT 比传统变速器简单、体积更小，它既没有手动变速器的众多齿轮副，也没有液力自动变速器复杂的行星齿轮组，主要靠主动锥形带轮组、从动锥形带轮组和传动带实现传动比的无级变化。传动带常用的有金属带式、金属链式两种结构类型，如图 5-7 所示。

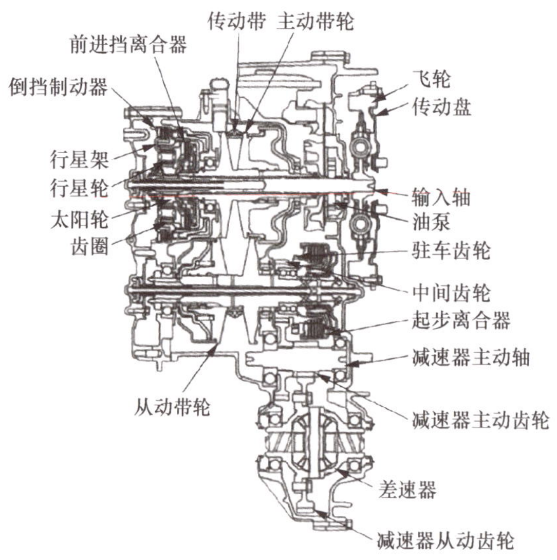

图 5-5 飞度车型带有起步离合器的 CVT

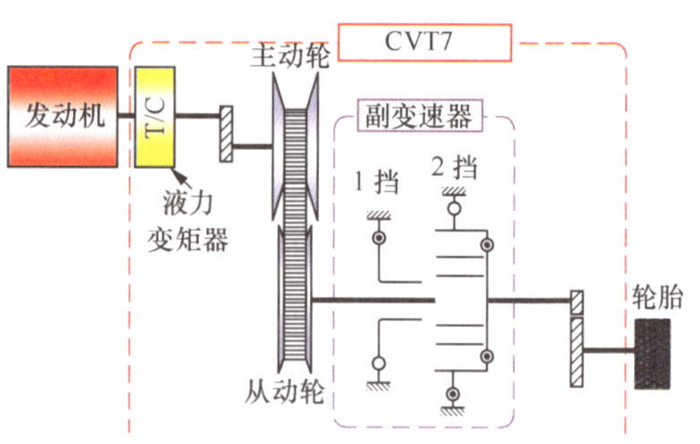

图 5-6 带副变速器的 CVT 传动结构简图

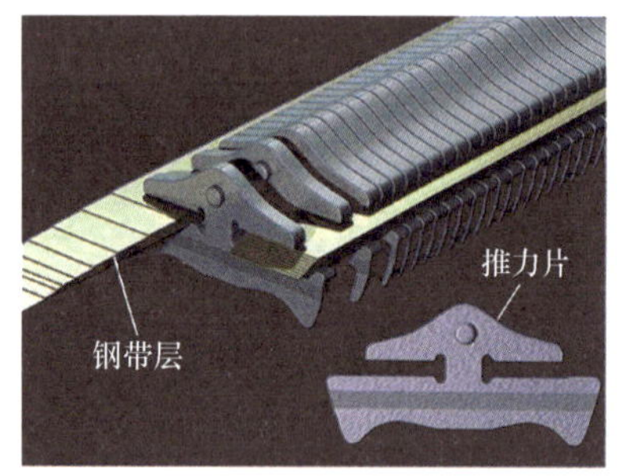

（a）金属带式

（b）金属链式

图 5-7 传动带的金属带式和金属链式结构

金属带式和金属链式两种传动带的不同：金属链式采用的是拉动的受力方式，这与自行车链条的原理十分相似，而金属带式则使用推动的受力方式。

（1）金属带式

金属带式结构的传动带（见图 5-8），采用一条非常坚韧的金属驱动带与 2 对可做轴向移动、宽度可调的锥形带轮相连接，驱动金属带紧压在半径可变的锥形带轮上组成机械无级变速机构。改变锥形带轮的驱动半径即可改变主、从动锥形带轮的传动比，以适应汽车负荷和行驶速度的变化。

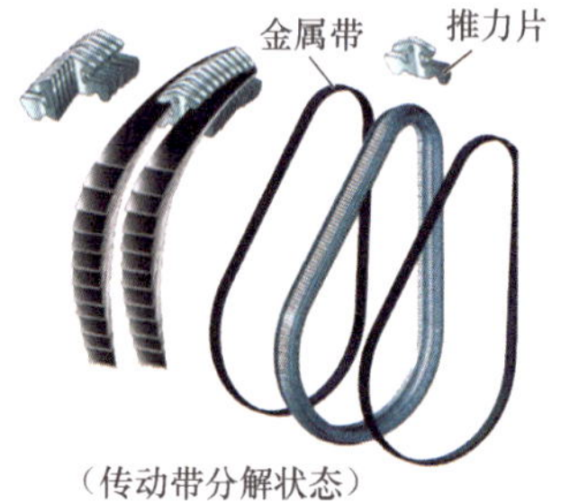

（传动带分解状态）

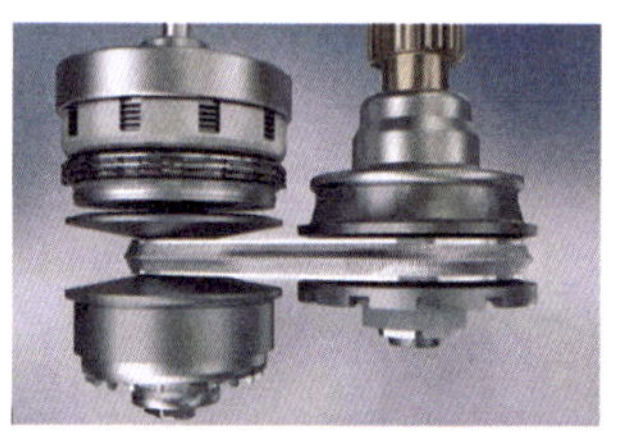

（传动带装配在锥形带轮）

图 5-8 金属带式传动带结构

（2）金属链式

采用金属链式传动链结构（见图 5-9）的无级变速机构和工作原理与金属带式结构的无级变速机构相似，也是通过改变锥形轮的宽度来改变传动比，只是以金属链条替代了金属驱动带。

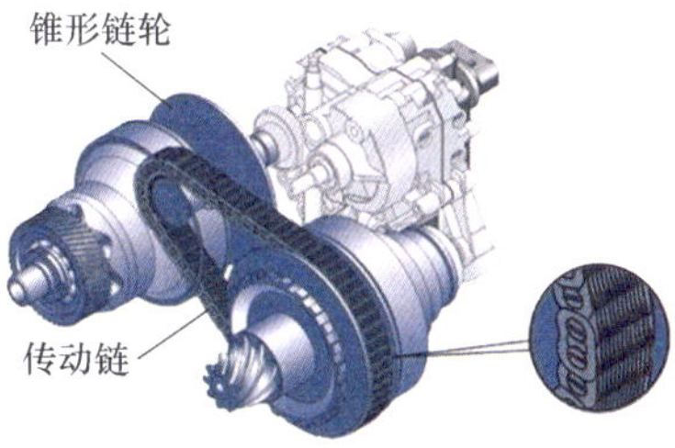

锥形链轮

传动链

图 5-9 金属链式传动链结构

三、无级变速器的特点

1. 无级变速器的主要优点

（1）提高整车的燃油经济性

CVT 可以在相当宽的范围内实现无级变速，可获得传动系统与发动机工况的最佳匹配，依靠变速器无级调速来适应汽车的各种速度，使发动机长时间工作在最佳工况，因此可以提高发动机燃烧效率，燃油经济性相应地得到提高。

（2）动力性好

CVT 能与发动机实现闭环控制，充分调动发动机的最大扭矩，其减速增扭的性能明显优于手动机械变速器和液力自动变速器。配置 CVT 汽车的加速性能（0 ～ 100km/h）比液力自动变速器汽车提高 7.5% ～ 11.5%，高速状态加速性也优于配置手动机械变速器的汽车。

（3）舒适性好

CVT 可明显改善驾驶舒适性能。CVT 没有挡位，变速过程连续而线性，提速无换挡冲击，急加速时没有减挡的顿挫现象。CVT 有很宽的传动比，高速行驶时发动机转速低、噪声小，使驾驶员及乘客能够享受安静、轻松、舒适的旅途。

（4）操控性好

CVT 与液力变矩器匹配，液力变矩器可以放大发动机扭矩，所以起步快，使加速更加顺畅。驾驶员超车深踩加速踏板时，CVT 采用改变速比放大扭矩的方式不会有液力自动变速器降挡的感觉。在高速过弯时，CVT 可保持扭矩高速出弯，驾驶员松开加速踏板时也没有液力自动变速器升挡的感觉。CVT 具有比液力自动变速器更优异的发动机制动效果，CVT 在上下坡时能自动探测坡度，在上坡时自动调整传动比增加扭力输出；在下坡时能加大发动机制动力矩，以降低下长坡时的滑行速度，提升了安全性与操控性。

（5）有害气体排放少

由于 CVT 可以实现与发动机的闭环控制，因此可使发动机经常处于经济转速区域内运转，从而降低了有害气体排放，同时可以延长三元催化器、氧传感器的使用寿命。例如，德国采埃孚公司将其生产的 CVT 装车测试，其有害气体排放量比装备 4AT 的汽车减少约 10%，大大减少了对环境的污染。

2. 无级变速器的缺点

当前在用车辆的 CVT 缺点也比较明显，其传动带或传动链容易损坏，不宜承受大的载荷，多数 CVT 仅适用于中、小功率的乘用车。另外，相比传统液力自动变速器而言，由于 CVT 的技术含量更高和制造难度更大，因此其制造成本略高；而且，抗过载能力较低，可维修性也比较差。出现硬件故障时，多数情况下只能整体更换。令人欣慰的是，近年来经过各大跨国汽车公司的研究和改进，CVT 的耐用性和适用性得到了明显提高。

任务二 奥迪 01J 型无级变速器

奥迪 01J 型 Multitronic CVT 是一种采用金属链式传动链结构的 CVT。这种链式传动组件，能够传递和控制峰值高达 310 N·m 的扭矩输出，其无级变速机构的速比范围为 2.40 ～ 0.40。该变速器虽然只是奥迪车型的一个阶段性过渡配置，而且采用了有别于多数 CVT 的传动链式结构，但其结构和控制原理与其他 CVT 基本相同。

奥迪 01J 型 CVT 主要由飞轮减振装置、动力传递装置（前进挡离合器和倒挡制动器）、中间辅助行星齿轮减速机构、无级变速机构和电液控制系统（液压控制单元和变速器电控单元）组成，如图 5-10 所示。

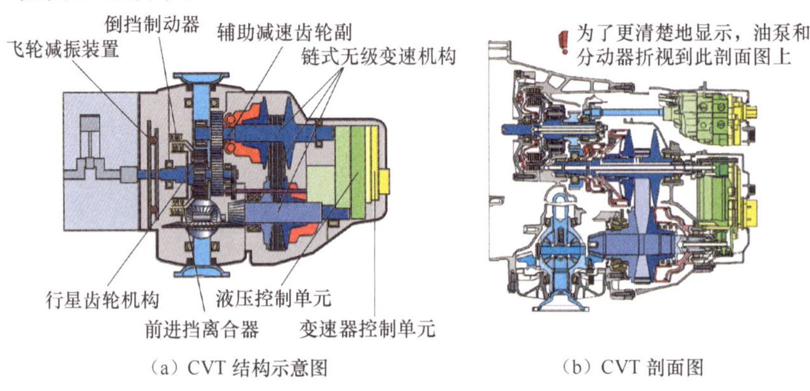

（a）CVT 结构示意图　　（b）CVT 剖面图

图 5-10　奥迪 01J 型 CVT 结构

汽车行驶时，发动机的输出扭矩通过双质量飞轮传递给 CVT 输入轴，通过前进挡离合器和倒挡制动器实现前进挡和倒挡。发动机的扭矩通过行星减速齿轮组传递到无级变速机构，并由该机构传递到主减速器。CVT 液压控制单元与 CVT 电控单元集成为一体，位于 CVT 内部。其手自一体（Tiptronic）功能提供 6“前进挡”模拟手动挡位选择。

一、动力连接装置

奥迪 01J 型 CVT 的动力连接装置包括行星齿轮机构、前进挡离合器和倒挡制动器（见图 5-11）。前进挡离合器和倒挡制动器配合单排行星齿轮机构，实现前进挡和倒挡。其中，前进挡离合器和倒挡制动器采用湿式多片离合器，用于汽车起步并将发动机扭矩传递给辅助行星减速齿轮组。汽车起步和扭矩传递过程由 CVT 电液控制单元监控和调整。

1. 双质量飞轮减振装置

发动机工作时，不均匀的燃烧会引起曲轴扭振，扭振传递到变速器中会引起共振，同时会产生噪声并使变速器部件容易过载。飞轮减振装置和双质量飞轮可减缓因发动机与变速器之间动力连接而产生的扭振，并保证发动机低噪声运转。发动机的动力就是通过飞轮减振装置或双质量飞轮传递到变速器的，如图 5-12 所示。

2. 前进与后退换向机构

01J 型 CVT 的前进与后退换向机构主要由前进挡离合器、倒挡制动器两个液压执行元件和一个单排双级行星齿轮机构组成（见图 5-11）。前进挡离合器和倒挡制动器配合单排双级行星齿轮机构来实现汽车的前进与倒退，它们只起到传力作用而不改变速比。

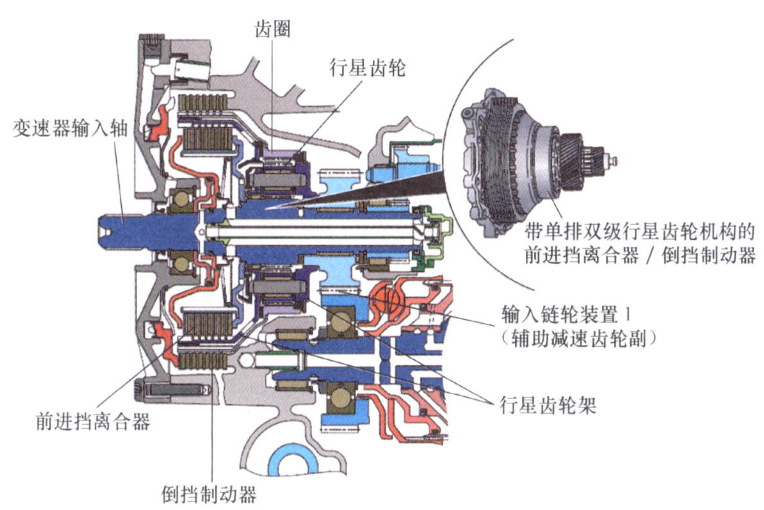

图 5-11　01J 型 CVT 动力连接装置

（1）前进挡离合器与倒挡制动器

01J 型 CVT 采用湿式多片离合器结构的前进挡离合器和倒挡制动器（见图 5-13），主要用于约束单排行星齿轮机构中的太阳轮、内齿圈及行星架，以便改变变速器输出轴的旋转方向，进而实现汽车的前进与倒退。

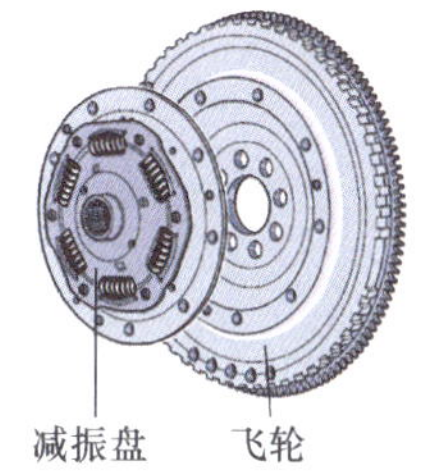

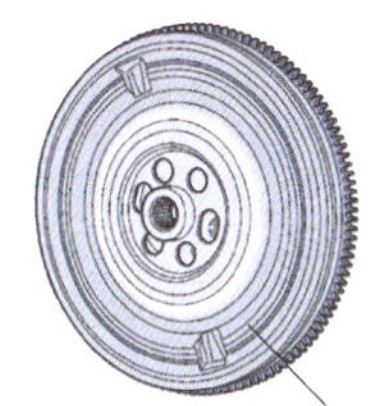

图 5-12　双质量飞轮减振装置

① 前进挡离合器。前进挡离合器的内毂为太阳轮，外毂与行星架制成一体。当其接合后，可以将太阳轮与行星架连接为一体，从而使整个行星齿轮机构形成直接传动。

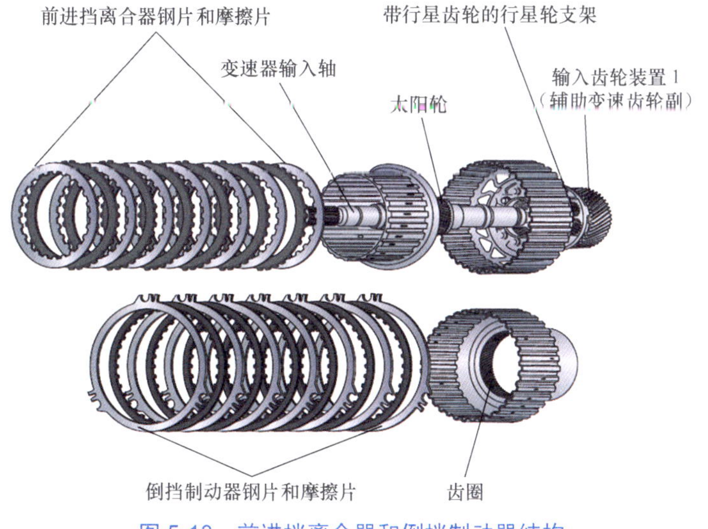

图 5-13　前进挡离合器和倒挡制动器结构

② 倒挡制动器。倒挡制动器的摩擦片与内齿圈连接，钢片与壳体相连接。当其接合后，内齿圈被制动，太阳轮顺时针旋转带动行星架逆时针转动将动力输出，使汽车实现倒车功能。

（2）行星齿轮机构

01J 型 CVT 采用单排双级行星齿轮机构（见图 5-14），其太阳轮与变速器的输入轴连接在一起，作为整个行星齿轮机构的输入单元；另外，它还用于驱动变速器中的油泵。内齿圈为变速器中倒挡制动器的制动内毂；行星架为整个行星齿轮机构的输出单元，它与中间辅助齿轮连接在一起。此行星齿轮机构与其他 CVT 中的行星齿轮机构的作用一样，行星架被制造成行星反向齿轮装置，其唯一功能是倒挡时改变 CVT 输出轴的旋转方向。

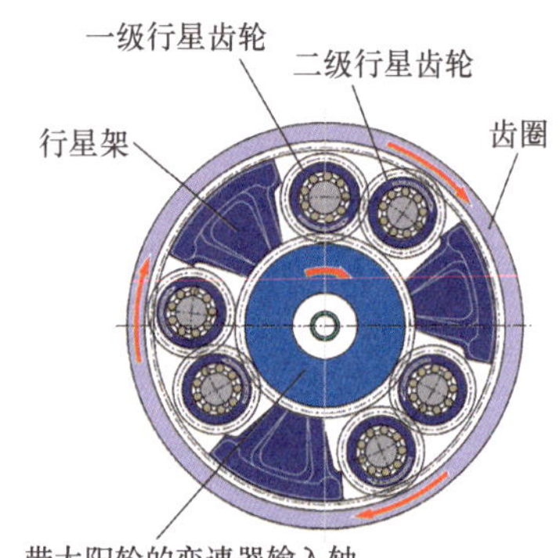

图 5-14　单排双级行星齿轮结构

3. **行星齿轮机构的动力传递线路**

（1）车辆尚未行驶时

车辆未行驶时，行星架是静止的，齿圈以发动机转速的一半运转，旋转方向与发动机相同。

（2）当车辆前进时

如图 5-15 所示，前进挡离合器接合，输入轴与行星架（输出）连接，行星齿轮系被锁止（变成一个刚体），与发动机同向转动，扭矩传动比为 1:1。

（3）倒挡时

倒挡制动器接合，齿圈与壳体固定在一起不能转动。扭矩被传递到行星架，行星架开始以与发动机相反的方向运转，车辆实现倒挡行驶，如图 5-16 所示。

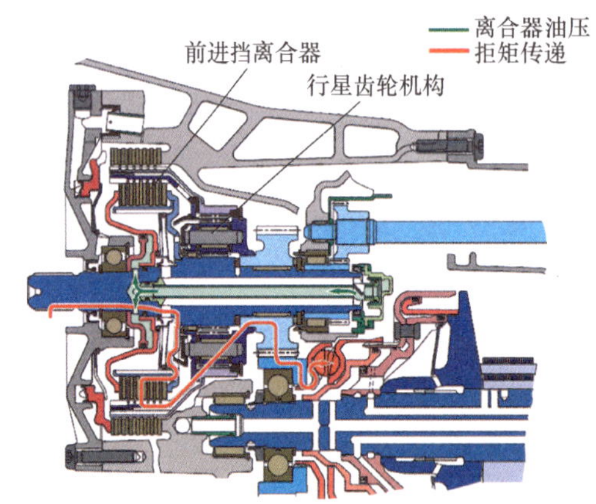

图 5-15　前进挡离合器接合，行星齿轮系被锁止与发动机同向转动

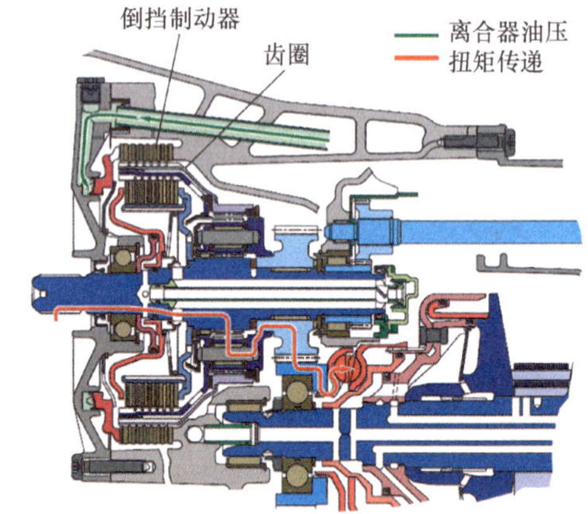

图 5-16　倒挡制动器连接，齿圈与壳体固定在一起不能转动

二、离合器控制

离合器控制包括起动过程、电液控制、安全切断、过载保护、爬坡控制、微量打滑控制

和离合器匹配控制等内容。

1. **起动过程**

起步和扭矩传递过程由变速器电子液压控制单元监控和调整。在起步过程中，变速器控制单元 J217 根据起动特性，识别出发动机标定转速，控制离合器压力并调整发动机转速。驾驶员的输入信息和变速器控制单元 J217 内部预置程序决定起动特性的参数。

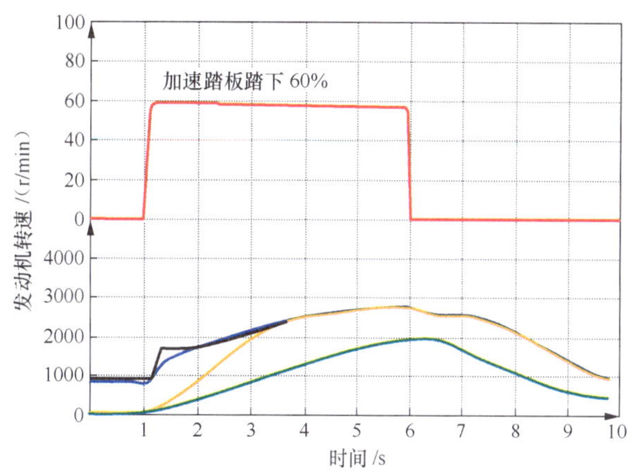

图 5-17　CVT 离合器的经济模式起动特性

CVT 在经济模式下起步时，节气门开度小，离合器打滑时间短，发动机由怠速转速到起步转速是在低转速下完成的，燃油经济性较高（见图 5-17）。

CVT 在动力模式下起步时，发动机由怠速转速到起步转速的过程是在高转速下完成的，发动机转速相对较高，提高了汽车的加速性能。动力模式起动特性如图 5-18 所示。

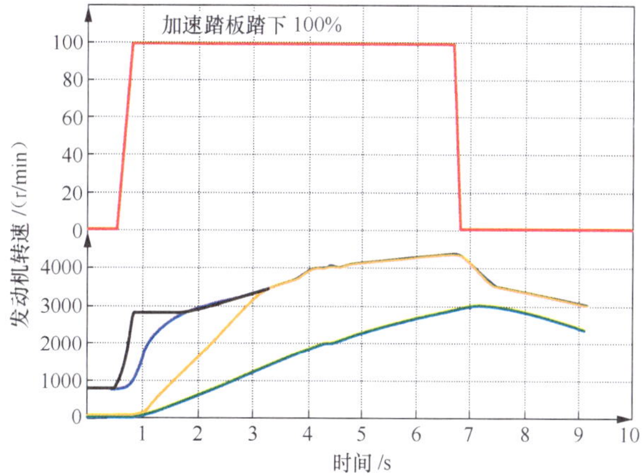

图 5-18　CVT 离合器动力模式起动特性

CVT 在运动模式下，发动机由怠速转速到起步转速，会输出较大的扭矩，提升汽车的加速性。发动机不同（汽油 / 柴油），扭矩、扭矩曲线和加速特性也不同（见图 5-19）。

2. **对离合器液压系统的电子控制**

控制单元 J217 通过接收发动机转速、变速器输入转速、加速踏板位置、发动机扭矩、制动力及变速器油温度等信号来控制离合器或制动器工作。控制单元 J217 通过这些参数计算出离合器或制动器所需要的额定压力，并且确定电磁压力控制阀 N215 的控制电流，进而使离合器压力和离合器传递的发动机扭矩相应地随控制电流的变化而变化。

为防止离合器过热，变速器控制单元 J217 通过对离合器温度的监控，来控制离合器的冷却过程。

3. **对离合器的液压控制**

离合器压力与发动机扭矩成正比。

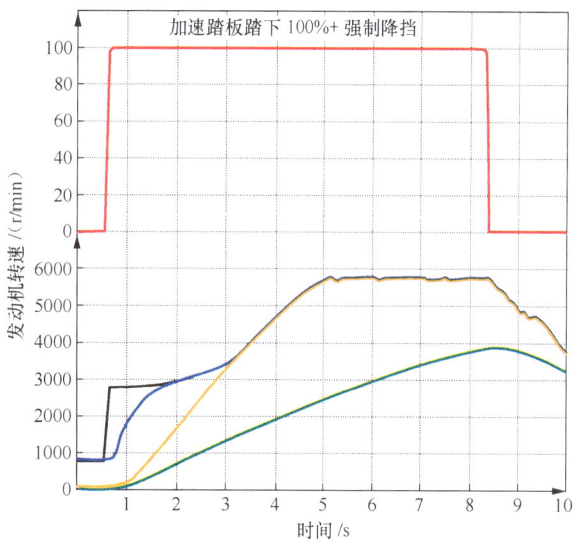

图 5-19　CVT 离合器运动模式加速特性

压力调整阀 N215 和输导压力阀 VSTV 提供一个约为 0.5MPa 的常压。根据变速器控制单元 J217 计算出的控制电流值，压力调整阀 N215 产生一个控制压力，控制离合器控制阀 KSV 位置。

控制电流与控制压力成正比关系。离合器控制阀 KSV 控制离合器压力，同时也调整待传递的发动机扭矩。离合器控制阀 KSV 的压力由系统压力提供，根据压力调整阀 N215 的触发信号产生离合器控制压力。因此，较大的控制压力必然产生较高的离合器压力。

离合器压力通过安全阀 SIV 传到手动换挡阀 HS，手动换挡阀将扭矩传到前进挡离合器（挡位 D）或传递到倒挡制动器（挡位 R）。当变速杆位于 N 挡位和 P 挡位时，手动换挡阀切断供油，两组离合器都与油底壳相通。离合器液压控制系统结构如图 5-20 所示。

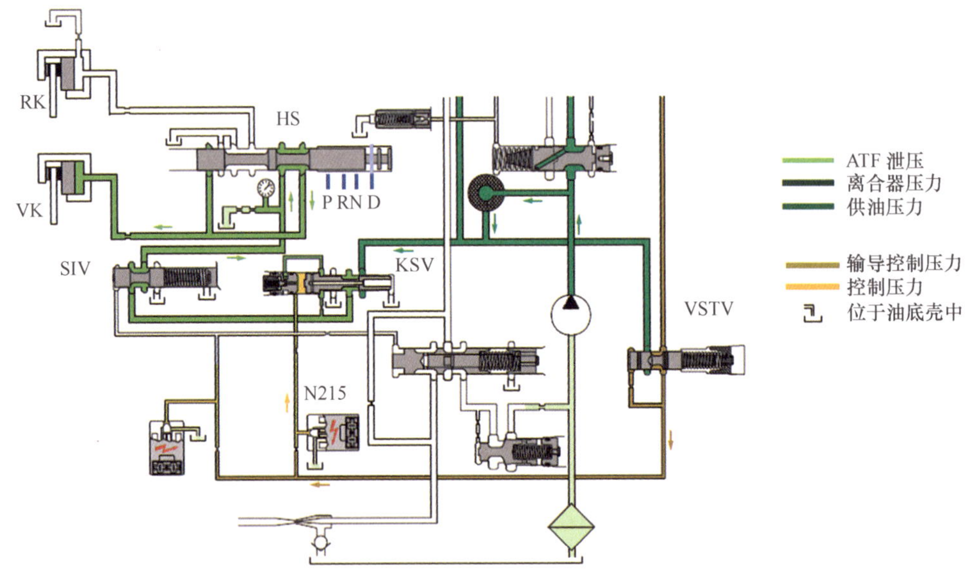

图 5-20　离合器液压控制系统结构

4. **安全切断**

安全切断是指实际离合器压力明显高于离合器额定压力时，CVT 会进入安全紧急故障状态。在此情况下，不论手动换挡阀处于何位置以及其他系统状态如何，离合器压力都会被泄掉。

安全切断由安全阀 SIV 来实现，确保离合器快速分离。安全阀 SIV 由电磁阀 N88 激活。当控制压力上升到 0.4MPa 时，到离合器控制阀 KSV 的供油被切断，油底壳与手动换挡阀连接通道打开。安全切断后的开关位置如图 5-21 所示。

5. **过载保护**

根据数据采集和比对计算，控制单元 J217 计算出离合器打滑温度、待传递的发动机扭矩以及变速器油温。若测得的离合器温度因离合器过载而超出标定界限，将减小发动机输出扭矩。

当发动机输出扭矩被减小到发动机怠速转速上限时，短时间内发动机对加速踏板信号可能无反应，离合器液压冷却系统能确保在短时间内降温，此后又迅速重新提供发动机最大扭矩。因此，可避免离合器过载。

6. 爬坡控制

如图 5-22 所示，当变速器选择前进挡，发动机怠速运转时，爬坡控制功能将离合器设定到一个额定的打滑扭矩（离合器扭矩）。爬坡控制功能的特点是当车辆静止、制动时起作用，减小爬坡扭矩，因此发动机也不必产生过大的扭矩，同时离合器的间隙也相应增大。由于降低了汽车的运转负荷，并且只需稍加制动即可停住汽车，从而改善了燃油经济性和驾乘舒适性。

若汽车停在坡道上，当制动力不足，车辆后溜时，离合器压力将自动增大，使汽车停住，即具有“坡道停车”功能。该功能是通过两个变速器输出转速传感器 G195 和 G196 区分汽车向前行驶还是向后行驶来实现的。

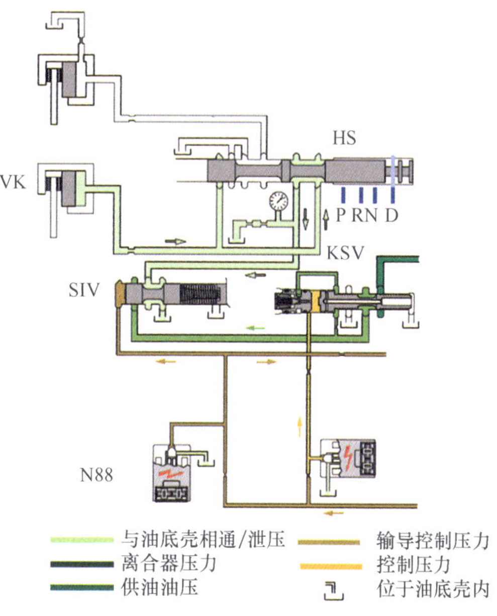

图 5-21　安全切断后开关位置

7. 微量打滑控制

微量打滑控制用于适应离合器控制和减缓发动机产生的扭转振动（见图 5-23）。在部分负荷状态下，离合器特性被调整到发动机扭矩 160N·m 的状态。当发动机转速上升到约 1800 r/min，扭矩约达 220N·m 时，离合器开始进入“微量打滑”模式工作。在此工作模式下，变速器输入轴和主动链轮之间的打滑率（速度差别）保持在 5 ～ 20r/min 之间。

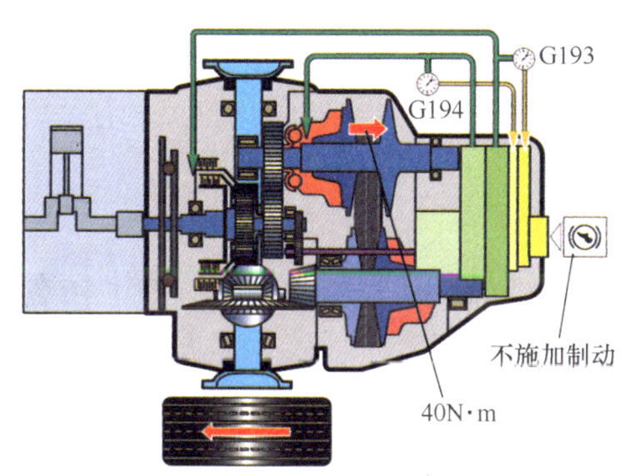

图 5-22　车辆静止时离合器控制（爬坡控制）

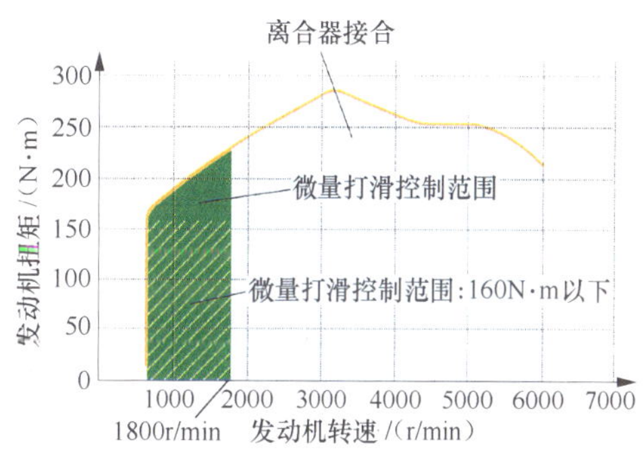

图 5-23　离合器的微量打滑控制

8. 离合器的匹配控制

离合器匹配[①]控制功能的作用是保持恒定的离合器控制质量，控制合适的离合器压力，提高传动效率。

因离合器的摩擦系数经常发生变化，为了能在任何工作状态下及其寿命期内使离合器控

[①] 在这里“匹配”的意思是控制单元学习新的输导控制值。

制舒适性能保持不变，离合器电磁阀的控制电流及离合器扭矩之间的关系必须不断优化。离合器的摩擦系数主要取决于变速器油（质量、老化、损耗等）及其温度、离合器温度和离合器打滑率等。为了修正这些影响和优化离合器的控制，在爬坡控制模式和部分负荷状态下，压力控制电磁阀的控制电流和离合器扭矩要相匹配。

爬坡模式下的匹配（在施加制动状态下）：在匹配（学习新的输导控制值）功能中有一个额定的离合器传递扭矩，变速器控制单元J217检测控制电流（来自压力调节阀N215）和来自压力传感器G194的数据（接触压力）间的关系，并且将这些数据存储起来，这些数据用于计算新的特性参数。

部分负荷状态的匹配（在微量打滑控制模式下完成）：在该模式下，变速器控制单元J217比较发动机扭矩值（来自发动机控制单元）与压力调节阀N215的控制电流的关系并存储此数据，这些数据用于计算新的特性参数。

9. **离合器冷却系统**

为了避免离合器过热，离合器由单独的液压回路来冷却（特别是在苛刻条件下行驶时）。为减少离合器冷却时的动力损失，冷却液流由集成在液压控制阀体上的冷却液控制单元在需要时接通。冷却液量可通过吸气喷射泵来增加，而不必对油泵容量有过高的要求。为优化离合器冷却性能，冷却液仅传递到离合器链轮装置。前进挡离合器的冷却液和压力油通过变速器输入轴的孔道流通，两油路由内部件（钢管）彼此分开。变速器输入轴出油口上安有“润滑油分配器”，将润滑油引导到前进挡离合器或倒挡制动器。离合器冷却系统如图5-24所示。

（1）冷却前进挡离合器

前进挡离合器的冷却液油路如图5-25（a）所示。若前进挡离合器接合，离合器缸筒（压盘）将润滑油分配器压回。在此位置，冷却液流经润滑油分配器前端面流过前进挡离合器。

（2）冷却倒挡制动器

倒挡制动器的冷却液油路如图5-25（b）所示。前进挡离合器不工作时（发动机怠速运转或倒挡制动器工作时），润滑油分配器回到其初始位置。这种情况下，冷却液流到润滑油分配器，然后通过分配盘流回到倒挡制动器。分配器带轮油道内的部分润滑油流经行星齿轮系，对其提供必要的润滑。

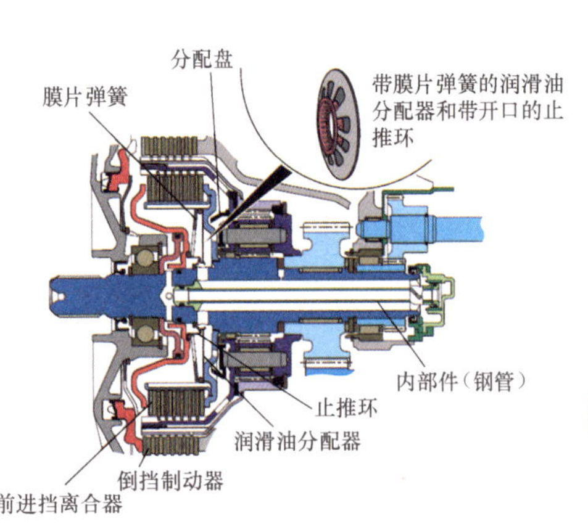

图5-24　离合器冷却系统

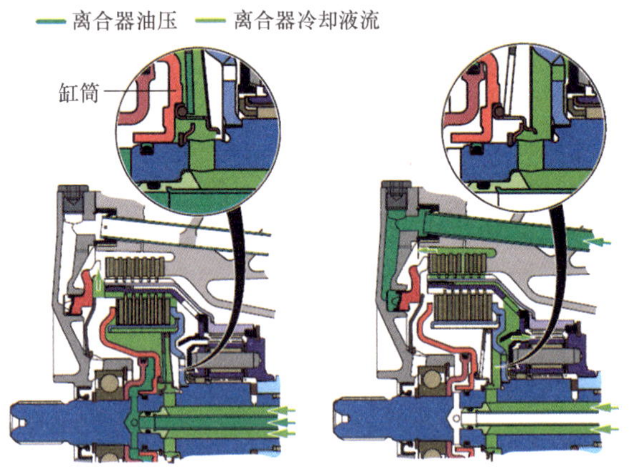

图5-25　冷却前进挡离合器和倒挡制动器

（3）离合器液压冷却系统控制

离合器液压冷却系统控制回路如图 5-26 所示。在离合器控制单元控制下，离合器冷却系统接通。控制单元 J217 向电磁阀 N88 提供一个额定电流，使其产生一个控制压力来控制离合器冷却阀 KKV。离合器冷却阀 KKV 将压力从冷却液回油管传到吸气喷射泵（吸气泵）。

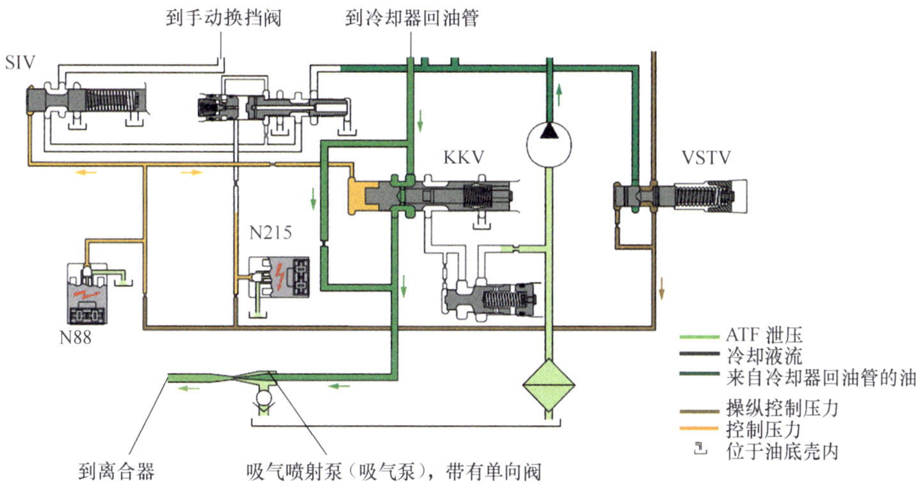

图 5-26　离合器液压冷却系统控制回路

三、无级变速机构

01J 型 CVT 的无级变速机构由速比变换系统、换挡控制系统、扭矩传感器、供油和中间辅助减速机构等部分组成，具体结构介绍如下。

1. 速比变换系统

（1）速比变换系统构造

01J 型 CVT 的速比变换机构主要由主动链轮装置、从动链轮装置以及工作于两个锥面链轮之间的 V 形槽内的专用传动钢链组成，如图 5-27 所示。主动链轮装置由发动机通过中间辅助减速机构中的主动齿轮驱动，发动机的扭矩通过传动链传递到从动链轮装置，并由此传递给主减速器的主动齿轮。

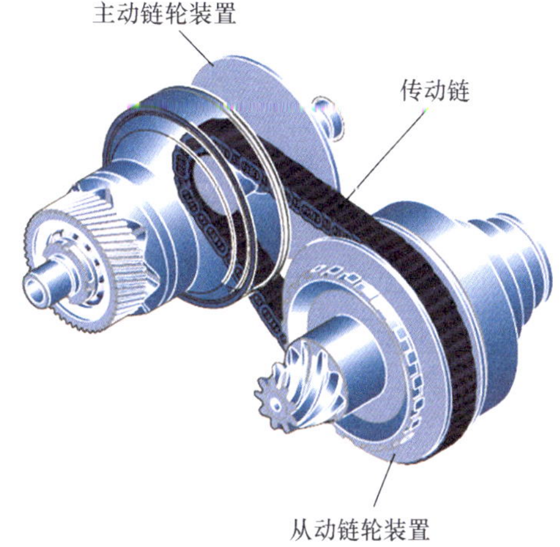

图 5-27　01J 型 CVT 的速比变换系统

每组链轮装置中都有一个锥面链轮可沿轴向移动，从而用来调整链轮与传动钢链的跨度尺寸，最终实现速比线性变化（见图 5-28）。两组链轮装置必须同时运动，这样才能保证传动钢链始终处于张紧状态，并使传动钢链和链轮之间有足够的接触压力。

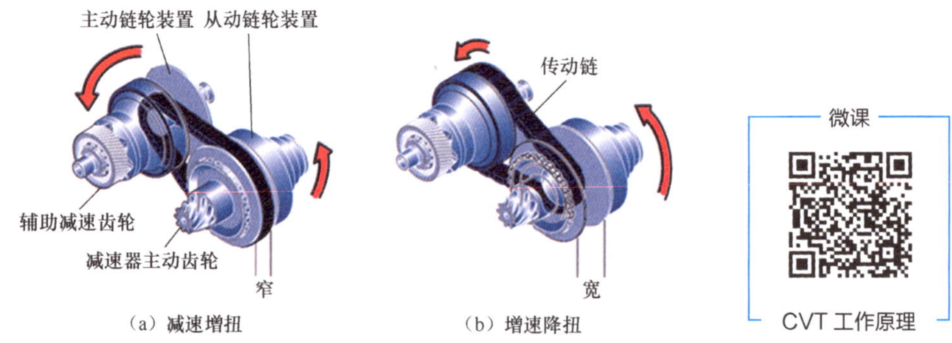

图 5-28 速比变换系统的工作原理

01J 型 CVT 采用传动链，其结构如图 5-29 所示。传动钢链的相邻链节通过转动压块连接成一排，转动压块在变速器锥面链轮间“跳动”，即锥面链轮互相挤压。扭矩只靠转动压块正面与锥面链轮接触面产生的摩擦力来传递。每个转动压块永久连接到一排连接轨上，转动压块不可扭曲，两个转动压块组成一个转动节。通过这种方式，转动压块相互滚动，当其在锥面链轮跨度半径范围内“驱动”传动钢链时，几乎没有摩擦。在这种情况下，尽管扭矩和弯曲角度大，动力损失和磨损却可降到最小，使其寿命延长并且提高了效率。

另外，01J 型 CVT 传动链使用了两种不同长度的链节（见图 5-30），其目的是确保传动钢链运转时尽可能无噪声。当使用等长的链节时，转动压块按统一间距冲击锥面链轮，这将导致振动并产生噪声。使用不同长度的链节可防止共振，同时也减小运动噪声。

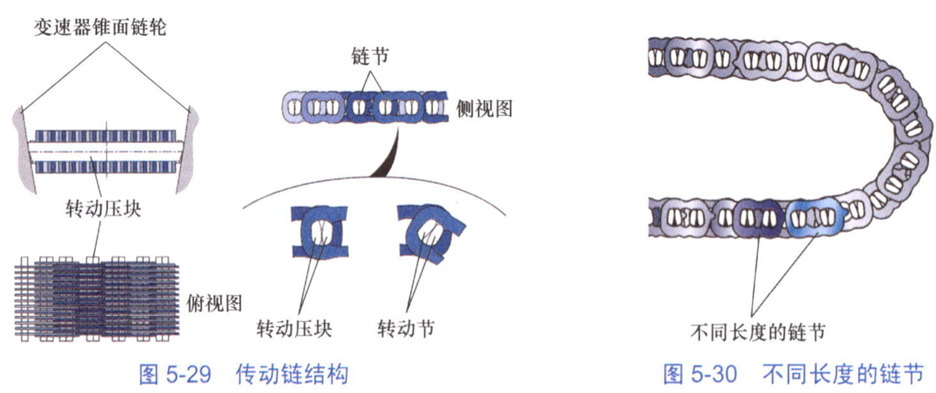

图 5-29 传动链结构　　图 5-30 不同长度的链节

（2）速比变换系统的工作原理

01J 型 CVT 速比变换系统的工作模式基于双活塞原理。变速器的扭矩传感器集成在主动链轮上。主动链轮和从动链轮各有一个用于将锥面链轮压回位的压力缸（液压缸）和用于调整变速比的分离缸（液压缸）。当一个分离缸进油，另一个分离缸泄压时，即可调整变速比。这种利用少量压力油就可以很快进行换挡的方式，可保证在相对低压时，锥面链轮也有足够的接触压力。其速比变化过程如图 5-31、图 5-32 所示。

当液压系统泄压时，主动链轮的膜片弹簧和从动链轮的螺旋弹簧产生一个额定的传动链条接触压力。在泄压状态下，变速器起动扭矩变速比由从动链轮的螺旋弹簧的弹力调整。

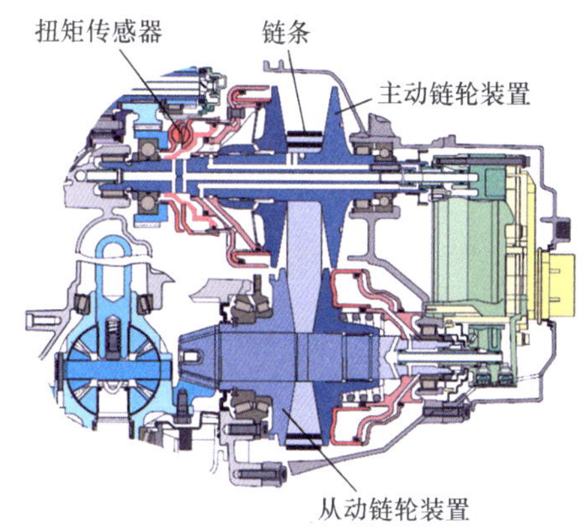

图 5-31　速比变换系统的减速增扭状态

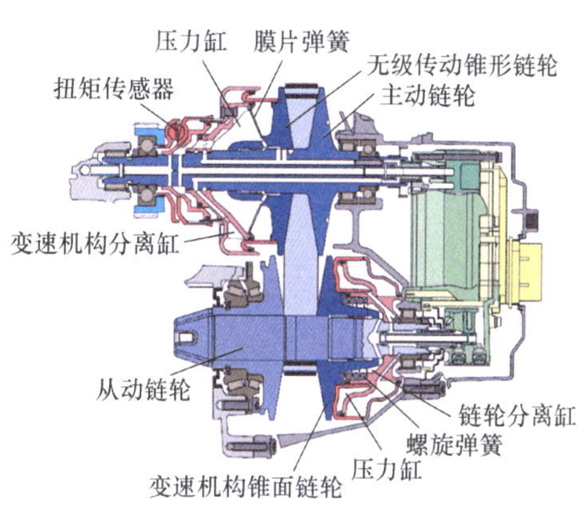

图 5-32　速比变换系统的增速降扭状态

2. 中间辅助减速机构

由于受空间的限制，发动机扭矩通过辅助变速齿轮传递到速比变换机构。中间辅助减速机构主要由主动齿轮和从动齿轮组成，如图 5-33 所示。中间辅助减速机构的主动齿轮与行星齿轮机构中的行星架相连接，从动齿轮与无级变速机构中的主动链轮装置相连接。中间辅助减速机构中的主、从动齿轮具有不同的齿数，相应组成的速比可适应发动机到变速器的扭矩变化，最终可使变速器在最佳的扭矩范围内工作。

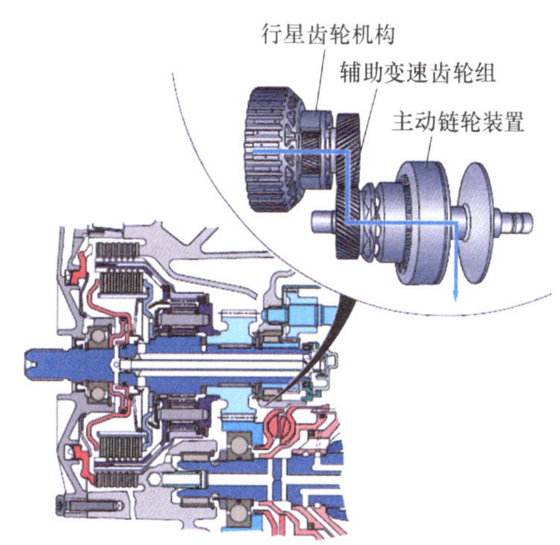

图 5-33　中间辅助减速机构

3. 换挡控制系统

如同其他自动变速器（AT、DCT/DSG）一样，01J 型 CVT 的换挡控制系统也普遍采用电子液压控制方式，即“电控+液压驱动”模式。

（1）电子控制部分

01J 型 CVT 的控制单元预置的动态控制程序（DRP）用于计算额定的变速器输入转速。为了在每个驾驶状态下获得最佳的传动比，驾驶员输入信息和车辆工作状态要被计算在内。根据边界条件，这个动态控制程序计算出变速器额定输入转速。变速器输入转速传感器 G182 监测主动链轮处的变速器实际输入转速。控制单元 J217 根据实际值与设定值间的比较，计算出压力调节阀 N216 的控制电流。该电流控制压力调节阀 N216 产生液压换挡阀的控制压力，该压力与控制电流成正比关系。通过检查来自变速器输入转速传感器 G182 和变速器输出转速传感器 G195 及发动机转速信号来实现对换挡的监控，如图 5-34 所示。

（2）液力换挡控制部分

输导控制阀 VSTV 向压力调节阀 N216 提供一个约 0.5MPa 的常压。压力调节阀 N216 根据变速器控制单元 J217 计算的控制电流产生控制压力，该压力影响减压阀的位置。减压阀 UV 控制电流大则控制压力高。根据控制压力，减压阀 UV 将调节压力传递到主动链轮或从动链轮的分离缸。

控制压力在 0.18 ～ 0.22MPa 之间时，压力调节阀 N216 关闭。当控制压力低于 0.18MPa 时，调节压力传递到主动链轮的分离缸，同时从动链轮的分离缸与油底壳相通，变速器朝“增速降扭”变速比方向换挡，其控制过程如图 5-35 所示。

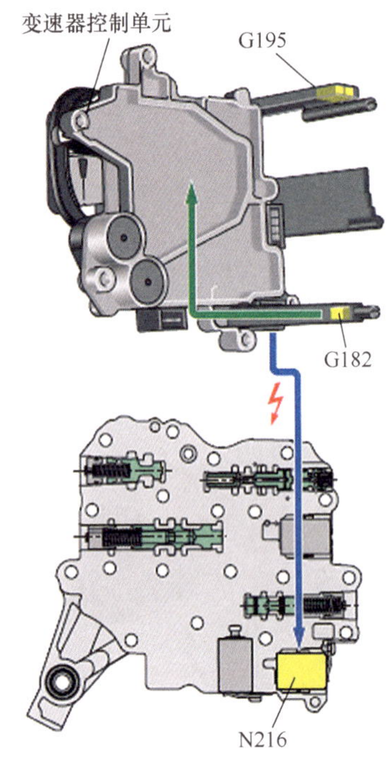

图 5-34 CVT 控制单元对压力调节阀 N216 的控制

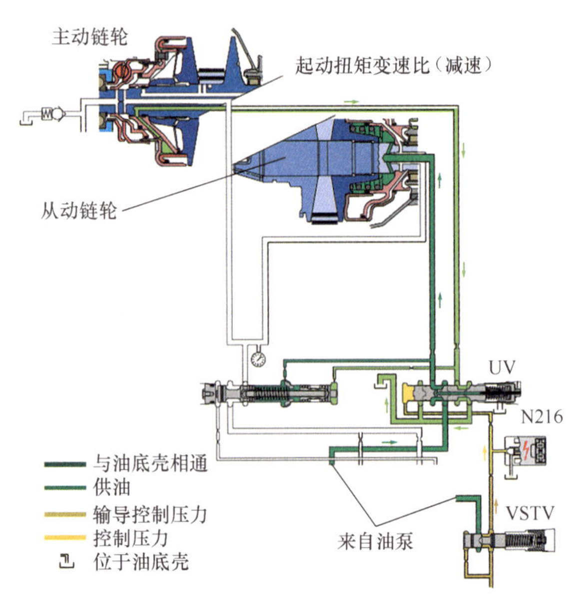

图 5-35 液压系统增速降扭的控制过程

若控制压力大于 0.22MPa，调节压力传递到从动链轮的分离缸 2，同时主动链轮的分离缸与油底壳相通，变速器朝“减速增扭”变速比方向换挡，其控制过程如图 5-36 所示。

4. **扭矩传感器**

如前所述，压力缸中合适的油压最终产生锥面链轮接触压力。若接触压力过低，传动链会打滑，这将损坏传动链和链轮；相反，若接触压力过高，会降低动力传递效率。因此，扭矩传感器根据需求建立起尽可能精确、安全的接触压力，实现链轮接触压力控制。

（1）扭矩传感器的功用

发动机扭矩通过扭矩传感器传递给变速器。扭矩传感器通过液力－机械方式控制链轮的接触压力。液力－机械式扭矩传感器集成于主动链轮装置内，静态和动态高精度地监控传递到压力缸的实际扭矩并建立压力缸的正确油压。

（2）扭矩传感器结构

扭矩传感器的装配位置如图 5-37 所示。扭矩传感器主要部件为 2 个滑轨架，每个滑轨架有 7 个滑轨，滑轨中装有滚子，滑轨架 1 装于主动链轮装置的输出齿轮中（辅助变速齿轮组的输出齿轮）；滑轨架 2 通过花键与主动链轮连接，可以轴向移动并由扭矩传感器活塞支撑。扭矩传感器活塞调整接触压力并形成扭矩传感器腔 1 和 2，如图 5-38 所示。

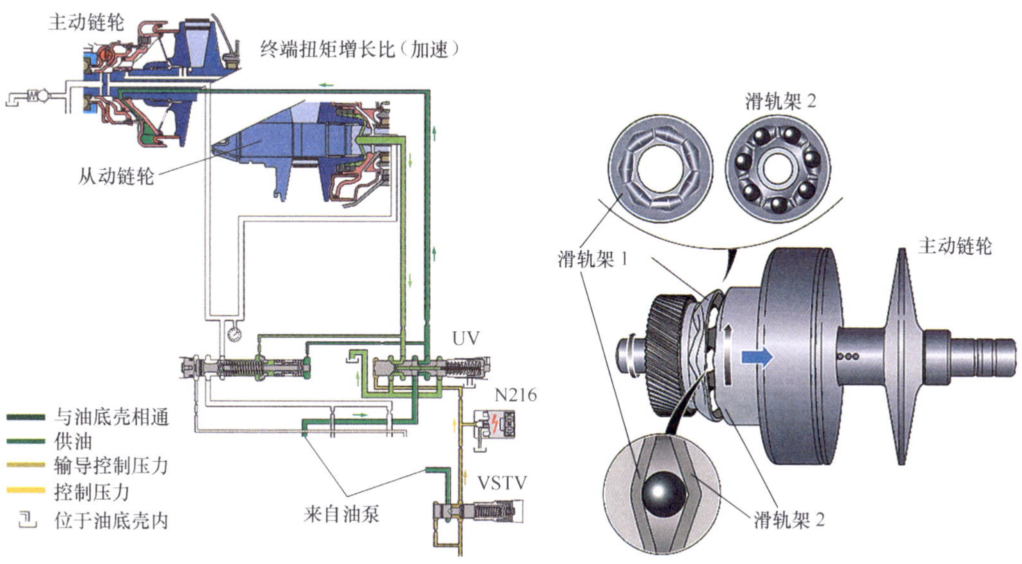

图 5-36 液压系统减速增扭的控制过程

图 5-37 扭矩传感器装配位置

滑轨架彼此间可径向旋转，将扭矩转化为轴向力（由滚子和滑轨几何关系决定），此轴向力施加于滑轨架 2，并移动扭矩传感器活塞，活塞与支架接触。扭矩传感器活塞控制凸缘关闭或打开扭矩传感器腔输出端，如图 5-38 所示。

（3）扭矩传感器的调压过程

扭矩传感器腔 1 直接与压力缸相通。按系统设计，发动机扭矩产生的轴向力与压力缸内的压力达到平衡。扭矩传感器产生的轴向力作为控制力与发动机扭矩成正比；压力缸中建立的压力与控制力成正比。

在汽车稳定运行的情况下，出油孔部分关闭，打开扭矩传感器排油孔后压力下降，调节压力缸内的压力，如图 5-39 所示。

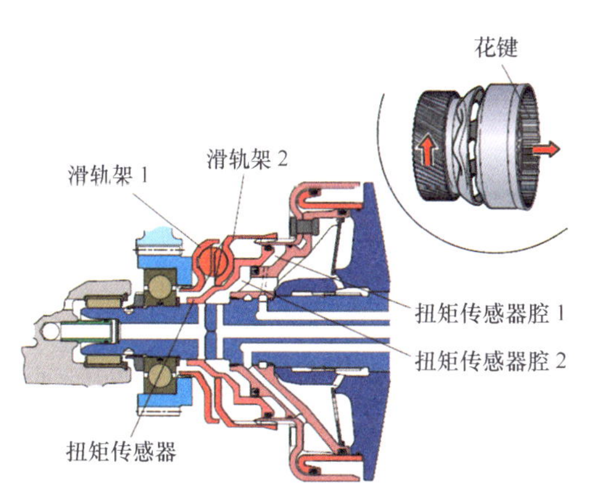

图 5-38 扭矩传感器结构

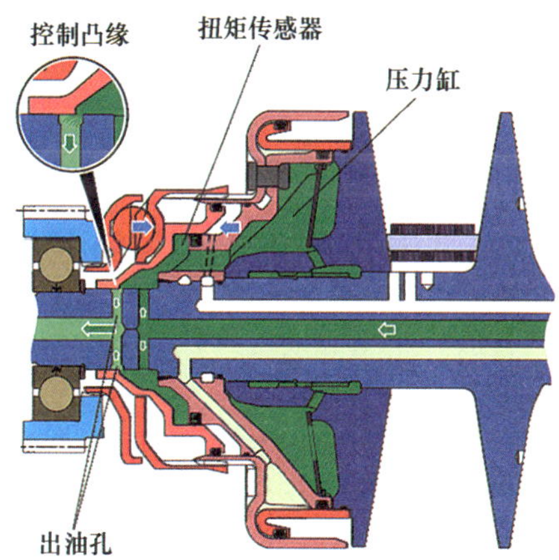

图 5-39 扭矩传感器的调压过程

若输入扭矩提高，控制凸缘进一步关闭排油孔，压力缸内压力升高，直到建立起新的压力平衡。如输入扭矩下降，排油孔进一步打开，压力缸内压力降低，直至恢复压力平衡，如图 5-40 所示。

当扭矩达到峰值时，控制凸缘完全关闭排油孔，若扭矩传感器进一步移动，将会起到油泵作用，此时被排出的油使压力缸的压力迅速上升（见图 5-41），这样就可毫无延迟地调整接触压力。当汽车驶过凹坑或路面摩擦系数发生变化（例如从冰雪路面到沥青路面）时，会出现相当高的扭矩峰值。

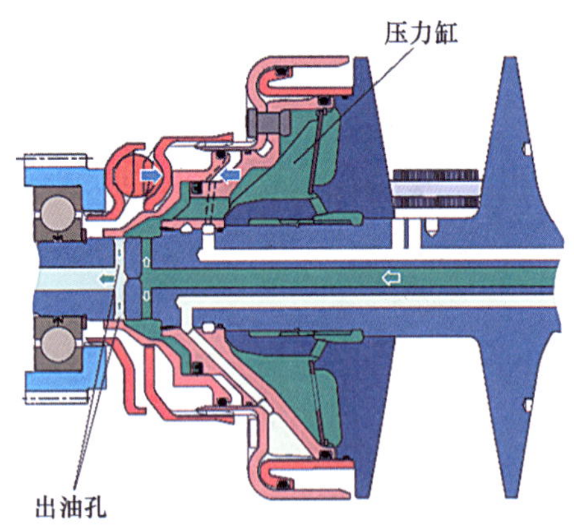

图 5-40　扭矩传感器调压的平衡过程

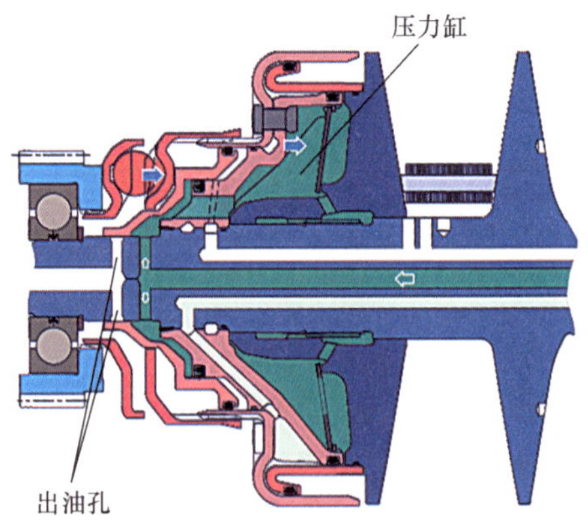

图 5-41　压力缸迅速增压过程

（4）依据变速比的接触压力适配

锥面与链轮产生的接触压力不仅取决于输入扭矩，还取决于传动链跨度半径，此二者确定了速比机构的实际变速比。如图 5-42 所示，起步时要求最大接触压力，这时主动链轮装置的传动钢链的跨度半径最小，为传递动力，尽管输入扭矩大，却只有少量的离合器摩擦片衬片接合。因此，链轮锥面上产生了很大的接触压力，直至超过额定变速比（1:1）。

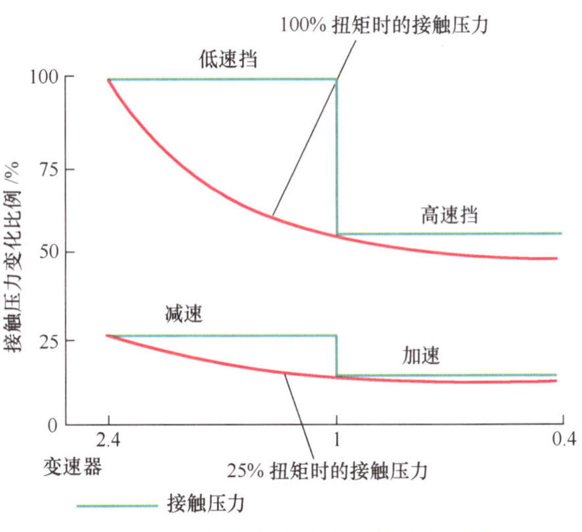

图 5-42　依据变速比的接触压力适配

（5）功能和工作模式

与变速比有关的接触压力在扭矩传感器腔 2 内被调整（见图 5-43）。提高或降低扭矩传感器腔 2 内的压力，压力缸内的压力也发生变化。扭矩传感器腔 2 内的压力受主动链轮轴上的两个横向控制孔控制。该孔通过变速器锥面链轮的轴向位移关闭或打开。当变速器位于起步状态时，横向孔打开，扭矩传感器腔 2 泄压。

当变速器换到“高速挡”时，横向孔立即关闭，左侧横向孔打开，此时通过相关的可变锥面链轮孔（该孔与压力缸相通），油压从压力缸传入扭矩传感器腔 2，该压力传感器克服扭矩传感器的轴向力并将扭矩传感器活塞向左移动。控制凸缘进一步打开排油孔，降低压力缸内的油压，如图 5-44 所示。

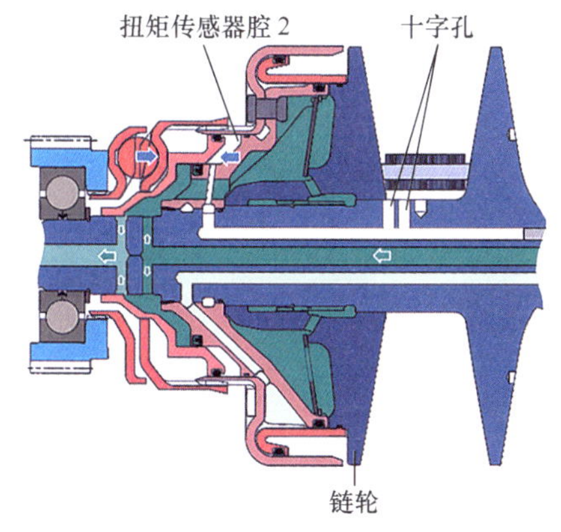

图 5-43　起动扭矩挡时，扭矩传感器腔 2 泄压

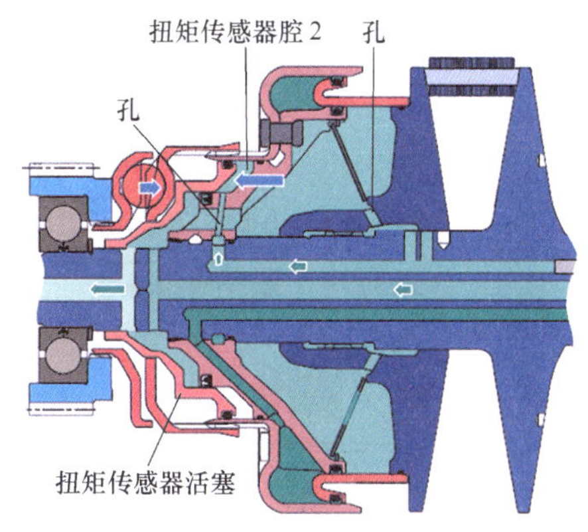

图 5-44　“高速挡”时，减小压力缸内的油压

5. 飞溅润滑油罩盖

位于从动链轮上的飞溅润滑油罩盖，可阻止产生压力缸“动态压力建立”现象。“动态压力建立”是指当发动机转速很高时，压力缸内承受很高的旋转离心力，使其压力上升。

“动态压力建立”现象，因其不恰当地提高接触压力会对传动控制产生有害影响，封闭在飞溅润滑油罩盖内的油液承受与压力缸内油相同的动态压力，这样压力缸内的动态压力得到补偿。飞溅润滑油腔通过喷射孔直接从液压单元处获得润滑油，润滑油通过此孔，连续喷入飞溅润滑油腔。当改变传动比时，飞溅润滑油腔容积减小，使润滑油从供油口排出，如图 5-45 所示。

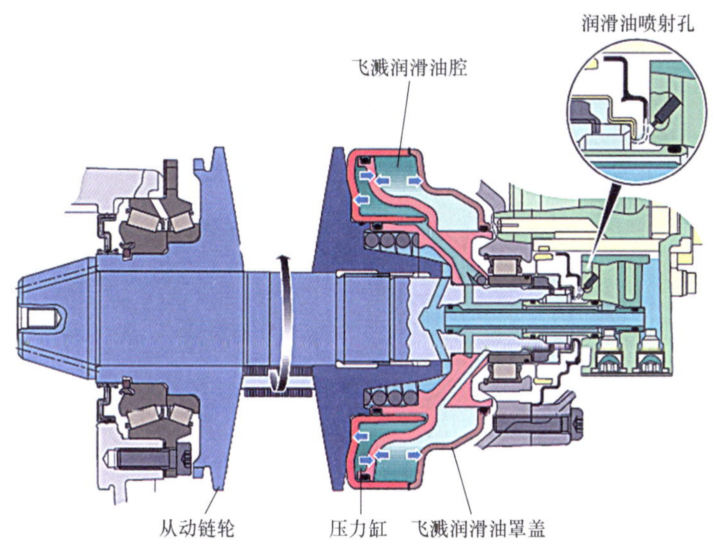

图 5-45　飞溅润滑油罩盖的作用

四、液压控制系统

在 01J 型 CVT 中，动力传递由动力供应和液压控制部分决定。该变速器液压控制系统也像普通自动变速器液压控制系统一样，担负着系统油压的控制、油路的转换控制、用油元件供油以及冷却控制等功能。

1. 液压控制循环回路图

液压控制系统循环回路如图 5-46 所示。

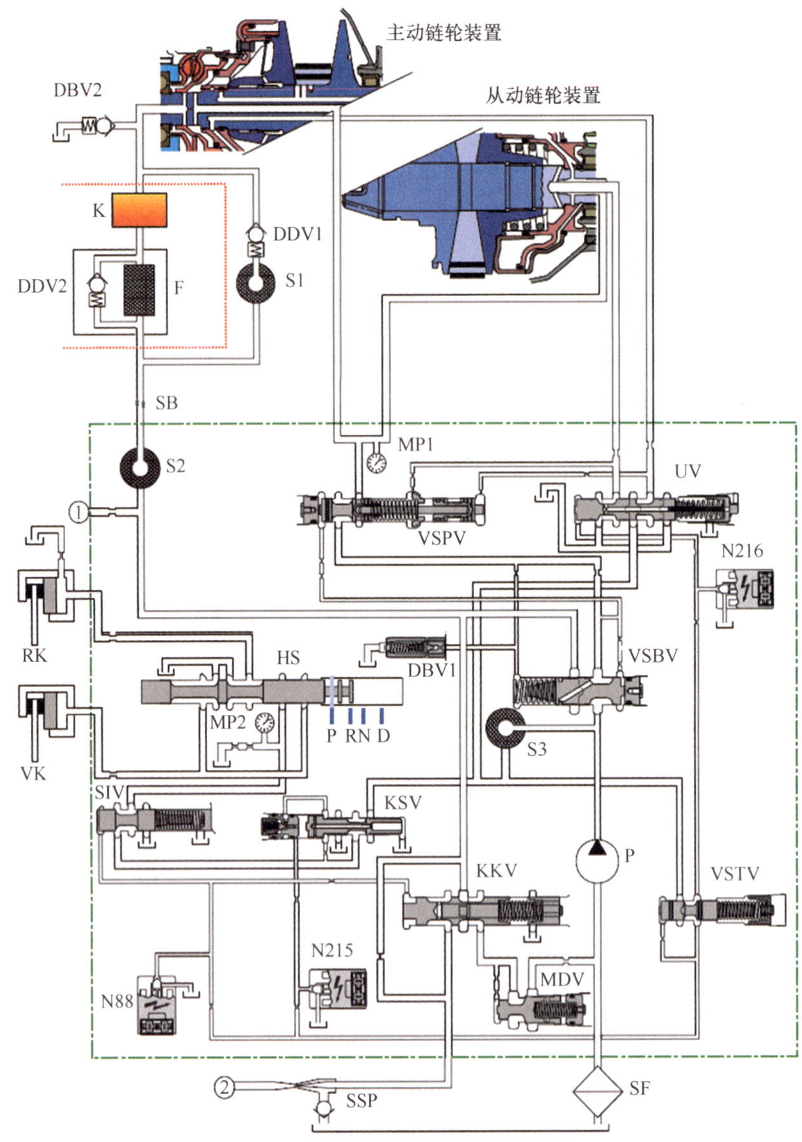

图 5-46 液压控制循环回路图（变速杆位置处于 P 挡，发动机关闭）

DBV1—限压阀1；DBV2—限压阀2；DDV1—差压阀1；DDV2—差压阀2；F—ATF滤清器；HS—手动换挡阀；K—ATF冷却器；KKV—离合器冷却阀；KSV—离合器控制阀；MDV—最小压力阀；MP1—接触压力测试点（由G194监测）；MP2—离合器压力测试点（由G193监测）；N88— 电磁阀1（离合器冷却/安全切断阀）；N215—自动变速器控制阀1（离合器）；N216— 自动变速器控制阀2（变速比）；P—油泵；P、R、N、D—变速杆位置；RK—倒挡制动器；S1— ATF过滤器1；S2—ATF过滤器2；S3—ATF过滤器3；SB—链轮润滑/冷却4喷孔；SF—ATF进油过滤器；SIV—安全阀；SSP—吸气喷射泵（吸气泵）；UV—减压阀；VK—前进挡离合器；VSBV—体积改变率限制阀；VSPV—施压阀；VSTV—输导压力阀；①—飞溅润滑油罩盖；②—到离合器

2. 供油系统

在 01J 型 CVT 中，油泵是变速器中消耗动力的主要部件，因此其容量对于变速器的总效率至关重要。为保证变速器的正常工作，供油系统被设计为在最小油量下工作时，变速器有足够的润滑油供应。

（1）油泵

油泵直接安装在液压控制单元上，以避免不必要的连接。油泵和液压控制单元形成一个整体，如图 5-47 所示。

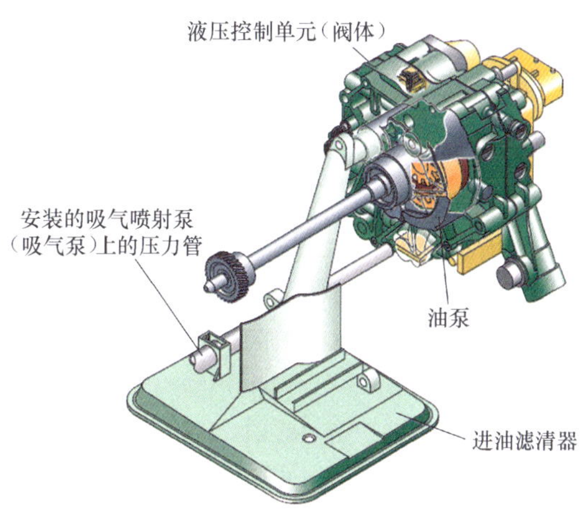

图 5-47　油泵安装位置

吸气喷射泵（吸气泵）要额外供给离合器冷却所需的低压油，该泵作为一个小部件集成在液压控制单元上，并直接由输入轴通过直齿轮和泵轮驱动。吸气喷射泵为塑料结构并且凹向油底壳深处，如图 5-48 所示。

（2）吸气喷射泵（吸气泵）

为了保证两个湿式离合器的充分冷却，变速器对润滑油量有一定要求。特别是被牵引时（因离合器打滑会产生很高的温度），所需的冷却油量超出了油泵容量。吸气喷射泵集成在离合器冷却系统中，提供冷却离合器所需的润滑油量。

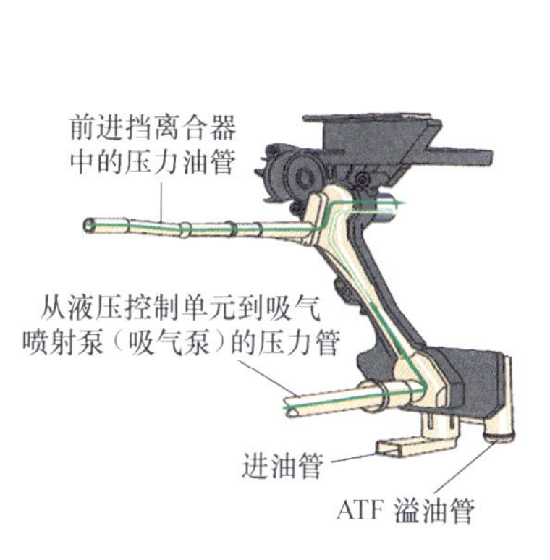

（a）吸气喷射泵（吸气泵）视图

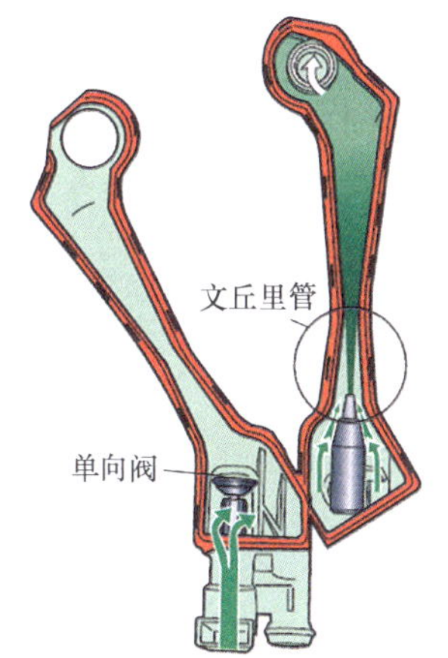

（b）吸气喷射泵（吸气泵）剖视图和折视图

图 5-48　吸气喷射泵（吸气泵）剖视图和折视图

吸气喷射泵根据文丘里管原理工作。当离合器需要冷却时，冷却（压力）油由油泵出来通过吸气喷射泵进行导流并形成动力喷射流，润滑油流经泵的真空部分产生一定真空，将油从油底壳吸出，并与动力喷射流一起形成一股大流量的油流。在不增加油泵容量的情况下，冷却油量几乎加倍。泵体中的单向阀能够阻止吸气喷射泵空转，并且有助于对冷却油供应做出迅速的反应。

3. 液压控制单元

01J 型 CVT 的电子液压控制单元是由油泵、液压控制单元（阀体）和变速器控制单元 J217 集成的一个小型的不可分的单元。其中，液压控制单元由手动换挡阀、9 个液压阀和 3 个电磁压力控制阀组成。液压控制单元和变速器控制单元 J217 直接插接在一起，如图 5-49 所示。

（1）液压控制单元的功能

液压控制单元通过旋入螺钉直接与主动链轮或从动链轮相连接。液压控制单元具有以下功能：

① 前进挡离合器或倒挡制动器控制；

② 调节离合器或制动器压力；

③ 冷却离合器或制动器；

④ 为接触压力控制装置提供压力油；

⑤ 传动控制；

⑥ 为飞溅润滑油罩盖供油。

（2）液压控制阀的功用

为保护部件，限压阀 DBV1 将最高压力限制在 8.2MPa。通过输导压力阀 VSTV，向压力控制阀提供了一个恒定的 0.5MPa 输导控制压力。当油泵输出功率过高时，最小压力阀 MDV 打开，允许润滑油从回油管流到油泵吸入侧，提高油泵效率。液压控制单元结构如图 5-50 所示。

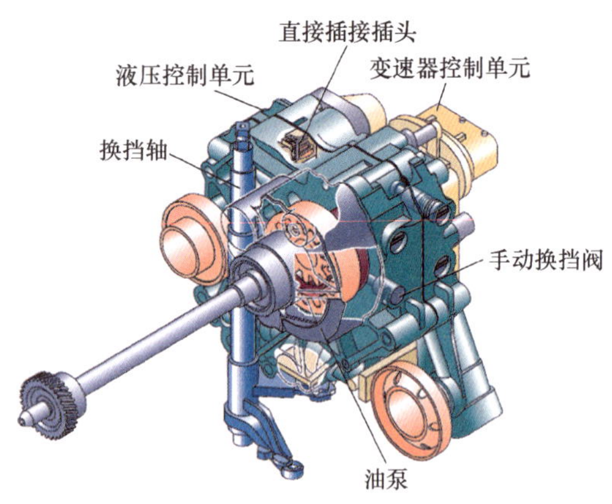

图 5-49　01J 型 CVT 电子液压控制单元总成

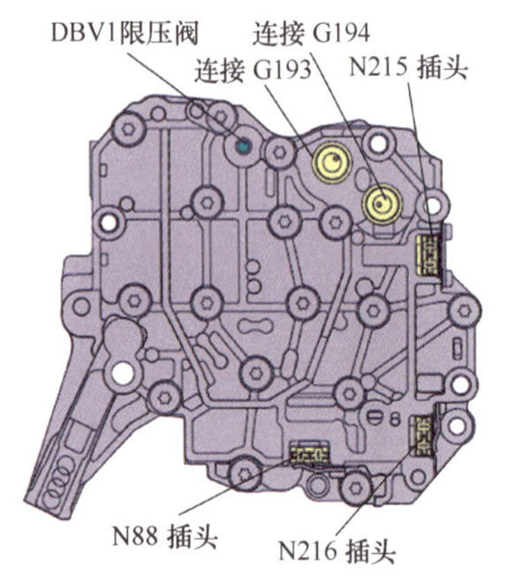

（a）液压控制单元（拆下变速器控制单元）

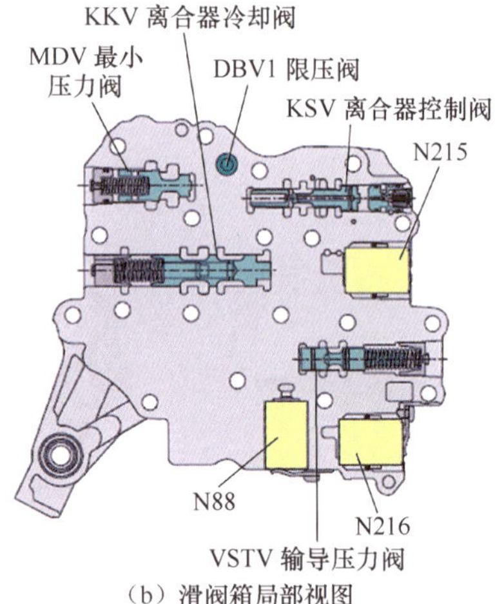

（b）滑阀箱局部视图

图 5-50　液压控制单元各阀体位置

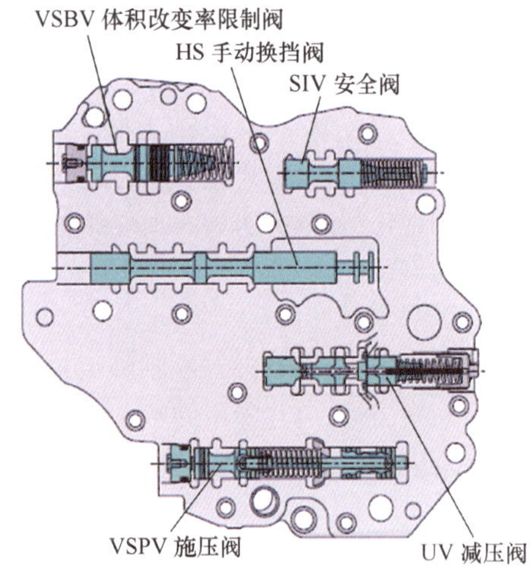

图 5-51　滑阀箱剖视图

如图 5-51 所示，滑阀箱内的施压阀 VSPV 控制系统压力，在特定功能下，始终提供足够油压（用于接触压力或调节压力）。压力控制阀（电磁阀 N88、N215、N216）将控制电流转变成了相应的液压控制压力，电磁阀 1（N88）用于控制离合器冷却阀 KKV 和安全阀 SIV。

压力调节阀 1（电磁阀 N215）激活离合器控制阀 KSV，压力调节阀 2（电磁阀 N216）激活减压阀 UV。压力调节阀结构原理和特性如图 5-52 所示。

4. 变速杆和停车锁

01J 型 CVT 变速杆有 P、R、N、D 位置及手动选挡位置，在变速杆通道和变速器之间采用传输机械式拉索连接。通过变速杆，可完成下述功能：

① 触发液压控制单元手动换挡阀，即通过液压机械方式控制换挡（前进挡 / 倒挡 / 空挡）；

② 控制驻车锁；

③ 触发多功能开关，以识别变速杆位置。

在变速杆处于位置 P 时，与锁止齿轮相连的连杆轴向移动，驻车锁支架被压向驻车锁止齿轮，驻车锁啮合。变速杆和驻车机构如图 5-53 所示。

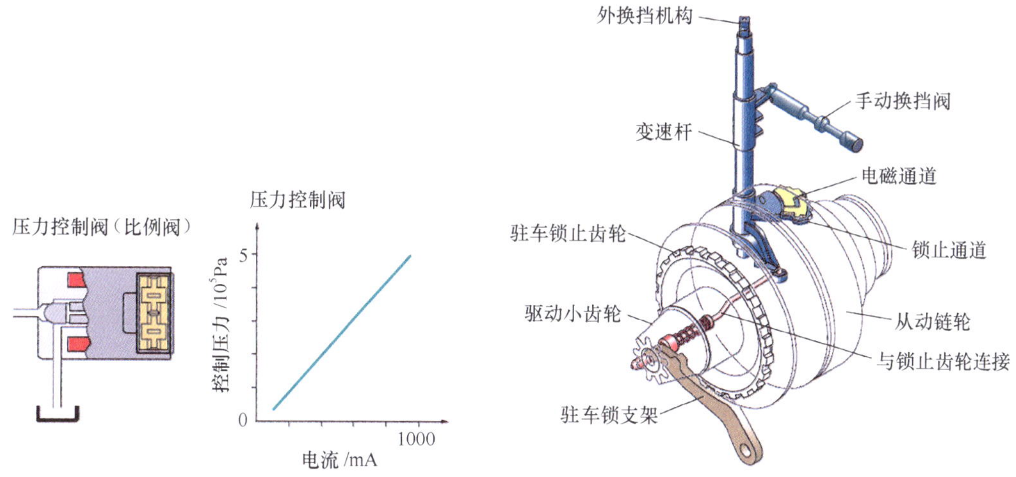

图 5-52 压力调节阀结构原理和特性　　图 5-53 变速杆和驻车机构

5. ATF 冷却系统

来自链轮装置 1 的 ATF 最初流经 ATF 冷却器。ATF 在流回液压控制单元前流经 ATF 滤清器。在 01J 型 CVT 中，ATF 冷却器集成在“发动机冷却器”中。ATF 中的热量与发动机冷却循环（油 - 冷却液热交换器）中的冷却液进行热交换。ATF 冷却系统循环回路如图 5-54 所示。

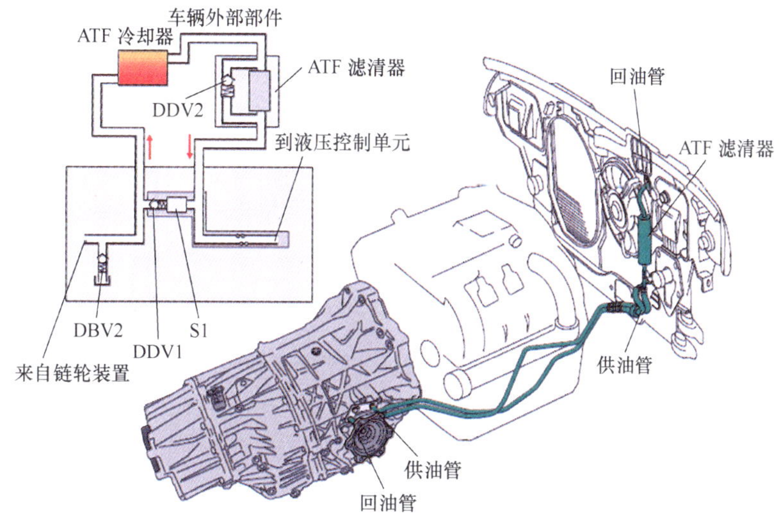

图 5-54 ATF 冷却系统循环回路

差压阀 DDV1 的功能是防止 ATF 冷却器压力过高（ATF 温度低时）。当 ATF 温度低时，供油管和回油管的压力有很大的压差。当达到标定压差时，差压阀 DDV1 打开，供油管与回油管直接接通，使 ATF 温度迅速升高。

当 ATF 滤清器的流动阻力过高时（如滤芯堵了），差压阀 DDV2 打开，阻止 DDV1 打开，ATF 冷却系统因有背压无法工作。

若 ATF 冷却器不小心泄漏，冷却液将混入 ATF 中，即便是少量的冷却液进入 ATF，也会对离合器产生有害的影响。

五、电控系统

1. 电控系统总体结构

01J 型 CVT 控制系统电路，如图 5-55 所示。

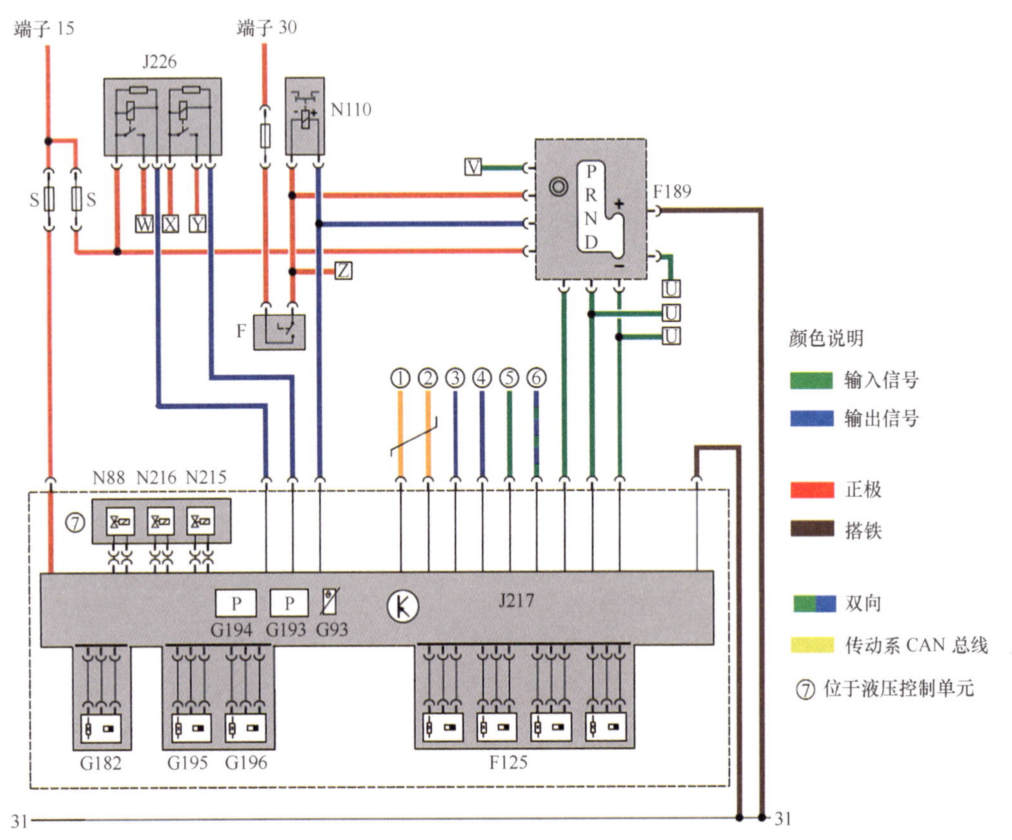

图 5-55 大众 01J 型 CVT 控制系统电路图

电路图说明：

（1）零部件

F—制动灯开关；F125—多功能开关；F189—Tiptronic 开关；G93—ATF 温度传感器；

G182—变速器输入转速传感器；G193—自动变速器液压传感器 1（离合器压力）；G194—自动变速器液压传感器 2（接触压力）；G195—变速器输出转速传感器 1；G196—变速器输出转速传感器 2；N88—电磁阀 1（离合器冷却 / 安全切断）；N110—变速杆锁止电磁阀；N215—自动变速器压力控制阀 1（离合器控制）；N216—自动变速器压力控制阀 2（变速控制）；J217—CVT 控制单元；J226—起动锁止和倒车灯继电器；S—熔断丝。

（2）连接和辅助信号

U—到 Tiptronic 转向盘（选装）；V—来自接线柱 58d；W—到倒车灯；X—来自点火开关到接线柱 50；Y—到起动机接线柱 50；Z—到制动灯；1—传动系 CAN 总线，低；2—传动系 CAN 总线，高；3—换挡指示信号；4—车速信号；5—发动机转速信号；6—诊断插头。

2. 变速器控制单元

变速器控制单元 J217 集成在变速器内（见图 5-56），直接被螺栓紧固在液压控制单元上。3 个压力调节阀与控制单元 J217 之间直接通过坚固的插接插头连接，没有连接线。控制单元 J217 用一个 25 针的小型插头与汽车传动系 CAN 总线相连。

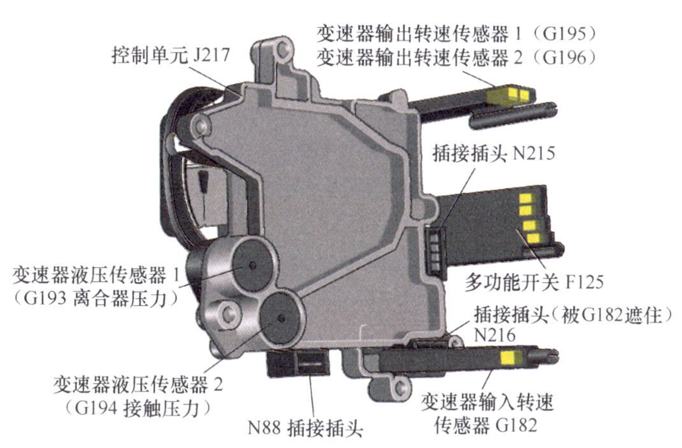

图 5-56　变速器控制单元 J217 结构

（1）控制单元的结构

控制单元 J217 的底座为一个坚硬的铝板，此铝板也起到了导热作用。壳体材料为塑料，并用铆钉紧固到底座上。壳体容纳全部的传感器，因此不再需要线束和插头。因为几乎所有电路故障主要都由线路和插头故障引起，这种结构将可靠性大大提高了。发动机转速传感器和多功能开关设计成霍尔传感器。霍尔传感器没有机械磨损，信号不受电磁干扰，这使其可靠性进一步提高。集成在控制单元的开关和传感器如图 5-57 所示。

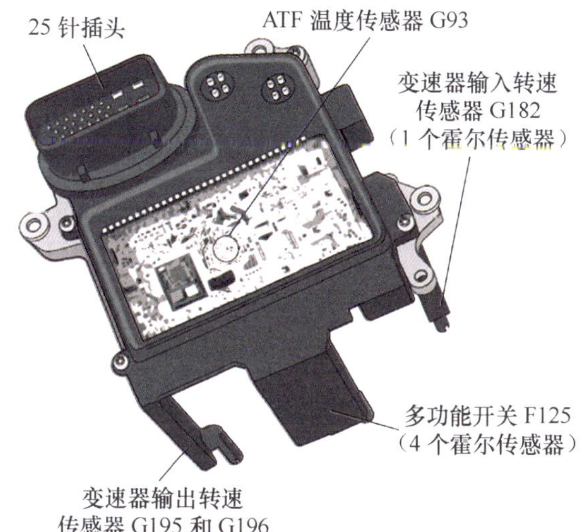

图 5-57　集成在控制单元 J217 内的开关与传感器

（2）仪表板挡位显示区域的故障指示

01J 型 CVT 的多数故障能够被自诊断功能识别。根据故障对变速器和驾驶安全性的影响程度，仪表板上的挡位位置指示灯将诊断结果显示给驾驶员。对故障的识别结果，被存储为 3 种不同显示状态。

① 故障被存储，替代程序能够使汽车继续运转（有某些限制）。轻微故障不

在仪表板上显示（见图 5-58(a)）。因为这类故障对于 CVT 和驾驶安全性来说并不严重，驾驶员根据汽车的行驶状况可以注意到该故障，并且可驾驶车辆到维修服务站寻求帮助。

② 通过变速杆位置区域变色高亮显示现存故障（见图 5-58(b)）。这种故障对于行车安全或 CVT 来说虽不严重，但是驾驶员应尽快驱车到维修服务站将故障排除。

③ 仪表板变速杆位置区域变色闪烁，显示现存故障（见图 5-58(c)）。此类故障对于驾驶安全性及 CVT 来说是严重的。因此，建议驾驶员立即将车开到维修服务站排除故障。

（a）轻微故障时，仪表板不显示

（b）仪表板挡位区域变色高亮，显示变速器故障

（c）仪表板挡位区域变色闪烁，表示严重故障

图 5-58　CVT 出现故障时，仪表板挡位区域显示级别

当仪表板上指示灯闪烁时，车辆（在某些情况）操作功能仅在下次车辆停止时才可获得，车辆将不能行驶。在某些情况下，可通过重新发动汽车来重新设定车辆功能。

3. **输入装置**

因为传感器集成单元装置在变速器中，传感器信号不能再用传统的设备来测量，只能用自诊断检测和信息系统在“读取故障”和“读取数据块”中完成 。若某个传感器损坏，变速器控制单元 J217 可从其他传感器处获取替代值，除此之外也可从网络控制单元中获得信息，汽车仍可保持行驶。这对故障车辆影响很小，驾驶员不会立即注意到某个传感器损坏。传感器为变速器控制单元 J217 的集成部件，若某个传感器损坏，只能更换变速器控制单元 J217 总成。

（1）转速传感器

变速器输入转速传感器（G182）和变速器输出转速传感器（G195 和 G196）安装位置如图 5-59 所示。

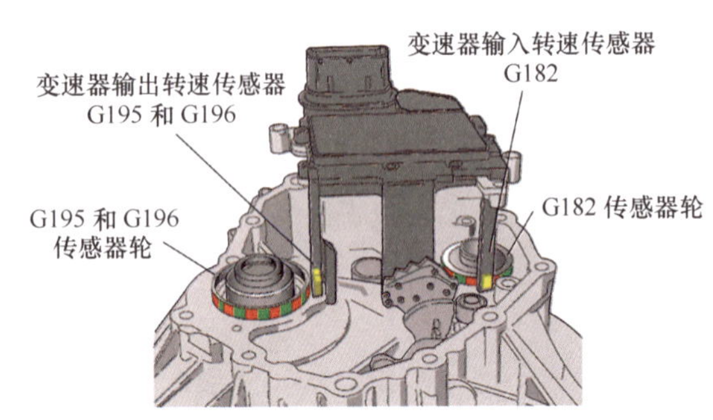

图 5-59　01J 型 CVT 的转速传感器（G182、G195 和 G196）安装位置

① 传感器 G182 可监测主动链轮的转速，提供实际的变速器输入转速。变速器输入转速与发动机转速一起用于离合器控制和作为变速控制的输入变化参考量。如果变速器输入转速传感器 G182 损坏，“起步 - 加速”过程可利用预设的发动机固定转速参数作为替代值完成。此时，微量打滑控制和离合器匹配功能失效。

② 传感器 G195 和 G196 监测从动链轮转速，通过它识别变速器输出转速。来自 G195 的信号用于监测转速；来自 G196 的信号用来区别旋转方向，确定汽车是向前行驶还是向后行驶。“变速器输出转速”参数用于变速控制、爬坡控制、坡道停车功能控制，并为仪表板组件提供车速信号。

③ 识别放置方向。G195 和 G196 的电磁线圈匝数为 32(G182 电磁线圈的匝数为 40)，

安装在传感器轮背面。传感器 G195 位置与传感器 G196 位置有偏移，两个传感器间的相位差为 25%（见图 5-60）。

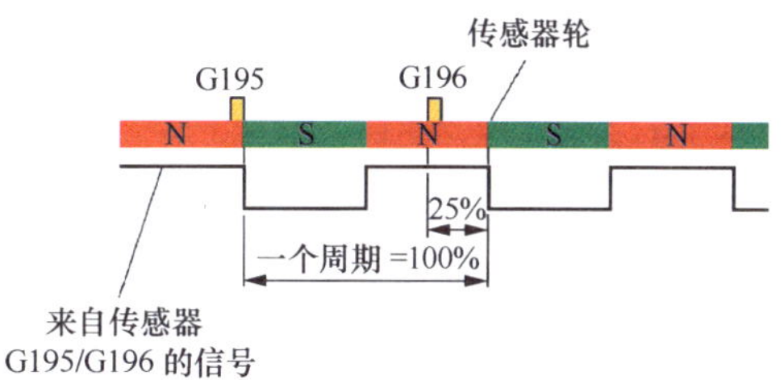

图 5-60 传感器 G195 和 G196 的相位差

发动机起动后，控制单元根据两个传感器（G195 和 G196）的下降沿信号来确定当前是否为前进挡或倒挡（见图 5-61）。当来自传感器 G195 的信号为下降沿时，传感器 G196 位置为“Low”，当来自传感器 G196 的信号为下降沿时，传感器 G195 的位置为“High”。变速器控制单元 J217 将这种“模式”理解为前进挡。当来自传感器 G195 的信号为下降沿时，传感器 G196 位置为“High”，当来自传感器 G196 的信号为下降沿时，传感器 G195 的位置为“Low”。变速器控制单元 J217 将此“模式”理解为倒挡。

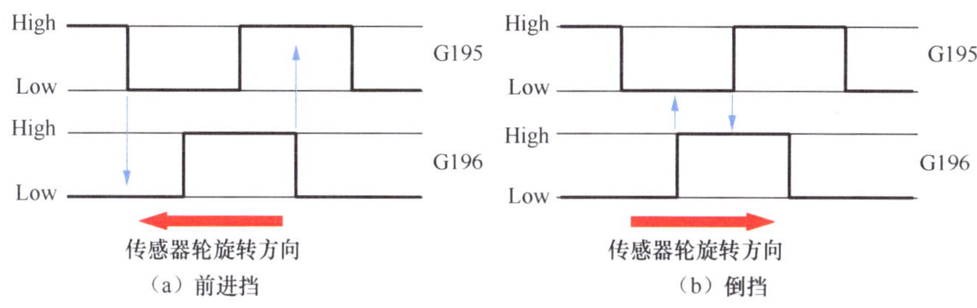

图 5-61 由传感器 G195 和 G196 信号判定前进挡或倒挡

如果 G195 损坏，变速器输出转速可从 G196 的信号中获取，但坡道停车功能将失效。

如果 G196 损坏，坡道停车功能失效。

如果 G195 和 G196 两个传感器都损坏，可从轮速传感器信号中获取替代值（通过 CAN 总线传输），坡道停车功能失效但无故障码显示。

转速传感器的电磁线圈若受严重污染（磨损产生的金属碎屑），将影响 G182、G195 和 G196 的工作性能。因此，粘结到电磁圈上的金属碎屑在进行维修前应予清除。

（2）液压传感器 1

液压传感器 1（G193）监测前进挡和倒挡制动器压力，用来监控离合器功能。离合器压力监控有较高的优先权，因此多数情况下，G193 失效都会使安全阀被激活（见图 5-62）。

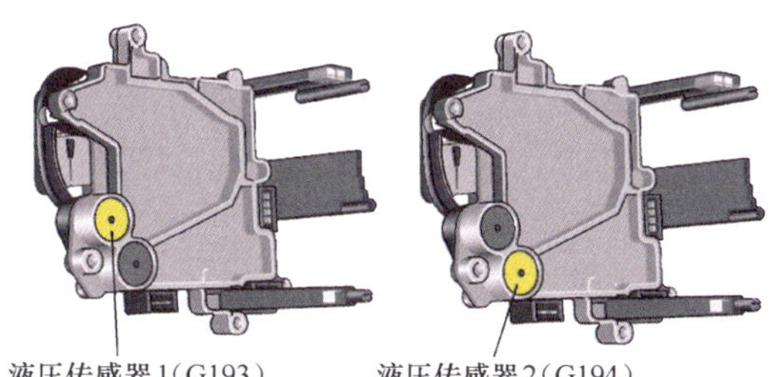

图 5-62 液压传感器 G193 和 G194

（3）液压传感器 2

液压传感器 2（G194）监测接触压力（见图 5-62），此压力由扭矩传感器调节。因接触压力总是与实际变速器输入扭矩成比例，利用液压传感器 G194 的信号可十分准确地计算出变速器输入扭矩。G194 的信号用于离合器控制（爬坡功能控制和匹配）。若 G194 信号不正确，爬坡控制匹配功能失效，爬坡扭矩由存储值来控制。

（4）多功能开关 F125

多功能开关 F125 由 4 个霍尔传感器组成，霍尔传感器由换挡轴上的电磁通道控制，如图 5-63 所示。

每个霍尔传感器的信号均有两种状态：高电位和低电位，即用二进制 1 和 0 表示。高电位：开关关闭（1）；低电位：开关打开（0）。因此 4 个霍尔传感器能产生 16 种不同的换挡组合。其中 4 个换挡组合用于识别换挡位置 P、R、N、D；2 个换挡组合监测中间位置（P-R、R-N-D）；10 个换挡组合用于故障分析。换挡组合见表 5-1。

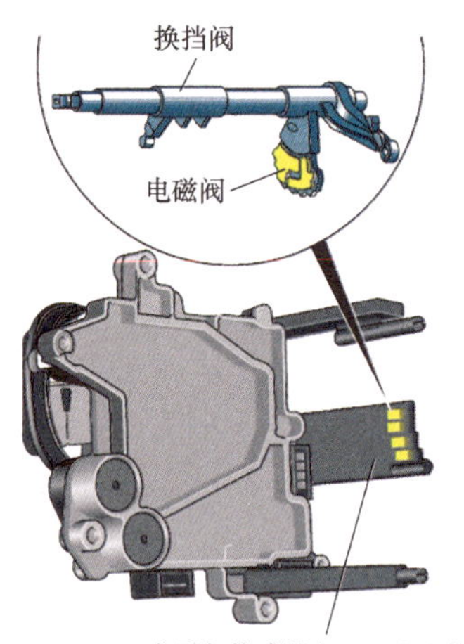

图 5-63　多功能开关 F125

表 5-1　换挡组合

定义	霍尔传感器			
	A	B	C	D
变速杆位置	换挡组合			
P	0	1	0	1
P-R间	0	1	0	0
R	0	1	1	0
R-N间	0	0	1	0
N	0	0	1	1
N-D间	0	0	1	0
D	1	0	1	0
故障	0	0	0	0
故障	0	0	0	1
故障	0	1	1	1
故障	1	0	0	0
故障	1	0	0	1
故障	1	0	1	1
故障	1	1	0	0
故障	1	1	0	1
故障	1	1	1	0
故障	1	1	1	1

例如，由表 5-1 可知，变速杆进入换挡位置 N，若霍尔传感器 C 损坏，换挡组合为“0001”。变速器控制单元 J217 将不能识别变速杆位置 N。控制单元识别出此换挡组合为故障状态并使用合适的替代程序。若霍尔传感器 D 损坏，发动机将不能起动。

变速器控制单元 J217 需要换挡位置信息来实现下列功能：起动机锁止控制；倒车灯控制 P/N；内部锁控制；车辆运行状态信息用于离合器控制（前进挡 / 倒挡 / 空挡）；倒车时，锁止变速比。F125 的故障很难显示出来，在某些情况下，车辆将不能行驶，故障灯呈现闪烁状态。

（5）ATF 温度传感器

ATF 温度传感器 G93 集成在变速器控制单元 J217 的电子器件中（见图 5-56）。G93 记录变速器控制单元 J217 铝制壳体的温度，即相应的 ATF 温度。ATF 温度影响离合器控制和变速器输入转速控制。因此，该传感器在控制和匹配功能中发挥着重要作用。

若 ATF 温度传感器 G93 损坏，发动机温度被 1 个计算出的值替代，匹配功能和某些控制功能失效。故障灯显示为“倒置”。若 ATF 温度继续上升，发动机输出功率将逐渐减小，故障灯显示为“闪烁”。

（6）制动灯开关

制动灯开关信号用于变速杆锁止功能、爬坡控制、动态控制程序 DCP。变速器并不直接与制动灯开关连接，制动灯开关信号由发动机控制单元 CAN 总线提供。制动灯开关信号的采集过程如图 5-64 所示。

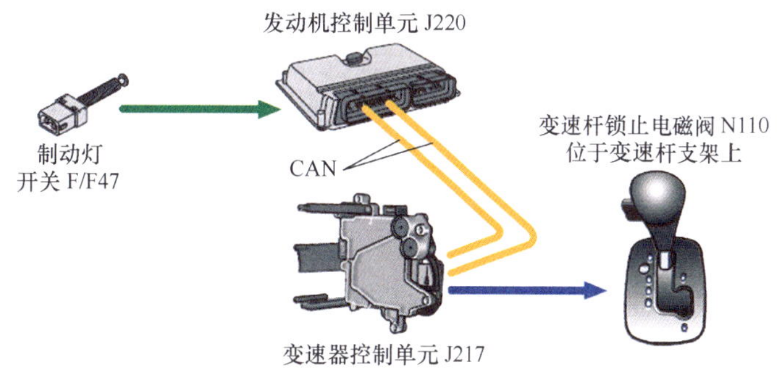

图 5-64　制动灯开关信号的采集过程

（7）强制减挡信息

强制减挡信息不需单独的开关，该信息是通过位于加速踏板组件上的簧载压力元件产生一个“阻尼点”，然后将“强制减挡感觉”传给驾驶员。当驾驶员激活强制减挡功能时，传感器 G79 和 G185（加速踏板组件）的电压值超过节气门全开时的电压值。当超过强制减挡点相对应的电压值时，发动机控制单元通过 CAN 总线向变速器控制单元 J217 发送一个强制减挡信号，如图 5-65 所示。

强制减挡信息采集传递过程如图 5-66 所示。在自动模式下，当强制减挡功能被激活时，控制单元将选择最大加速的最大动力控制参数。强制减挡功能不能被连续激活时，当强制减挡被激活一次后，加速踏板须保持在节气门全开位置。

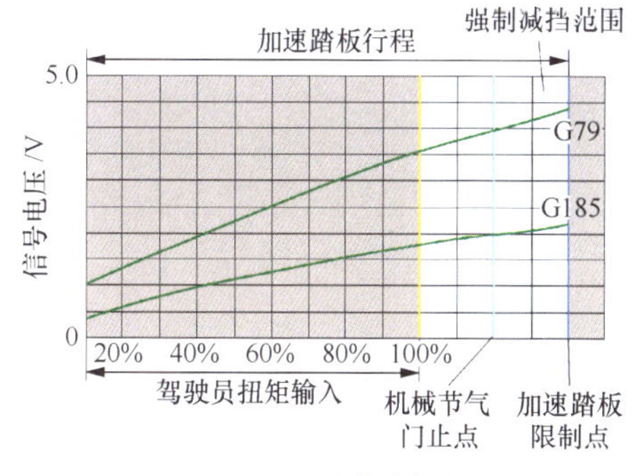

图 5-65　强制减挡控制

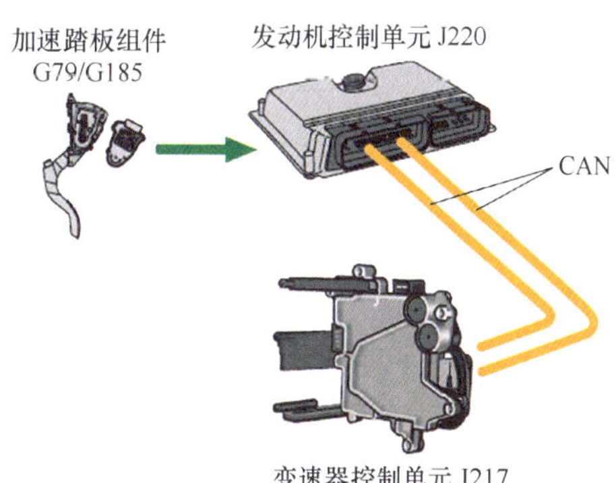

图 5-66　强制减挡信息采集传递过程

（8）Tiptronic 开关

Tiptronic 开关 F189（手自一体换挡开关）集成在齿轮变速机构的鱼鳞板中，由 3 个霍尔传感器组成（见图 5-67），霍尔传感器由位于鱼鳞板上的电磁阀激活。

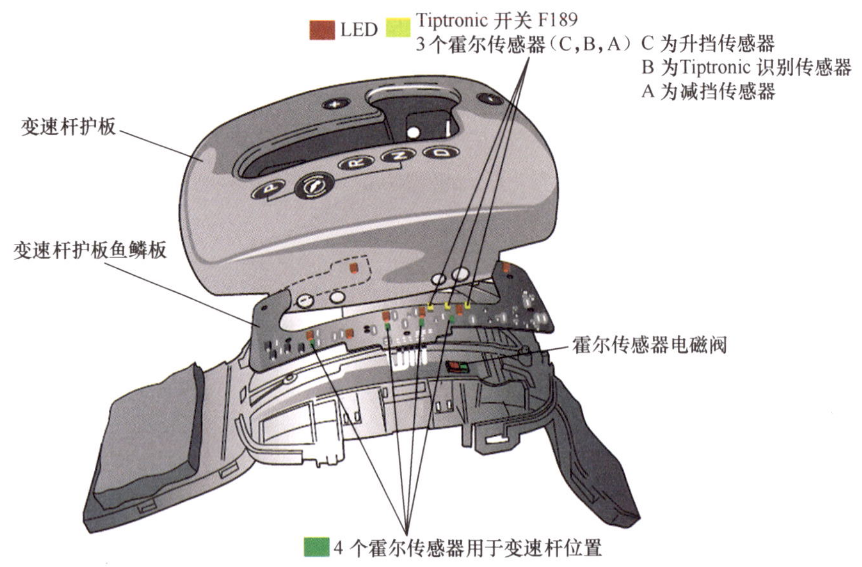

图 5-67 Tiptronic 开关 F189

鱼鳞板上有 7 个 LED 指示：4 个用于变速杆位置显示，1 个用于“制动动作”信号，其余 2 个用于 Tiptronic 护板上的“+”和“-”信号。每个变速杆位置 LED 都由独立的霍尔传感器控制，当这些 LED 被激活时，F189 开关将变速器控制单元 J217 搭铁。若有故障，Tiptronic 功能不能执行，故障灯显示为“倒置”。

4. CAN 信息交换

在 CVT 中，除少量接口外，信息通过 CAN 总线在变速器控制单元 J217 和区域网络控制单元间进行交换。CAN 总线交换信息如图 5-68 所示。

5. 辅助信号 / 接口

01J 型 CVT 控制单元的 25 针接口，通过 CAN 总线进行信息交流，其中接口针脚对应信息：

Pin 15——发动机转速信号；

Pin 6——换挡指示信号；

Pin 5——车速信号；

Pin 2——自诊断和编程接口；

Pin 13——Tiptronic 信号 (挡位识别)；

Pin 12——Tiptronic 信号 (减挡)；

Pin 14——Tiptronic 信号 (升挡)；

（1）发动机转速信号

发动机转速信号是变速器的关键参数。为提高变速器的可靠性，发动机转速信号除了通过 CAN 总线传递外，还通过单独接口传递到变速器控制单元 J217。当出现故障或“发动机转速信号”接口失效时，控制单元可通过 CAN 总线获取发动机转速信号。“发动机转速”接口发生故障时，“微量打滑”控制功能失效。

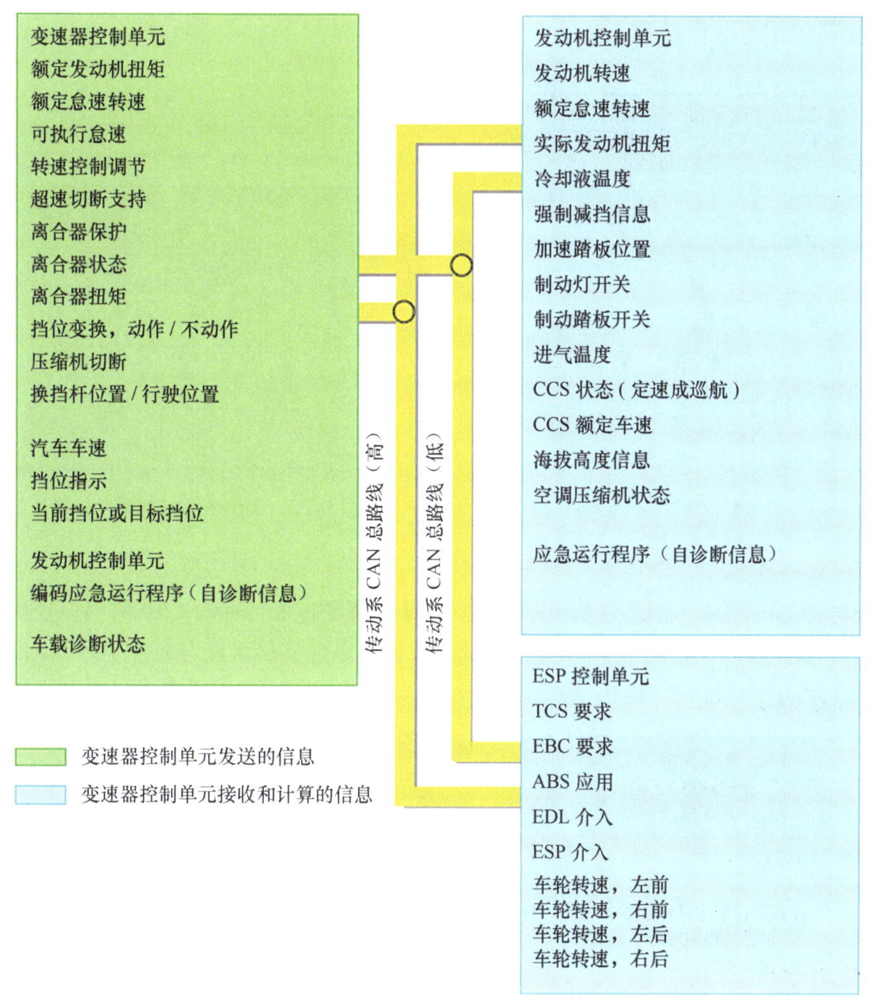

图 5-68　CVT 与 CAN 总线交换信息图

（2）换挡指示信号

换挡指示信号是由变速器控制单元 J217 产生的方波信号，方波信号高值（20ms）恒定，低值可变。每个变速杆位置或每个“挡位”（Tiptronic 功能）都被设计了一个标定低值。变速杆位置指示或仪表板组件的挡位指示通过低值延续时间识别出是何挡位或变速杆处于何位置，并相应显示出来。检测仪挡位指示信号波形如图 5-69 所示。为简化描述，现将 Tiptronic 功能的全部 6 挡信号组合到一个图上，如图 5-70 所示。

（3）车速信号

车速信号为变速器控制单元 J217 产生的方波信号，该信号的工作循环约为 50%，频率变化与车速同步。车轮每转一周，产生 8 个信号，并通过单独接口传给仪表板组件。信号用于车速表提示车速，并通过仪表板组件传到网络控制单元 / 系统（例如发动机、空调系统、收音机系统等）。

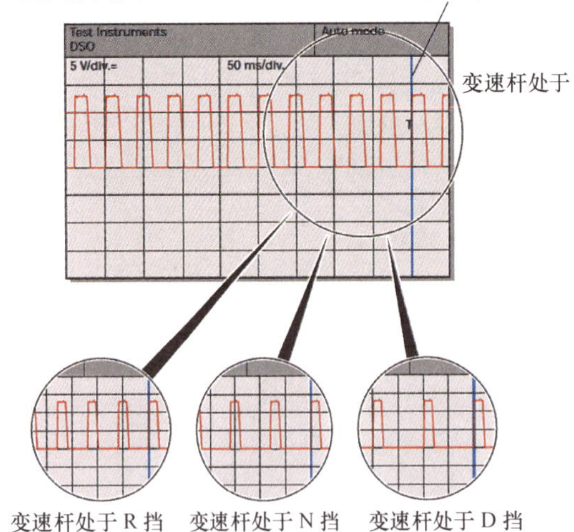

图 5-69　检测仪的挡位指示信号波形

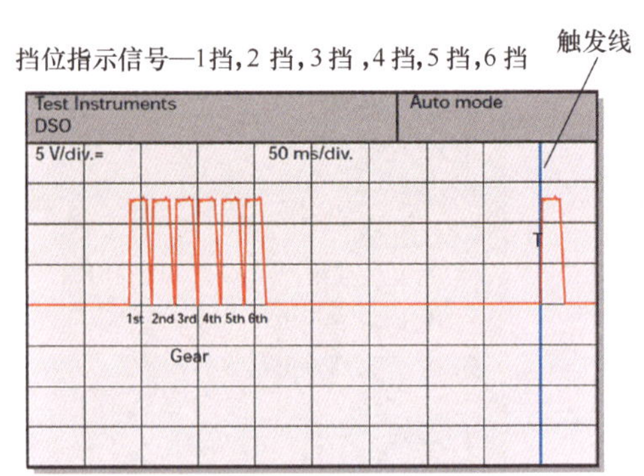

图 5-70　Tiptronic 功能的全部 6 挡信号

6．动态控制程序

控制单元 J217 有一个动态控制程序 DRP，用于计算变速器目标输入转速，它是已存在的用于 CVT 动态换挡程序的升级版本。DRP 的目标是使操纵性能尽可能与驾驶员输入相适应，以达到最佳组合，让驾驶员有驾驶手动变速器车辆一样的感觉，DRP 程序控制架构如图 5-71 所示。

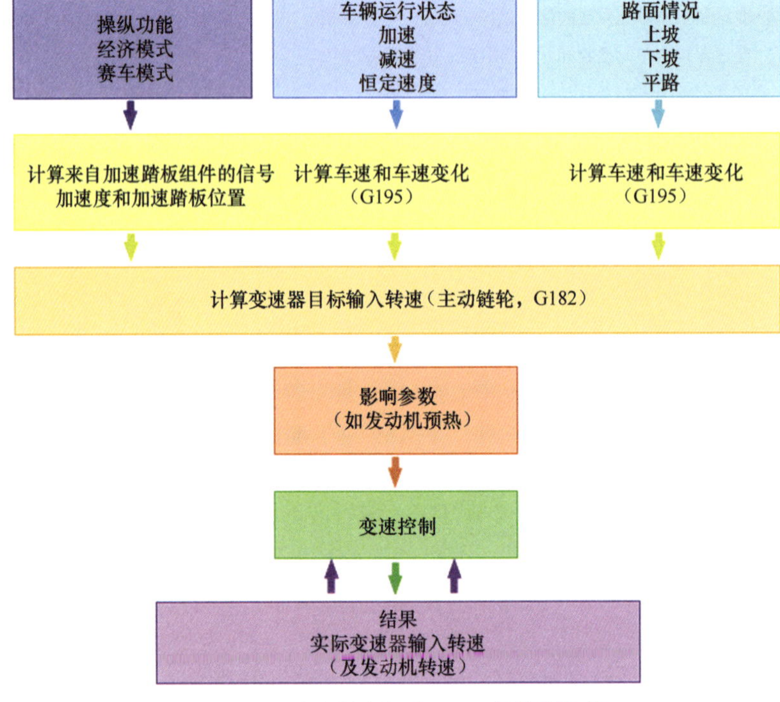

图 5-71　动态控制程序 DRP 的控制架构

为优化行车控制，控制单元 J217 接收驾驶员动作、车辆实际运行状态和路面状况信息，计算出加速踏板动作频率和加速踏板角度位置、车速和车辆加速情况，控制单元利用该信息和逻辑组合，在发动机正常转速范围内，通过改变传动比，将变速器输出转速设定在最佳动力性和最佳经济性之间，使汽车操纵性、驾驶性能与驾驶员输入信号尽可能匹配。这里的逻辑组合和计算值由软件限定，并且不能对每个偶发性数据都进行计算，所以使用 Tiptronic 功能的机械输入信号仍然存在，这是权宜之计。

（1）DRP 控制方案

通过下述例子说明在典型驾驶状态下的 DRP 控制方案。

① 当驾驶员把加速踏板踩到底时，强制减挡开关激活并把该信息提供给控制单元，告知控制单元汽车要求最大加速度。为了满足这一要求，必须快速提供发动机最大输出功率。为此，发动机转速被调整到最大功率处的转速，并保持到节气门开度减小为止。强制减挡转速特性如图 5-72 所示。

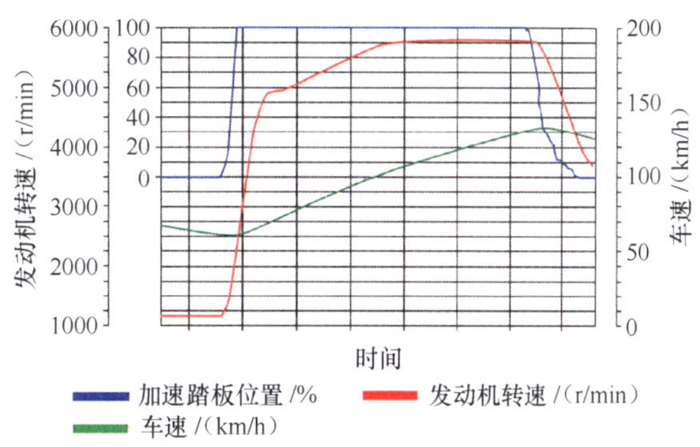

图 5-72　节气门全开强制减挡被激活时的转速特性

② 发动机转速轨迹功能。在一定行驶阻力下的汽车最高速度被保持在最大的可能值。发动机转速增加但汽车却不同时立即加速的现象，被称为“橡皮筋效果”或者说有“离合器打滑”的感觉。此现象可通过在获得最大发动机转速之前短时“阻止”发动机转速上升来缓解。

为遏制此影响，节气门全开时的“正常”加速（无强制减挡）和较小加速踏板角度下的加速情况如图 5-73 所示。“发动机转速轨迹”功能应用于此。发动机转速根据加速踏板位置或加速踏板动作频率进行调节，通过此方式发动机转速直接与车速成比例增长。此控制方案模拟多挡变速器运行状态并匹配驾驶员感觉，这已为驾驶员所习惯。为保持驾驶风格，发动机转速在大角度深踩加速踏板时很高（运动模式），在小角度轻踩加速踏板时很低（经济模式）。

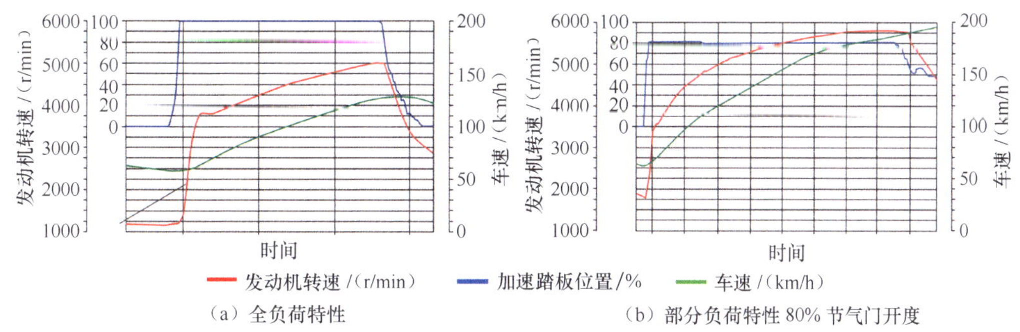

（a）全负荷特性　　（b）部分负荷特性 80% 节气门开度

图 5-73　全负荷与部分负荷特性

加速踏板位置的快速变化被转化成转速的瞬时变化（见图 5-74（a）），这种变化符合驾驶员对性能和加速的要求。驾驶员采用经济驾驶模式，加速踏板位置低，节气门打开慢，那么车速按最低转速曲线上升（见图 5-74（b））。

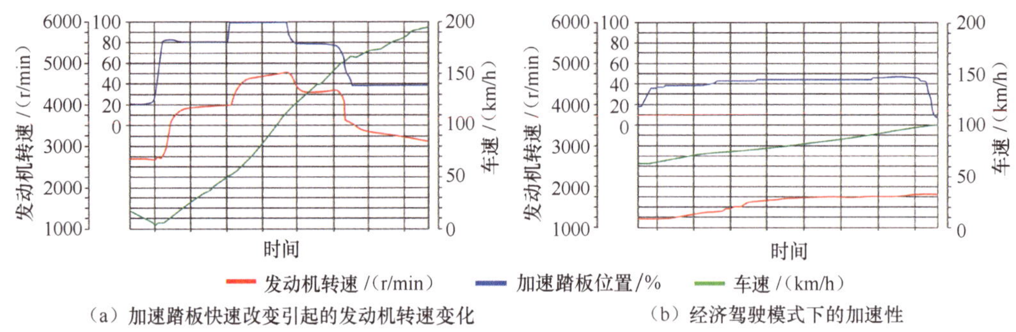

图 5-74　DRP 运动模式与经济模式特性

如图 5-75 所示，通常控制系统通过降低转速对加速踏板角度减小做出反应。若加速踏板突然松开，特别是在运动模式下，发动机转速会被“停止”在一个高转速水平较长时间。控制方案可通过增加发动机制动效果，帮助制动车辆并增加发动机动力，除此之外，还可以遏制不必要的变速比调节。

（2）根据行驶阻力自适应控制

“与负荷有关的动力”被计算出来以测定行驶阻力，将该行驶阻力与在平路上行驶（空载）时的牵引阻力比较，以判断是否需要提高或降低功率。

（3）上坡行驶

上坡或牵引车辆时，需要较高功率。在这种情况下，控制单元通过减挡来增加发动机转速和输出功率，不需驾驶员经常将节气门保持在图 5-76 的位置。实际上，驾驶员可察觉出此控制方案（称为“负载补偿”）提高了行车的舒适性。

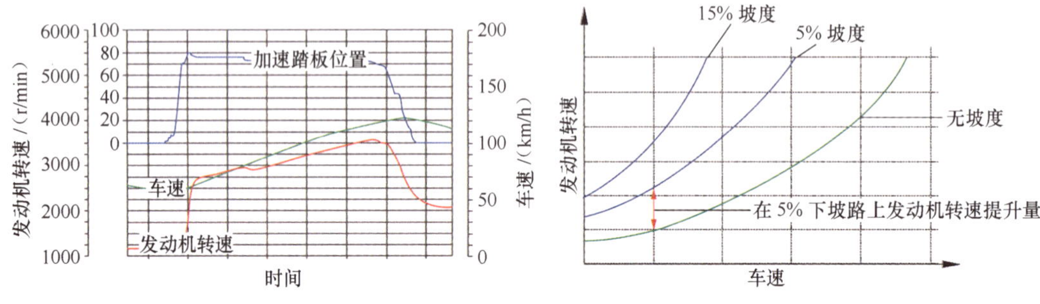

图 5-75　减小加速踏板角度时的加速特性　　图 5-76　上坡行驶的负载补偿

（4）下坡行驶

在下坡时，情况稍有不同。下坡时，若驾驶员想利用发动机的制动效果，则必须踩制动踏板（信号来自开关 F/F47）。若发动机处于超速阶段，并且踩下制动踏板后车速仍然升高，则变速比向减速方向调节，发动机制动力矩加大。通过几次踩制动踏板（车速未减），变速器控制单元 J217 逐渐朝减速方向调节变速比，从而更有利于驾驶员控制发动机制动效果。若下坡坡度小，变速比再次向加速方向调节，车速稍有提高。下坡行驶的控制过程如图 5-77 所示。

若驾驶员在下坡时踩制动踏板并保持住制动踏板，之前描述的“下坡功能”并不立即执行。若通过施加制动，车速保持恒定，控制单元不能识别驾驶员的意图，因此不能帮助驾驶员提高发动机制动效果。然而，若汽车超过标定的加速度，“下坡功能”将自动被激活，利用 Tiptronic 功能或单独控制发动机制动力矩。

（5）与巡航控制系统协调

巡航控制系统 CCS 开启时，变速器的变速比通常很小。当下坡行驶时，小变速比会导致发动机制动效果不足，在这种情况下，发动机制动效果可通过增加目标变速器输入转速来增强（变速控制向减速方向调节）。作为变速器输入转速控制限定值的最大超速转速预存在变速器控制单元 J217 内，达到最大超速转速时，变速比受到限制不再向减速方向调节。在最大超速转速时，发动机制动效果不足，车速上升，驾驶员必须施加制动。

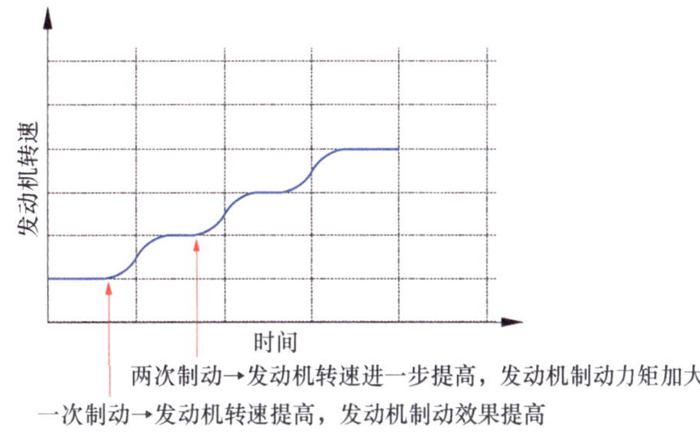

图 5-77 下坡行驶的功能控制

（6）Tiptronic 功能

在 Tiptronic 模式（“手动换挡”模式）下，可手动选择 6 个挡位，其中在 5 挡时，汽车可以获得最高车速，在 6 挡时可以获得更好的经济性。另外，驾驶员可以选择不同的低速挡，以获得不同的发动机制动效果，这点对在坡路上行驶非常重要。

在此模式下，Tiptronic 与多挡变速器在操纵性能和换挡方式上是相同的（强制升挡或强制减挡）。若驾驶时选择 Tiptronic 功能，瞬时变速比首先被保持住，然后通过升挡或减挡逐步获得设定的变速比。

（7）过载保护

系统利用内建模型、CVT 控制单元计算出离合器打滑温度，若得到的离合器温度因离合器过载而超出标定阈值，将减小发动机输出扭矩。当发动机扭矩被减小到发动机怠速上限时，在一段时间内，发动机对加速踏板信号无反应，同时离合器冷却系统确保短时间内使离合器降温，此后又迅速重新提供发动机最大扭矩。

任务三 其他常见无级变速器的结构特点

一、日产公司无级变速器

日产公司一直以来坚持走 CVT 变速器路线，旗下的各种小型乘用车广泛采用 CVT 配置。随着该公司技术的不断积累，其变速器技术也在不断进化。随着日产公司的 XTRONIC-CVT 变速器“推力式”高强度钢带等技术的应用，其 CVT7 和 CVT8 变速器具有优越性能，覆盖小、中和大排量的小型乘用车型。

1. CVT7 型无级变速器

采用副变速器结构的 CVT7 型 CVT（见图 5-78），将带轮液压控制机构与副变速器一体化设计，同时采用小的主、从动带轮，从而实现变速器的小型化和轻量化。该变速器配置的副变速器，其实就是一套“2AT”的行星齿轮组，位于从动轮与输出轴之间，可以实现两个挡位以及倒挡的功能。1 挡的变速比为 1.821，2 挡的变速比为 1.000。通过副变速器的应用，CVT7 型变速器进一步放大了变速比（总变速比达 7.3）。该型变速器主要应用于 1.6L 排量以下的车型，例如阳光、新轩逸、骊威、骐达（1.6T 除外）等车型。

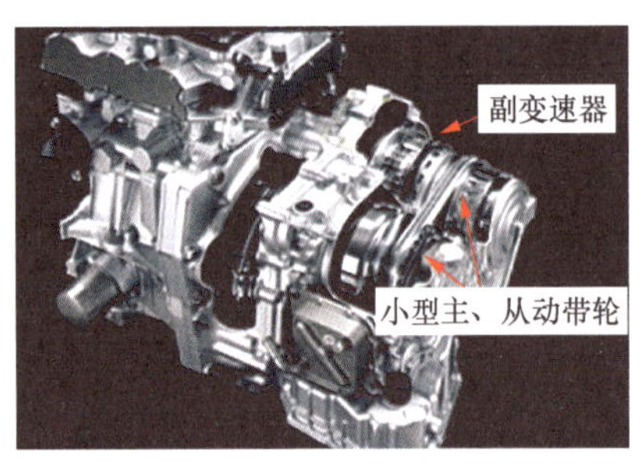

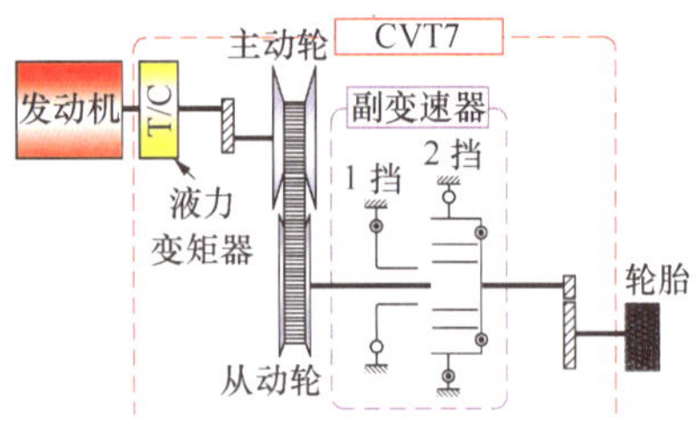

图 5-78　日产 CVT7 型 CVT

2. CVT8 型无级变速器

CVT8 型 CVT 主要应用于 2.0 ～ 3.5L 排量的车型。CVT8 没有采用 CVT7 的副变速器结构，主要是通过缩小滑轮轴的直径，来扩大变速比的范围，相当于在保持主、从动带轮尺寸不增大的情况下，进一步扩大变速比的范围（见图 5-79）。不过 CVT8 的主、从动带轮都比 CVT7 要大，CVT8 的钢带与 CVT7 一样，还是使用“推力式”钢带，不过是重新设计的，由 500 多个推片组成（其中 60% 是进行重新设计的），能传递更大的扭矩。

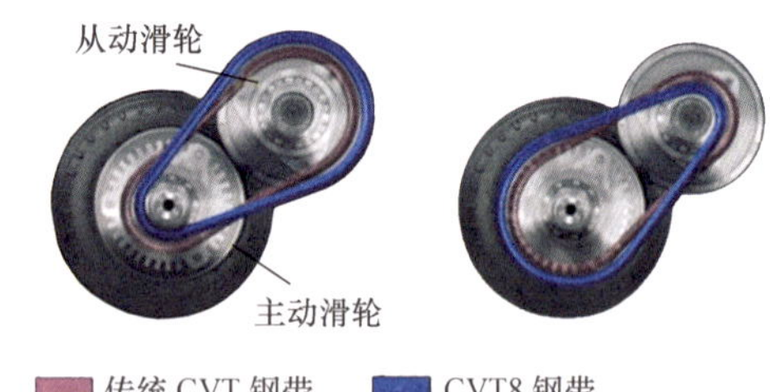

图 5-79　CVT8 型变速器无级变速机构

CVT8 变速器在其 ASC 智能逻辑控制系统中，融入 ECO-mode 智能行驶控制模式，即通过转向盘、加速踏板等的位置传感器，来“读懂”驾驶员的驾驶意图，通过发动机与 CVT 的控制程序，给驾驶员提供最合适的驾驶模式。通过 ASC 智能逻辑控制系统，CVT8 变速器可以提供超过 1400 种变速模式，使车辆在行驶中更能适应各种复杂的路况和满足不同驾控的需求。

二、丰田公司无级变速器

随着 CVT 技术的发展，CVT 不再那么单一，丰田公司的“混搭”10 速“双传动”CVT，采用齿轮－钢带混合传动，将 AT 与 CVT 优势融入一体，使其既拥有 AT 变速器低速及大扭矩，又保持 CVT 独有的平顺性、节油性。该变速器可模拟 10 速挡位，其 1 ～ 2 挡采用齿轮传动，3 ～ 10 挡使用钢带传动，这使得钢带传动机构减少了 40% 的体积以及不必要的惯性。

该 10 速“双传动”CVT（见图 5-80）之所以叫“双传动”，是因为它实际上采用了“2AT＋CVT”的传动结构，将齿轮传动与钢带传动相结合，可在两种传动之间自由切换，并具有高效率及宽传动比范围的特点，其最大传动比可达 7.5。这种双传动的结构，不仅克服了传统 CVT“起步、加速慢”的短板，而且保留了中、高速时良好燃油经济性的优势，并且通过变速器内部构造的改进，令变速响应更快，换挡更平顺。

该 CVT 拥有 D 挡 Normal 模式、M 挡手动模式、SPORT 运动模式、ECO 经济模式，并可以模拟 10 个挡位，拥有多种驾驶模式可供选择，不仅能够提供低速高扭输出，更能在中途加速及高速驾驶中，保证动力有效输出，以适应各种严苛的驾驶环境。同时，该 CVT 模拟 10 个挡位，使得加速更快并兼顾超低油耗。

三、奔驰公司无级变速器

奔驰 722.8 型模拟 7 速 CVT，匹配 2008 年以后的奔驰 A 级、B 级车型。该 CVT 为常规的“变矩器 + 湿式离合器 + 传动带轮”传动结构，但该变速器的液力变矩器带有打滑控制的锁止离合器，该结构有助于改善换挡的舒适性，降低油耗，延长 CVT 的使用寿命，并增强其可靠性。奔驰 722.8 型模拟 7 速 CVT 剖面结构如图 5-81 所示。

图 5-80　丰田 10 速“双传动”CVT 结构

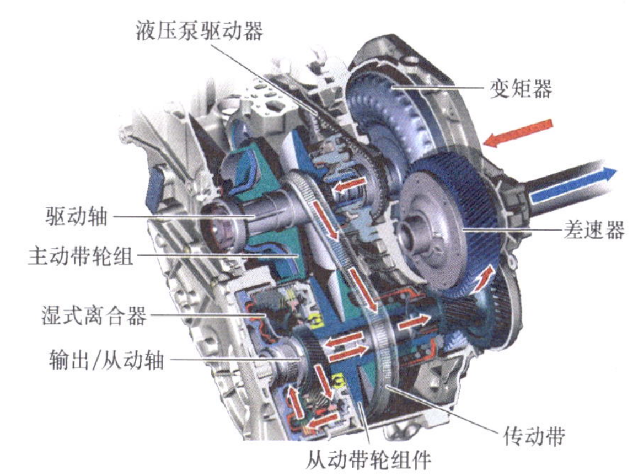

图 5-81　奔驰 722.8 型 7 速 CVT 剖面结构

变矩器锁止离合器和 CVT 的结构原理均已在前面的项目中介绍过，奔驰 722.8 型 CVT 变速器与之基本相同，这里不再复述。

任务四　无级变速器的维护

一、维修前基础工作

1. 注意事项

（1）若发动机处于运转状态，对车辆进行保养维修作业前必须将变速杆挂入 P 挡，并拉紧手制动器，谨防发生事故。

（2）在发动机怠速状态下，车辆静止挂入 D 挡后切勿因一时疏忽触动节气门（例如在发动机舱内作业时不慎用手碰开节气门），若发生此种情况，车辆将会立即起步行驶，即使拉紧手制动器也无法阻止车辆移动。

（3）不允许用超声波清洗装置清洁液压控制单元和变速器控制单元 J217。

（4）当挡盖已取下或未加 ATF 油时，绝不可起动发动机或拖动车辆。

2. **车辆牵引**

牵引 CVT 变速器车辆时，必须遵守下列要求：

（1）变速杆必须位于 N 挡位置；

（2）车速不得超过 50 km/h；

（3）牵引距离不超过 50 km。

牵引车辆时，被牵引车辆的 CVT 内油泵不工作，运动部件得不到润滑，因此必须遵守上述要求，不然，CVT 变速器可能会受到严重损坏。不能通过牵引来起动发动机（如蓄电池电压低时试图通过牵引起动发动机）。

3. **01J 型 CVT 的常规维修作业项目**

（1）保养维护项目

① 目测检查自动变速器有无渗漏。

② 每行驶 60000km 检查自动变速器及主减速器润滑油油位，必要时添加润滑油。

③ 小型乘用车每行驶 60000km 或每 4 年需更换 ATF 润滑油。

（2）维修作业项目

① 拆装扭转振动减振器。

② 拆装换挡操纵机构。

③ 拆装变速器。

④ 拆装 ATF 管路及冷却器。

⑤ 拆装变速器电子控制单元。

⑥ 拆装变速器液压控制单元。

⑦ 更换变速器法兰轴油封。

⑧ 更换变速器输入轴油封。

二、检测仪检查

（1）使用 VAS 5051 或 VAG 1551 检测仪检测变速器，操作项目如图 5-82 所示

（2）检查主要部件。使用检测仪对主要部件进行检查，主要部件检查操作速查表详见表 5-2。

（3）检查传感器状况，传感器状态速查表详见表 5-3。

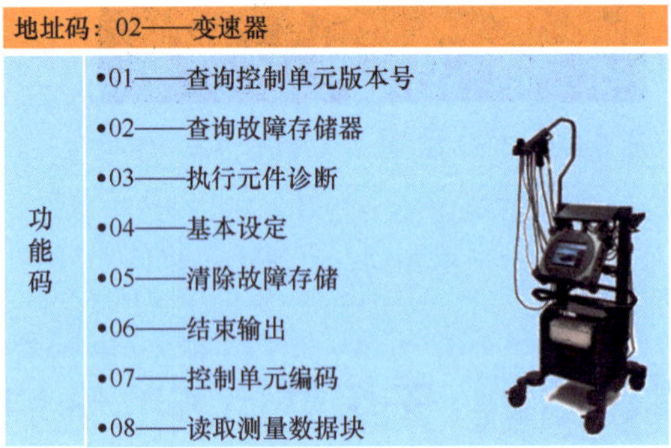

地址码：02——变速器

功能码

•01——查询控制单元版本号

•02——查询故障存储器

•03——执行元件诊断

•04——基本设定

•05——清除故障存储

•06——结束输出

•07——控制单元编码

•08——读取测量数据块

图 5-82　检测仪检测界面

表 5-2　主要部件检查操作速查表

被检部件	相应步骤
控制单元J217供电	执行解码器检测步骤1和2
变速杆锁止电磁铁N110	执行解码器检测步骤3
Tiptroric识别开关F189	执行解码器检测步骤4
Tiptroric换高速挡开关F189	执行解码器检测步骤5
Tiptroric换低速挡开关F189	执行解码器检测步骤6
发动机控制单元导线连接（发动机转速信号）	执行解码器检测步骤7
发动机控制单元导线连接（CAN总线）	执行解码器检测步骤8

表 5-3 传感器状态速查表

传感器代号	传感器信号	失效状况	替代值	仪表故障显示
G182	变速器输入转速	微量打滑和离合器匹配控制功能失效	发动机转速信号	无
		起步-加速过程可利用固定参数完成		
G195	变速器输出转速1	坡路停车功能失效	G196	无
G196	变速器输出转速2	坡路停车功能失效	G195	无
G195/G196		坡路停车功能失效	车速信号	无
G193	离合器压力	安全阀激活——安全切断		闪烁
G194	扭矩传感器压力	爬行控制匹配功能失效		无
G93	ATF温度	离合器匹配控制功能失效	变速器控制单元计算得出替代值	反转
		当油温高于145℃，发动机输出功率下降		闪烁
F125	挡位信号	霍尔传感器“D”损坏，点火功能失效	引入替代程序	闪烁

三、ATF 的检查与更换

1. ATF 液面高度的检查条件

（1）变速器不应在应急状态。

（2）车辆须水平停放。

（3）起动发动机，踏下制动踏板并拉紧驻车制动器，在怠速时切换各挡（P，R，N，D），在每个挡位停留 2s。

（4）变速杆置于 P 挡位，使发动机怠速运转。

（5）关闭空调及暖风。

（6）开始检查时，ATF 温度不应高于 30℃，必要时先让变速器冷却。

2. ATF 更换

01J 型 CVT 使用专用的 ATF 作为变速介质。更换 CVT 的 ATF 时，只能使用作为备件供应的 CVT 变速器专用 ATF。

项目小结

1. CVT 与有级变速器的区别在于它的变速比不是间断的值，而是一系列连续的值，从而实现了良好的经济性、动力性和驾驶平顺性，而且降低了排放和使用成本。

2. CVT 的变速机构主要由一对带轮和一只钢制传动带所构成。其传动带轮构造分成活动的左右两半，可以相对接近或分离。锥形盘可在液压缸的推力作用下收紧或张开，挤压传动带以此来调节 V 形槽的宽度。当锥形盘向内侧移动收紧时，传动带在锥盘的挤压下向圆心以外的方向（离心方向）运动，相反会向圆心以内运动。这样，传动带带动的圆盘直径增大，传动比也就发生了变化。

3. 电控技术在 CVT 中的大规模应用，使得 CVT 比有着超过 100 年历史的 MT（手动机械变速器）和有着超过 50 年历史的 AT（液力自动变速器）更有竞争力。CVT 技术正处于寿命周期的开始阶段，CVT 的性能将进一步提高。

参考文献

[1] 李培军. 汽车底盘电控技术 [M]. 北京：人民邮电出版社，2011.
[2] 沈沉. 汽车构造（底盘部分）[M]. 北京：人民邮电出版社，2011.
[3] 刘步丰，王树云. 汽车自动变速器及其检修 [M]. 北京：人民邮电出版社，2009.
[4] 李春明. 汽车底盘电控技术 [M]. 北京：人民邮电出版社，2014.
[5] 侯翠萍. 自动变速器原理与检修 [M]. 北京：人民邮电出版社，2013.
[6] 王秀贞. 轿车自动变速器构造与维修 [M]. 北京：人民交通出版社，2008.